李世民全传

林文力 著

http://www.hustp.com

中国·武汉

图书在版编目(CIP)数据

李世民全传/林文力著. -- 武汉:华中科技大学出版社,2018.8(2022.3重印)
ISBN 978-7-5680-4062-4

Ⅰ.①李…　Ⅱ.①林…　Ⅲ.①李世民(599-649)-传记　Ⅳ.①K827=421

中国版本图书馆 CIP 数据核字(2018)第 139657 号

李世民全传
Lishimin Quanzhuan

林文力　著

策划编辑:亢博剑
责任编辑:沈　柳
封面设计:刘红刚
责任校对:李　琴
责任监印:朱　玢

出版发行:华中科技大学出版社(中国·武汉)　　电话:(027) 81321913
　　　　　武汉市东湖新技术开发区华工科技园　　邮编:430223

印　　刷:天津中印联印务有限公司
开　　本:710mm×1000mm　1/16
印　　张:18.75
字　　数:347千字
版　　次:2018年8月第1版第1次印刷　2022年3月第1版第6次印刷
定　　价:39.80元

本书若有印装质量问题,请向出版社营销中心调换
全国免费服务热线:400-6679-118　竭诚为您服务
版权所有　侵权必究

【序言】

　　剑影刀光业已暗淡，鼓角铮鸣早已飘远，时光带走了古道黄沙，岁月也湮灭了边城烽火。在历史的长河中，历代王朝尽显各自风流。现在，让我们打开尘封的历史，翻开大唐这一篇章，去了解一位举足轻重的人物。

　　隋朝末年，隋炀帝不顾百姓疾苦，迁都洛阳。之后他又大兴土木，开凿运河，导致生灵涂炭，民不聊生。同时，他对外频繁发起战争，亲征吐谷浑，三征高句丽，滥用民力，使老百姓的苦难生活雪上加霜，以致民变纷起，天下大乱。黄河之北，千里无烟；江淮之间，几成蒿莱。在历史急需变革、百姓渴求安宁的关键时刻，一代英主——李世民登场了。

　　李世民出身名门，父亲唐国公李渊在大业十三年（617年）被隋炀帝任命为太原留守，世袭唐国公，称得上是一方诸侯。李世民自幼聪颖过人，而且志存高远，心怀天下。除了苦读圣贤书、研读兵书战策之外，他还酷爱骑烈马、拉强弓，期望有朝一日能在沙场横刀立马、建功立业。

　　机会总是留给有准备的人。大业末年，隋炀帝北巡雁门关，不幸遭到突厥围困，孤立无援，一筹莫展。李世民受命前去营救，在对敌方扎营地势、兵力部署进行全面侦察后，他向云定兴将军提出了破敌之策——首先让突厥将士明白，围困天子必将招致大隋的倾力围剿；接着下令全体将士白天在大营内外遍插旌旗，午夜紧擂战鼓，威而不发，制造隋朝大军压境的假象来迷惑对方。经过这番布置，突厥果然不敢贸然出战，最后主动撤军。雁门之围不战而解，李世民出师告捷，一举成名。

转眼李世民已经到了18岁，他见隋王朝江河日下、大势已去，于是广交英雄豪杰，积极招兵买马，助父亲李渊在晋阳发兵反隋。胆略过人、骁勇善战的李世民，从此踏上惊心动魄的铁血征途……大业十三年（617年）十一月，长安被攻克，李渊建立唐朝。李世民因功勋卓著，被拜为尚书令、右武候大将军，晋封秦王。

李唐王朝建立后，天下仍然枭雄林立，薛举、薛仁杲、刘武周、王世充、窦建德等"十八路反王"割据四方，对大唐江山虎视眈眈。李渊寝食难安，决定让能征善战、智勇双全的李世民领兵讨逆。面对诡计多端、凶狠残暴的对手，李世民身先士卒，与部下同生共死，凭借过人的意志和胆略，运用心理战、水战、夜战，力挫群雄。他平西秦、攻陇西、夺太原，伐王世充、擒窦建德、灭刘黑闼……经过数年的浴血奋战，李世民终于平定四方，为大唐王朝的稳固立下了赫赫战功，被封为"天策上将"。

只可共苦，不能同甘，这似乎成了帝王将相的终极宿命。在李世民扫平各路反王后，手足之间的争斗也随之拉开了帷幕。日益增长的声望和部下的推波助澜，将李世民一步步推向风口浪尖。随着实力增长，他本人也不满足于只做一个王侯。而正陶醉于皇帝殊荣的李渊，既欣赏李世民的雄才伟略，又担心自己的皇位受到威胁。开国之初，他以传统礼制封长子李建成为太子。此时李世民门下人才济济，声望和野心与日俱增，李建成的太子之位受到了巨大的威胁。更让李建成坐立难安的是，让李世民接班的呼声响遍朝野，于是，一场争夺皇位的斗争悄然爆发。在李建成、李元吉兄弟的步步紧逼下，李世民决定铤而走险，发动了"玄武门之变"，不惜成为背负弑兄囚父之名的"逆子"。

李世民从一个野心少年，野蛮成长为一个实干家、军事家、阴谋家。他运用自己的政治智慧与谋略，仅用11年的时间便一跃成为唐王朝的第二任皇帝。

唐高祖武德九年（626年）末，大唐进入了全新的李世民时代。在用人上，李世民知人善任，任人唯贤，不计前嫌，大胆起用李建成旧部魏征，使得贞观年间名相辈出，将相云集。在政治上，他励精图治，整顿吏治，治贪反腐，厉行节俭，从谏如流，让百姓休养生息。在经济上，他既重农业，推行均田制，轻赋税，革除"民少吏多"的弊政，减轻百姓负担；又重商业，使大唐帝国的商业迅速兴起，当时世界闻名的商业城市有一半以上集中在中国。他还在丝绸之路上开镇设埠，使丝绸之路成为整个世界的黄金走廊。在外交上，他秉承友善、和谐相处的原则，与少数民族友好交往，得到了少数民族首领的拥护。在军事上，他先后平定突厥、薛延陀、回纥、高昌、焉耆、龟兹、吐谷浑……在短短几年内便缔造了一个煌煌盛世，成为继"秦皇汉武"之后又一位千古帝王，他开创的"贞观之治"为中国五千年文明史留下了浓墨重彩的一笔。

人们看问题的角度不同，结果自然也不同。在评价李世民时，历史上有着诸多不同的声音。有人说他心怀天下、文韬武略，大唐在他的统治下，百姓富足、政治稳定、文化繁荣、君民和睦、四海宾服；有人说他是阴谋家，是篡改历史、美化自己的伪君子，是一个拥有多张面孔的冷血帝王……

本书以丰富的史料为基础，正本清源，试图通过复杂的矛盾和冲突，客观反映李世民波澜壮阔的一生：从16岁在雁门关一战成名到逼迫父亲李渊晋阳起兵反隋；从助父建立李唐王朝到玄武门辣手夺权；从开启李世民时代到创立大唐帝国的贞观伟业。阅读本书，读者可以深入了解一位野心政治家助父起兵、建立大唐的雄才伟略；重温一位天才军事家横扫千军、定国安邦的神奇经历；体验一位英雄帝王先发制人、高踞万邦之首的绝世荣耀；感受一位伟岸男儿心怀天下、竭力缔造的煌煌盛世。同时，本书力求还原历史事实，重现特定时期、特殊背景下那一幅幅惊心动魄的历史画面，为读者奉上一段传奇、一篇史诗！

目　录
Contents

第一章　贵族之子，少年英雄 / 1

　　一、隋末乱世 / 1

　　二、天降英才 / 5

　　三、雁门解围 / 9

　　四、太原平乱 / 13

第二章　劝父起兵，建立大唐 / 16

　　一、狱中之谋 / 16

　　二、劝父兴兵 / 18

　　三、晋阳起事 / 22

　　四、西河大捷 / 25

五、霍邑之战 / 27

六、建立新朝 / 33

第三章 南征北讨，一统天下 / 36

一、征讨西秦 / 36

二、荡平刘武周 / 43

三、翦灭郑、夏 / 51

四、大败刘黑闼 / 62

第四章 阋墙之争，喋血禁门 / 71

一、刘文静之死 / 71

二、兄弟相疑 / 74

三、明争暗斗 / 80

四、谋求主动 / 83

五、政变夺权 / 88

第五章 稳定局势，建章立制 / 93

一、高祖让位 / 93

二、坦怀释想 / 94

三、宣慰山东 / 97

四、礼葬兄弟 / 99

五、改组朝廷 / 101

六、改革官制 / 104

七、静民重农 / 108

八、兴办学校 / 118

九、健全科举 / 120

第六章 知人善任，兼听纳下 / 125

一、任人唯贤 / 125

二、君臣合力 / 129

三、广开言路 / 131

第七章 贤臣良将，济济一堂 / 139

一、谏臣魏徵 / 139

二、长孙无忌 / 147

三、尉迟敬德 / 150

四、勇悍秦琼 / 153

五、战神李靖 / 154

六、名将李勣 / 161

七、贤相马周 / 166

第八章 偃武修文，以法治国 / 170

一、尊儒崇经 / 170

二、以礼相制 / 175

三、乐在人和 / 181

四、修订《氏族志》/ 184

五、编修史书 / 187

六、以史为鉴 / 192

七、慎刑宽法 / 195

第九章 统一边疆，四夷臣服 / 202

一、制服突厥 / 202

二、平定吐谷浑 / 209

三、高昌归唐 / 212

第十章 施恩布德，民族团结 / 216

一、和亲政策 / 216

二、团结政策 / 220

三、德化政策 / 224

第十一章 与邻为善，和平外交 / 229

一、丝绸之路 / 229

二、玄奘西游 / 233

第十二章 性情帝王，兼修文武 / 237

一、喜好弓射 / 237

二、痴迷良马 / 239

三、嗜好围猎 / 242

四、擅长诗书 / 243

第十三章 贤妻良佐，后顾无忧 / 250

一、长孙皇后 / 250

二、贤妃徐惠 / 254

三、才人武氏 / 257

第十四章 立储之争，风波迭起 / 260

一、荒淫太子 / 260

二、欲立魏王 / 262

三、太子谋反 / 265

四、晋王得立 / 268

第十五章　贞观后期，渐不克终 / 273

一、骄情生，不克终 / 273

二、兴土木，欲封禅 / 275

三、亲征高丽 / 278

四、憾然离世 / 284

第一章　贵族之子，少年英雄

一、隋末乱世

北周末年，周宣帝①封杨坚为上柱国、大司马。后来老皇帝驾崩，小皇帝即位，即周静帝杨坚总揽军政大权。杨坚雄才大略，担任大丞相后，他四处征讨，打击割据势力，河南、湖北、四川很快就被平定了。随后，他翦除宇文氏一族，在大定元年（581年）篡位成功，建立了隋朝，成为历史上有名的隋文帝，年号开皇。

杨坚称得上是一位勤政贤明的皇帝，他登基后实施了一系列改革新政，包括改组中央行政机构，设置后世沿用的三省六部制；改革用兵制度，订立法律制度，从而使依法治国与以德治国相结合；颁布均田新令，注意发展农业生产，同时大规模地检括户口，使国家的财政收入大增，缔造了"开皇盛世"。更重要的是，杨坚修建了大运河，给后世带来了福祉。开皇九年（589年），杨坚出兵灭陈，统一全国，结束了魏晋南北朝几百年的分裂局面。天下大定后，"帝以江表初定，给复十年。自余诸州，并免当年租赋"，以后又多次颁布减免赋役的诏令。因此，隋朝初年，百姓生活富裕，提起大隋皇帝个个赞不绝口。

然而，杨坚毕竟出身贵胄，不知百姓疾苦，因而隋初采取的改革措施流于表面，未能真正解决民生问题。正如唐太宗所说："隋文不怜百

---

① 周宣帝：北周第四位皇帝，578–579年在位，在位仅一年，期间暴虐荒淫。——编者注

姓，而惜仓库。"所以，隋朝虽然富有，但不可能长治久安。另外，杨坚独断于上，不善纳谏，施政难免有不合理的地方。到了晚年，杨坚持法严酷，喜怒无常，肆意杀戮，加深了封建统治集团内部的矛盾。

唐初编撰《隋书》时，史官曾把隋朝和秦朝做比较，说："其隋之得失存亡，大较与秦相类。始皇并吞六国，高祖（隋文帝）统一九州；二世虐用威刑，炀帝肆行猜毒，皆祸起于群盗，而身殒于匹夫。原始要终，若合符契矣。"大秦历经二世，最后葬送在秦二世胡亥的暴政之下；隋朝也经历二世，最后覆灭于残暴的隋炀帝之手。

开皇二十年（600年），杨坚废黜太子杨勇，改立次子杨广为太子。仁寿四年（604年）七月，隋文帝驾崩，杨广继位，即隋炀帝。杨广为表明自己建立不世功业的决心，改年号为大业。众所周知，隋炀帝是历史上有名的暴君，他在位期间大兴土木，造宫苑、修长城、开运河、筑驰道，加上他不顾内乱不断的现实，四处征讨，每次役使百姓均达百万以上，频繁的徭役使原本生活窘迫的百姓苦不堪言，"父母不保其赤子，夫妻相弃于匡床，万户则城郭空虚，千里则烟火断灭"。百姓们生活不下去，只能铤而走险揭竿而起，去推翻暴虐的隋王朝。

正所谓"官逼民反，民不得不反"，隋朝农民起义如雨后春笋般在全国各地涌现。大业七年（611年），王薄在山东邹平起义，以一曲《无向辽东浪死歌》号召全国百姓起来反抗暴隋，霎时间，农民起义的号角响彻大隋每一个角落。而此时的隋炀帝对农民起义熟视无睹，依然不顾百姓死活变本加厉，整日做着威服四海的千秋大梦。

就在王薄起义那年，隋炀帝下令各地征调兵士集结于涿郡（今河北涿州），开始远征高丽①。为保障后勤供应，他勒令民夫昼夜不停地运送粮草兵械，导致许多人累死途中，天下为之骚动。王薄起义犹如星星

---

① 高丽："高丽"和"高句丽"是朝鲜半岛上不同时期的政权，应加以区分。高句丽（也作高句骊）国，建立于公元前37年，自汉末至唐初，高句丽共存在了705年。918年，首领王建改定国号"高丽"，统一了朝鲜半岛，由此高丽持续统治朝鲜半岛近五百年，直到1392年李成桂建立朝鲜王朝。在南北朝时期的中国正史中，"高句丽"开始被写作"高丽"。到隋唐时代，史书中对于高句丽的称呼绝大多数都改成了"高丽"，仅有个别记载并用"高句丽"。本书中隋唐时期的"高丽"应均为"高句丽"，沿史书记法，写作"高丽"。

之火很快燎原，高士达、张金称、窦建德等相继在渤海、清河起义，刘霸道占据了豆子园，孙安祖攻占了高鸡泊，关东农民反抗隋朝暴政的起义大幕正式拉开。

大业九年（613年），隋炀帝又征调了上百万兵役、徭役二次攻打高丽。为了逃避兵役、徭役，中原百姓甚至砍去自己的双手双脚。由于要为海战做准备，在江南和山东沿海的造船厂，造船的民工被勒令昼夜不停地赶工，可怜的民工在海水中长时间不得上岸，下身被海水泡烂。繁重的兵役和官吏的苛暴导致全国上下民不聊生，田地大量荒芜，广大百姓忍无可忍，纷纷加入起义军的行列。

礼部尚书杨玄感出身贵族，他的父亲杨素是当时的名士，深受隋炀帝信任。这次东征高丽，杨玄感被隋炀帝任命为黎阳督运，负责军队后勤供应和兵源供应。杨玄感深知隋帝国已经朝不保夕，这次远征更是天怒人怨，于是趁隋炀帝远在辽东前线之机，在黎阳正式起兵反叛，并发布"为天下解倒悬之急，救黎元之命耳"的檄文。在这一极富号召力的檄文的感召下，天下英雄纷纷前来投奔，其中就有包括蒲山公李宽的儿子李密在内的当朝贵族子弟，队伍很快发展到十万之众。

杨玄感知道李密是个很有军事眼光的贵族子弟，因此对他予以重用。对于杨玄感的知遇之恩，李密非常感动，于是积极为义军出谋划策。他分析当时天下纷乱的局势，向杨玄感提出了上、中、下三策：上策为挥师北上，攻击征战中的隋炀帝，使隋军军心大乱，这样必能俘虏隋炀帝；中策为绕过东都洛阳，攻取西京长安，占据国家根本；下策为直接攻打东都，以中原为根据地再做打算。杨玄感认为攻打东都符合自己的实际情况，于是引兵西向。然而，东都洛阳在隋炀帝长达十年的经营下，防守严密，城池坚固，杨玄感花了两个月时间都没能攻下。

就在杨玄感与隋军僵持于东都城外之际，从辽东前线回师的隋军主力赶到了东都洛阳城外。杨玄感的军队在洛阳城内外隋军的夹击之下全军覆没。

杨玄感虽兵败，但其部属多为朝中贵族子弟，因此这次兵变引发了隋朝统治阶层的一次大地震。盛怒之下，残暴的隋炀帝对朝中许多权贵进行灭门清算。朝廷内外人人自危，没有被祸及的大臣也都战战兢兢、噤若寒蝉。

此时隋朝内部农民起义早已遍布全国，各路义军保据深险，依山阻河，多则几十万，少则几万，常常主动出击，攻占郡县。隋帝国境内已经找不到一片可以让隋炀帝安心的净土，但刚愎自用的隋炀帝一心想实现自己气吞胡汉的壮举，在国内如此纷乱之际，他仍然对辽东战局念念不忘，时刻想通过军事征服将高丽国变成大隋的一个州郡。第二次远征高丽因杨玄感兵变无果之后，他又开始策划下一次出征。

大业十年（614年），隋炀帝坚持第三次东征高丽，他不仅准备御驾亲征，还邀请诸多藩臣随行，可谓阵容庞大。但隋炀帝的征兵诏令发布后，出现了令人啼笑皆非的场面。由于此时的起义军已经遍布全国，许多州郡的征兵诏令根本无法下达。即使是接到征兵诏令的州郡，由于道路被起义军阻隔，官军也根本无法按时集中。这让志在必得的隋炀帝大为光火，但他决定按原计划继续出征。或许是被隋炀帝东征的决心吓破了胆，这次开战后不久，高丽王就主动乞罪请和，隋炀帝总算勉强达到了目的，最终同意商定议和，草草收兵。

征服高丽以后，隋炀帝开始集中精力对付农民起义。大业十一年（615年），他企图用坚壁清野的办法来扼杀农民起义，要求郡县、驿亭、村坞都建设城堡，强迫农民迁居于城堡中，并派兵保护，企图以这种方法让义军失去农民的支持。与此同时，他发布了对义军坚决屠杀、绝不招抚的政策，集中精锐兵力大肆清剿、屠杀义军。到大业十二年（616年），起义陷入低谷。各支力量为求生存，开始走上了合并或转移根据地的办法，河北、山东一带的义军主力南迁至江淮之间。

到大业末年，全国最终形成3支强盛的起义军，分别是：翟让、李密领导的瓦岗军；窦建德、刘黑闼领导的河北义军；杜伏威、辅公祏领导的江淮义军。全国上下征讨声声，使隋炀帝惶惶不可终日。

二、天降英才

历史上，几乎每一个王朝在灭亡之前，上天都会派来一个强有力的"掘墓人"，而隋王朝的"掘墓人"在开皇十九年（599 年）①就已经到来了。这一年的一月二十三日，唐国公李渊府中的"武功别馆"里传来阵阵婴儿的啼哭声，一直在馆前紧张踱步的李渊听见后，终于松了一口气。这个孩子是他和夫人窦氏的第二个儿子。

李氏家族又添一名男丁，李渊内心十分喜悦，而他此时完全没有想到，这个刚刚降生的男婴长大后不但会坚定地把他推向皇帝的宝座，而且会继承自己的皇位，成为一个史诗般的英雄。他的凌云壮志、英明神武世所罕见，他的文治武功、丰功伟绩堪与千古一帝秦始皇相提并论，他治下的大唐处于中国历史上最强盛的时期之一，他开创的"贞观之治"被作为封建盛世的典范而名垂青史，他的名字注定要在中华民族的历史上彪炳千古，为后人传颂。

古人常说乱世出英雄，苦难铸英豪。然而，李世民出生时并非乱世，当时隋朝在隋文帝杨坚的治理下国力日趋强盛，连年丰收使老百姓得以安居乐业。由于粮食太多，隋文帝下令兴建了 7 座大型粮仓，积聚的粮米足够 10 年之用，全国上下呈现出一派繁荣富强的盛世场景。

此外，李世民的前几代先祖都是贵族，苦难也好像与他无缘。李家第一个光耀门庭的是李世民的曾祖父李虎。李虎早年追随北周政权的奠基者宇文泰东征西讨，立下了不朽战功，官拜西魏太尉，位高权重。后来，李虎又佐周代魏，成为当时最有实权的军事领袖——北周八柱国之一，称陇西郡公，死后被朝廷追封为唐国公。从此李家成了世袭公爵，李虎的儿子李昞虽无骄人战功，但仍世袭唐国公，而且是独孤皇后的姨侄，历任谯（今安徽亳州）、陇（今陕西陇县）、岐

---

① 李世民出生时间一说为开皇二十年（598 年）一月二十八日。

（今河南南召县西60里）等州刺史，荥阳、楼烦等郡太守，以及殿内少监、卫尉少卿等职务。可惜李昞58岁便去世了。李世民的父亲李渊正是李昞之子。李昞死后，李渊袭封唐国公。后来，隋文帝杨坚受禅于北周静帝，建立隋朝。李渊的母亲虽然是隋文帝的皇后独孤氏的姐姐，但在隋文帝执政时，李渊担任的职位并不显要，仅仅担任过千牛备身①、刺史和郡守等职务。但由于家族的影响力，李渊在当时也是一个赫赫有名的人物。

在讲究门当户对的年代，李世民的母亲自然也出身富贵人家。李世民的外祖父窦毅曾是北周八柱国之一，他的母亲窦氏更是一位有着传奇色彩的女子。窦氏家族与北周皇族世代联姻，北周武帝宇文邕是窦氏的亲舅舅。窦氏从小聪明伶俐、相貌出众，武帝十分喜欢她，特意把她接入宫中抚养。长期受皇家生活熏陶的窦氏，长大后聪敏贤淑、落落大方。

窦氏的贤淑在贵族子弟中广为流传，等窦氏到了及笄之年，前来求婚的贵族子弟几乎将她家的门槛踏破。但窦毅认为女儿才貌双全，绝不能轻易许人，必须为女儿选择一位文武双全、才貌俱佳的夫君。为了选择合适的女婿，窦家在门屏上画了两只孔雀，然后跟前来求婚的贵族子弟约定："每人只准射两箭，谁能用两支箭分别射中孔雀的两只眼睛，就招谁为女婿。"李渊在这场特殊的考试中脱颖而出，从而赢得了窦氏的芳心，最后与窦氏成婚。窦氏聪明能干，而且善于用文章总结事情得失，婚后成了李渊的贤内助。

家世的显赫、生活的富足，使李世民从小就生活在歌舞升平的优越环境之中，不知柴米之贵、百姓之穷。不过，李渊仍对这个儿子寄予厚望，希望他长大后能够济世安民，这一点从儿子的名字中便可看出。关于李世民名字的由来，《新唐书·太宗本纪》中记载了这么一个故事。

---

① 千牛备身：中国古代的一种高级禁卫武官，北魏宣武帝初年置，负责皇帝的安全，并执掌帝王携带的防身御刀"千牛刀"。

李世民4岁时，李渊带他前去岐州，偶遇一位相面书生。这位相面书生见到李渊身后虎头虎脑的小孩后，惊为天人，俯首向李渊拜道："恭喜大人，贺喜大人，贵公子乃人中龙凤，等公子长到20岁，必能济世安民。"李渊听了异常欢喜，按照相面书生的"济世安民"之说，特意为儿子起名"李世民"。

隋文帝在位时，李渊一直未受重用，终日为不能实现自己的抱负而郁郁寡欢。隋炀帝杨广即位以后，其执政风格与隋文帝迥然不同，他立志效仿秦皇汉武，要做出一番超越前朝的大事，这使安定的隋朝从此进入一个膨胀的时代。随着时间的推移，隋朝大臣发现这位新皇帝好大喜功，生活中极尽奢华铺张之能事，上行下效，隋文帝开创的勤政、节俭之风很快一扫而光，隋朝政坛的风气也慢慢发生了变化。

自幼在宫中长大的窦氏对政治极为敏感，她看出隋炀帝是个浪荡公子，就多次对李渊说："有机会多搜集珍玩、宝马及猎鹰，每次面见圣上就献给他。"李渊听从贤内助窦氏的劝告，经常向隋炀帝进献珍品，很快便得到了隋炀帝的赏识。

当然，隋炀帝赏识李渊并不只是因为李渊经常向他提供珍品，他还有深层次的政治考虑。正所谓一朝天子一朝臣，隋炀帝即位后，对当时朝中的一批老臣大为不满，他认为隋朝开国以来的那批元老重臣已老迈无用，难以辅佐他成就大业，他必须建立自己的班底。此时军事才能突出的表兄李渊向他积极靠拢，正中隋炀帝下怀。很快，李渊的职位便得到了升迁，先后任荥阳、楼烦二郡太守，成为一方封疆大吏。

父亲仕途的顺畅也直接影响到了年少的李世民，不到10岁他就开始跟着父亲出潼关、进中原、上河东，目睹了百姓的生活状况，了解到了他从来没有想过的种种问题，开阔了视野。然而，坎坷与顺遂往往如影随形，李世民16岁那年，他的母亲去世了。母亲是他最亲近也是最敬重的人，同时是他的启蒙老师，母亲的去世让少年李世民非常伤心，他似乎开始迷茫起来。

母亲去世后，由于父亲李渊忙于公务，无暇管教孩子，李世民开始终日四处玩耍。为了排解内心的苦闷，他常常约上一些伙伴出去骑马、射箭和打猎，闲暇时还常常博戏①。李渊看在眼里急在心上，担心这样下去会耽误李世民的前途。

当时朝中右骁卫将军长孙晟的兄长、李渊的好友长孙炽颇有见识。隋朝开国以后，长孙晟在离间与征伐突厥的过程中屡立奇功，为隋帝国西部边疆的稳定与繁荣做出了巨大贡献，被隋文帝杨坚封为右骁卫将军。成语"一箭双雕"的典故就出自长孙晟。长孙炽觉得李渊和弟弟两家门当户对，而且弟弟恰好有个女儿和李渊的二儿子李世民年龄相当，于是极力劝说两家订下了娃娃亲。

不料，长孙晟与李渊结为儿女亲家后不久就去世了，长孙氏没了父亲，同父异母的哥哥又不愿抚养她长大，年纪尚幼的她只得寄住在舅舅高士廉家里。幸运的是，高士廉本人道德修养很高，素有才望，高家更是渤海望族，书香门第，几代都在北魏、北齐、隋朝为官，因此，长孙氏在高家倒也生活得惬意舒适，而且在高氏门风的熏陶下，变得知书达理，终于成长为一位知书达理的贤良淑女。

这段时间，李渊见李世民整天无所事事，便想让儿子早点儿成婚，一来儿子已经到了成亲的年龄；二来成婚之后有人管管这个孩子，自己省心不说，或许孩子从此就不再撒野放荡了。

大业九年（613年），在李渊的张罗下，李世民和长孙氏正式成婚。长孙氏本来就美丽端庄，加上精心打扮了一番，李世民看到她那粉红的面颊和婀娜的身姿时，不由得怦然心动。此后，李世民开始了他和长孙氏的甜蜜生活。

新婚的日子能让人忘却烦恼，但儿女情长也会导致英雄气短。婚后的李世民的确不在外边浪荡了，但他却沉溺在温柔乡里，对任何事都不太感兴趣。长孙氏虽然年纪不大，却非等闲之辈，她很快发现了这个问

---

① 博戏：中国古代民间的一种赌输赢、角胜负的游戏，据《史记》等史籍记载，约殷纣王之前就已产生。

题，于是利用自己对丈夫的了解，在当好贤内助的同时，一直鼓励李世民凭借自身的才干早日建功立业。

在长孙氏的鼓励下，李世民的雄心被点燃了。长孙氏因势利导，开始鼓励他用功读书。由于家风尚武，他读的基本都是兵书，尤其是《孙子兵法》，他百读不厌，为了活学活用，他还经常像将军一样演习排兵布阵之法。

当时，李世民最敬佩的是勇冠三军的汉将霍去病，霍去病"匈奴未灭，何以家为"的大丈夫气概，令他倾倒。在偶像力量的推动下，少年李世民整日摩拳擦掌，跃跃欲试。好动的他不再满足于伏案读书，多次要求经常带兵出征的父亲让他上战场，亲自去搏击杀敌。

三、雁门解围

李世民很快就得到了一个机会。大业十一年（615年），隋朝亦敌亦友的邻国——突厥背信弃义，导致突发雁门事变。李世民当时已经成家，但在聪慧贤淑的长孙氏鼓励下，婚姻并没有成为他事业的羁绊，他一直在寻找建功立业的机会。这次突发事件使17岁的李世民正式开始了他的征战生涯。

5世纪中叶，突厥被柔然征服，迁徙到金山（今阿尔泰山）南麓。中国史书记载，因金山形似战盔，俗称突厥。突厥是以打铁为生的一个民族。6世纪时，突厥首领阿史那土门遣使向西魏进献方物。大统十二年（546年），突厥合并铁勒部5万余户，势力逐渐强盛。西魏废帝元年（552年），突厥引兵大败柔然，随后以漠北为中心在鄂尔浑河流域建立突厥奴隶制政权。由弱到强的突厥正式有了自己的政权，最强盛时疆域东至辽海（今辽河上游），西濒西海（今咸海），南临阿姆河南，北至北海（今贝加尔湖），地域辽阔，物资丰富。突厥最高首领称可汗，其子弟称特勤，将领称设。分辖地为突利（东部）、达头（西部）。可汗廷帐在东、西两部之间的鄂尔浑河上游一带。突厥政权官制分级达28级，主要财政来源是从普通牧民、黑民（战争中归附者）中征取税收。

随着时间的推移，突厥成为中亚民族的主要组成部分之一，在全世界讲突厥语族语言的人约有1亿3000万，他们大多自称突厥人或者突厥人的后裔，为世界的和平稳定和经济发展做出了重要贡献。但在隋唐时期，突厥人被认为是不折不扣的"番民"，多次受到中原政权的打击，同时由于突厥人英勇善战，一直是中原政权强有力的对手。不过，稳定后的突厥和汉族政权一样，在开皇初年也发生了内部斗争，分裂为东突厥和西突厥，从此实力大大减弱。

隋文帝在位时，曾帮助东突厥启民可汗击败对手，为表示感谢，启民可汗向隋文帝称臣纳贡，后来两个政权和亲，关系一直非常友好。杨广即位后曾于大业三年（607年）首次北巡塞外，到达启民可汗牙帐①。大业五年（609年），启民可汗去世，他的儿子阿史那咄吉即可汗位，号称始毕可汗。始毕可汗对隋朝似乎不像父亲启民可汗那么恭顺友好。当时隋朝大臣中，裴矩负责管理陇右事务，他见突厥日渐强大，整天忧心忡忡，担心突厥会对隋王朝不利，于是向隋炀帝献计削弱突厥实力。隋炀帝听其计，派人去见突厥始毕可汗之弟，要封他为南面可汗，并把公主许配给他。令隋炀帝没想到的是，其弟性格十分懦弱，他觉得如果自己接受隋朝册封，始毕可汗肯定不会放过他，自己将性命难保。所以他不但不敢接受，而且把这件事报告给始毕可汗。始毕可汗觉得隋炀帝有从内部分裂东突厥的企图，从此对隋炀帝怀恨在心，发誓总有一天要报此仇。

一计未成，裴矩又向隋炀帝献计道："突厥本来民风淳朴，使用离间计很容易成功。但是最近突厥中也出现了很多奸诈之徒，屡次教唆始毕可汗背叛我朝，这些人中以史蜀悉最为诡计多端，而且深受始毕可汗宠信，请皇上设计除掉此人。"得到隋炀帝的同意后，裴矩开始实施自己的锄奸计划，假情假意地请史蜀悉来马邑（今山西朔州）互市②。作

---

① 牙帐：将帅所居的营帐，中国古代边境少数民族地区的首府也叫牙帐。——编者注
② 互市：中国历史上中央王朝与外族或异族之间贸易的通称。

为始毕可汗最信任的宠臣，史蜀悉平日威风八面，非常自信，他对裴矩的邀请信以为真，很快领着自己的部属，带上马匹牛羊，赶赴马邑互市。

无数的历史经验证明，轻易相信别人往往会使自己陷入险境。裴矩以设宴招待史蜀悉为名把他迎进马邑，然后在宴席间派人杀了他。随后，裴矩派人去向始毕可汗解释说："我们查明史蜀悉有背叛可汗的嫌疑，作为隋朝的藩属，突厥出现叛贼我们岂能坐视不理？因此我们主动为可汗清理了门户。如今，叛贼史蜀悉已经被大隋除掉，可汗的隐患已经彻底消除，从此可以高枕无忧了。"

史蜀悉是始毕可汗的心腹大臣，有没有谋反企图，始毕可汗心里最清楚，现在隋朝不分青红皂白就以反叛罪杀掉史蜀悉，简直是公然向突厥挑衅。不过，始毕可汗选择继续忍让，当然，这第二笔账也深深地记在了他心里，从此他不再入朝纳贡。

大业十一年（615年）四月，李渊调任山西、河东慰抚大使，携家眷至河东。八月，爱好巡游的隋炀帝杨广带着自己的文武大臣再度北巡。客观地讲，隋炀帝这次北巡除了游玩之外，还有一定的军事目的，他想借机向已经分裂的突厥炫耀军威，迫使其惧服。因此，他的北巡路线主要集中在北方边塞雁门一带，也就是现在的山西代县。雁门素有"天下九塞，雁门为首。得雁门而得天下，失雁门而失中原"之誉，可见其战略意义之重大。一直隐忍不发的始毕可汗听说此事后，觉得这是自己报仇的好机会，于是集中东突厥的全部兵力，准备偷袭隋炀帝。

面对突厥大军的偷袭，隋炀帝毫无准备，隋军瞬间被打得落花流水，最后在卫队的护卫下，十分狼狈地撤回雁门郡。这时，突厥大军铺天盖地地追击而来，接连攻下了39座城池，将雁门围了个水泄不通。隋炀帝做梦也没有想到，一次巡游竟然沦落到被人团团围住、瓮中捉鳖的地步。更为严重的是，雁门城池不大，城防也不牢固，而且储备的粮食仅够隋炀帝与城中10万军民吃20余天，情况十分危急。

隋炀帝站在雁门城头，望着城外旌旗猎猎的突厥大军，悲凉、懊悔同时涌上心头，他一把抱住幼子杨杲失声痛哭，感叹道："如果长孙晟在，我怎么会沦落到这个地步？"

这时，随行的文武大臣纷纷献策，萧皇后的弟弟、内史侍郎萧瑀[①]说："可贺敦[②]参与军机大事是突厥的传统，突厥现在的可贺敦是当初以皇室家族成员的身份嫁给突厥可汗的义成公主。她虽然身在突厥，但是血脉相连，义成公主内心肯定还是心系隋朝。陛下如果能派人与义成公主取得联络，或许她会帮我们解除今日之围。"兵部尚书樊子盖则说："将士在此危难关头士气低落，除了身处险境心有余悸之外，心中还害怕陛下一旦消灭了突厥，会再次征伐高丽。现在，如果陛下下诏声明攻破突厥之后，再不远征高丽，将士们没有了后顾之忧，必然会专心致志地对抗突厥。如果陛下再亲自抚慰将士，并许诺此战立下大功者必重重赏赐，将士们定会奋勇杀敌，这样何愁突厥贼兵不破？"隋炀帝同意樊子盖之言，一一照做，局势果然得到了好转。

樊子盖又建议下令各地募兵。但雁门被围得水泄不通，谁去传送诏书呢？这时有人建议隋炀帝派人把勤王诏书系在巨木上投入汾河，诏书顺流而下，各地都能看到这个诏书。这个办法果然奏效，隋炀帝募兵救驾的消息很快传扬开来，李世民马上做出反应，到云定兴将军率领的部队中参加救驾行动。

出发前，李世民通过对敌我形势的分析，认为隋军应该多张旗帜、多设战鼓作为疑兵，并将行军路线拉长以造成援军众多的假象。于是，他直接找到云定兴将军，建议道："始毕敢举兵围天子，必谓我仓促不能赴援故也。宜昼则旌旗数十里不绝，夜则钲鼓相应，虏必谓救兵大至，望风遁去。不然，彼众我寡，若悉军来战，必不能支。"云定兴经过分析后认为此计可行，当即采纳了李世民的计策。事情果然如李世民

[①] 萧瑀：南朝梁明帝萧岿第七子、唐朝宰相。贞观年间，他6次担任宰相，又因故6次被罢免，贞观十七年（643年）成为凌烟阁二十四功臣的第九位。

[②] 可贺敦：对突厥可汗的妻子的称呼。

所料，始毕的侦察部队看到隋军布置的各种疑兵，认为隋朝的大批援军已陆续到达，于是命令军队北撤解围。

这次应诏参军救驾，李世民虽然未居要职，但他在此战中机智灵活的用兵方法所带来的意想不到的效果，使他体会到了运筹帷幄、谋定后动在战争中的巨大作用，也使他对突厥兵马有了一个初步的认识，从而为以后与突厥的军事对抗做好了心理上的准备。

四、太原平乱

雁门兵变充分显示了隋王朝不稳固的霸权根本无法让各方势力真正俯首称臣。在这次突发事件中受到极度惊吓的隋炀帝痛定思痛，开始重视北方的防务。但形势仍然在朝着不利于隋王朝的方向发展，不仅外部环境有恶化的迹象，王朝内部也出现了许多不和谐的声音。

在隋炀帝统治下的隋王朝渐渐凝聚起一股股暗流，隋帝国就像一头病入膏肓的骆驼，全国上下盗匪流窜，起义军此起彼伏，让隋炀帝头疼不已。同时，上天仿佛也在为抛弃隋炀帝做准备，民间广为传唱着"李氏将兴天下"的歌谣，隋炀帝听到后大为恼火。为了不让歌谣内容成为现实，隋炀帝把目光对准朝中所有的李姓大臣，毫不犹豫地屠灭了大隋开国第一重臣李穆满门。此时李渊犹如一只惊弓之鸟，自己也姓李，皇上会不会怀疑到自己头上呢？他思来想去，认为只有远离政治旋涡才能避此大祸。

大业十一年（615 年），为防止祸及自身，李渊以防备突厥并讨捕群盗为由，自请出任太原留守。

其实，隋炀帝对自己的表哥李渊倒不是很猜忌，他认为李渊为人谨小慎微，干不成什么大事。但李渊平叛非常得力，而且当时北方也确实需要一个有能力的将领去守边，于是隋炀帝顺水推舟地批准了李渊的请求，任命他为太原留守。同时，为了防止李渊擅权，隋炀帝又任命王威、高君雅为副留守，以牵制并监视李渊。这年年底，李渊受诏前往晋阳（今山西太原境内）赴任。

因为战乱，李渊赴任前经过慎重思考，把大儿子李建成和小儿子李元吉留在河东，并嘱托河东人曹任瓌代为照顾。对于自幼喜欢行军打仗、排兵布阵，又有实战经历的二儿子李世民，李渊觉得应该把他带在身边历练。大业十二年（616年），李世民随父亲到达太原。谁也没有想到，此行竟成了父子二人命运的转折点。

英雄自有用武之地，热爱军事的李世民随父亲刚刚到任不久，就赶上魏刀儿的起义军骚扰太原。

在义军林立的隋朝末年，魏刀儿也算是义军中的英雄，大业十一年（615年）二月，他在上谷起义，自称"历山飞"，很快聚集10万余众，声势浩大。魏刀儿很有野心，为了扩大地盘，他与突厥联合，向南进攻原燕、赵之地，可谓战无不胜，攻无不克。到大业十二年（616年）四月，其部将甄翟儿竟率众攻到了太原。

因职责所在，李渊不得不去征讨起义军。两军在西河郡（今山西汾阳）永安县雀鼠谷相遇。当时李渊率领的步兵加上骑兵总共才五六千人，而起义军约有两万人，双方兵力实在相差太大。李渊稳住阵脚后，认真分析了敌我形势，决定用疑兵之计应敌，他下令把粮草车和其他一些车辆插上旗帜，放在后面，弱残士兵藏在战阵中间拼命摇鼓，借以混淆敌人视听，使敌人难辨虚实。然后，他把所有的兵将分成了两队：精锐骑兵队由李渊自己率领冲锋，精锐步兵则负责随后接应。

战争说到底仍然是实力的对抗，尽管李渊进行了精心的策划，但一阵激战过后，带头冲锋的李渊便被包围了。杀红了眼的李世民见父亲被困在阵里，不顾危险，单枪匹马冲进阵里，左突右冲，频频举箭，吓得敌人四散奔逃，李渊趁机冲出包围圈。不久，布置在后面的步兵赶来了，李渊父子二人又抖擞精神大杀一阵，父子同心，其利断金，敌军受到前后夹击后纷纷溃败。

战后，李渊不但缴获了大量的粮食、马匹，而且也因以少胜多而名声大振。这次李世民在战场上的神勇表现，使李渊从此对他更加信任，并把他视为自己的左膀右臂。

之后,年轻的李世民又独自击溃了一些小股义军,军事上的才干得到了进一步的锻炼。但当时遍地起义,整天镇压义军让他深感力不能支,只是皇命难违,这让他内心产生了情绪,有一次他向李渊发牢骚说:"当今天下起义军盛行,您再为国家效力也是征讨不完的,总有一天我们会因征讨不力而受到皇帝的惩罚。"他的这一思想正是后来参与起兵密谋的基础。

李世民在太原大约待了一年时间,结交了一批豪友,比如长孙晟的族弟长孙顺德。他因逃避辽东之役,躲在太原,李世民跟他相亲善;刘弘基"少落拓,交通轻侠,不事家产",到太原逃命,李世民与之结为好友,"出则连骑,入同卧起";窦琮本来跟李世民有些矛盾,心存疑惧,但李世民心胸开阔,待之以诚,出入卧内,两人也结成了好友。

这一时期,年仅20岁的李世民在政治上逐渐成熟,他"见隋室方乱,阴有安天下之志,倾身下士,散财结客,咸得其欢心",开始走上了一条崭新的道路。

第二章　劝父起兵，建立大唐

一、狱中之谋

李世民在太原结交的友人中，有一个人不能不提，他就是刘文静。可以说，正是刘文静让李世民下定了起兵的决心。

当时，李渊到太原出任留守，刘文静是晋阳令。刘文静身材魁梧，相貌不凡，颇有才干谋略。他预感到隋朝灭亡指日可待，因而非常留心天下大势，准备择有雄才伟略的"真命天子"去投靠。李渊父子到太原不久，他就注意到李渊心怀四方之志，将来一定会有所作为，于是刻意与李渊交往，慢慢建立起了密切的关系。

也正是在这个过程中，刘文静结识了李世民。他发现李世民的才能和见识在同龄人中实属罕有，曾对晋阳宫副监裴寂这样评价过李世民：英明神武等同于曹操，宽容大度可以和汉高祖相提并论，年纪虽然轻，却有天纵之才，将来肯定不是平常人。经过仔细观察和分析，刘文静认定李世民就是自己一直苦苦寻找的真命天子。

而李世民通过对刘文静的了解，发现他是一位可以共谋大事的奇才，两人惺惺相惜，非常投缘。然而，天有不测风云，刘文静很快便遇到了人生中的一个转折点。当时的瓦岗寨义军首领李密与刘文静是儿女亲家，瓦岗军打败隋军之后，隋炀帝大怒，下令严惩李密及其亲族，连刘文静也被以勾结乱党的罪名投入太原监狱。

出于私交，李世民去狱中探望刘文静。刘文静此时沦为囚徒，要想保命只有造反一途，李世民的到来让他看到了希望，于是他试探性地问道："眼下天下大乱，狼烟四起，生灵涂炭，何时才能天下太平？"

李世民回答道："必须有胸怀拯救天下百姓大志的能人出世，才能天下太平！"

刘文静叹了口气，惆怅地说："国家遭遇大乱，百姓的处境令人痛心，但要想有汉高祖刘邦、光武帝刘秀那样的能人再次出现，比登天还难呀！"

李世民看了刘文静一眼，说："像汉高祖、光武帝那样的能人现在肯定有，只可惜伯乐难寻，埋没了人才。"

刘文静抑制住内心的兴奋，坚定地说："我常以伯乐自居，要来相相你是不是一匹千里马，你愿意吗？"

两人经过一番交谈之后，开始敞开心扉，秘密商议起来。李世民表示，他来探视刘文静不仅仅是表达对朋友遭难的同情，还想与之商议一件大事，要请教刘文静有何见解。

李世民口中所谓的大事，刘文静自然心知肚明，他沉思片刻之后说："现在天下造反起义的人无可计数，义军领袖李密已经包围了东都洛阳，然而荒淫无道的昏君却还在南方游山玩水，隋亡已成定数，如果能抓住这个大好时机，夺取天下并非难事。我做晋阳令已经好几年了，对这里的情况非常了解，而且认识很多确有真才实学的人。目前的太原，百姓为了逃避战乱，能逃进城的都来了。如果方法得当，召集10万人马也只是几日之事。况且你父亲唐国公手握几万兵马，到时候振臂一呼，谁不响应？有了这支十几万人的军队，趁天时地利攻入关中，只要能安抚人心，半年之内定能成就帝业！"

刘文静的一席话可以说正中李世民的下怀，李世民听后，兴奋地说："真是英雄所见略同啊！"

汉朝未成立之时，张良苦读《太公兵法》10年，却无法施展自己的才能，直到偶然碰到了刘邦，才学抱负才得以施展，最后协助刘邦成就帝业；刘备带领关羽、张飞、赵云东奔西走，始终无立锥之地，最后三顾茅庐请得诸葛亮出山相助，诸葛亮屡出奇兵助刘备建立蜀汉。刘文静的话让李世民产生了一种刘备遇到诸葛亮、刘邦遇到张良的感觉。尽管刘文静的才能不及张良、诸葛亮，但是他的确给了年轻的李世民足够的信心。

这是一次载入史册的谈话，它改变了两个人的命运轨迹。从此，李世民与刘文静结为密友。唐朝建立之初，李渊拜刘文静为司马，地位仅次于裴寂。

二、劝父兴兵

李世民下定决心以后，又与刘文静制定了周密的行动方案，方案的第一步就是去游说李渊举事。

一天夜里，在太原守备衙门内，李世民忧心忡忡地对李渊说："父亲对皇上的忠诚皇天可鉴，但父亲也不能只顾忠于皇上而忘记天下百姓呀！父亲非常清楚当今皇上荒淫无道，置天下百姓于不顾，只顾自己享乐，引得百姓揭竿而起，四海反声震天。我们再忠于这样的皇上，就是与百姓为敌呀！当下盗贼蜂起，我们即使竭尽全力，也难以尽数消灭，最终也会被皇上认为杀贼不力而治罪。眼看就要大祸临头，我们应该怎么办呢？"

李渊一向谨慎善忍，加上在朝中贵为国公，地位尊崇，轻易不愿冒险，听了李世民的话，他不置可否，反问道："你觉得怎么办才好呢？"

李世民往前走近一步，悄声说道："依我看，现在是上天赐予我们的最佳机会，只要我们顺应天下形势，迎合百姓心意，举义旗，发义兵，然后再直捣关中，传檄天下。不但我们父子可以转危为安，变祸为福，而且天下太平之日，即是父亲您成就帝业之时。"

做了多年顺臣的李渊，对于谋反的话非常敏感，现在听到儿子如此直率的话语，他不由得勃然大怒，大声骂道："大胆小儿，居然说出如此大逆不道之语，你可知道就凭这些话，我们父子就犯下了诛戮九族的大罪，是谁这么大胆指使你的？此话在我面前说说也就算了，如果再和别人说，当心会有性命之忧。"李世民非常了解李渊患得患失的矛盾心理，面对李渊的色厉内荏，他一言不发，主动退了出去，适时给了父亲一个缓冲的台阶。

第二天下午，李世民把其他人都支出去，拉住李渊来到卧室，再一次劝说李渊。他说："父亲大人，如今盗贼四起，哀鸿遍野，我实在不忍看到这种惨状。您受命讨伐的这些盗贼，其实只是一些愤怒的百姓，百姓何其多，您难道能够把他们全部杀尽？即使我们有幸能平定叛乱，在无道昏君的统治下，难道接下来会有安宁之日吗？事实是您无论怎么尽心平贼，都不能确保平安无事，更不能永保荣华富贵。我不忍看着生灵涂炭，更不忍看到我们全家任人宰割。我想父亲也不忍看到这种惨状吧！为今之计，只有顺天意，兴义兵，才能让天下苍生免遭杀戮，也让我们全家永保富贵呀！"

这次李渊没有发怒，只是双目微闭，静静地坐着，既不肯定也不否定。李世民知道父亲已经动了心思，于是不急不躁，静等李渊的回答。

忽然，李渊长叹一声，说道："你的话确实有些道理，从昨日起我就开始思考，天下安定、家中富贵是我一直追求的，既然二者在目前都不能保全，我们何不自己努力呢？但事以密成，谋以泄败，等我看准机会再和你商量这件事吧！切记此事关系重大，事急则缓，绝不能鲁莽行事！"

李世民听了，知道再分辨下去也不会有什么结果，只得退下去再想办法。

刘文静在了解到李世民劝说李渊不太顺利后，想起了李渊的知己老友裴寂。李渊与裴寂交往密切，有时还通宵达旦喝酒聊天，关系非同一般。于是，刘文静让李世民去找裴寂来劝说李渊起兵反隋。

李世民与裴寂的关系非常一般，为了跟裴寂交好，李世民把私房钱交给自己信得过的龙山令高斌廉，让他天天与裴寂赌钱，并且只准输不准赢。裴寂每次都赢钱，开始非常纳闷，经过暗中调查才知道是李世民派高斌廉来陪自己玩,由此认定李世民是个仗义疏财之人,于是他也开始有意结交李世民。两人经常一起游山玩水或拜访朋友,随着时间的推移,他们的感情越来越深厚,很快到了无话不谈的地步。在一次谈话中,李世民把自己想劝父亲起兵反隋的想法告诉裴寂,请他帮忙劝说李渊,裴寂满口答应。

事情的转变往往需要一个合适的契机,就在李渊犹豫不决之时,他管辖的地盘上发生了一件对他很不利的事情。大业十二年(616年),东突厥又派兵来马邑抢夺财物,李渊命太原副留守高君雅和马邑太守王仁恭率兵抗击。但王仁恭、高君雅作战失利,李渊担心此事连累自己,整天忧心忡忡。李世民感到这是天赐良机,就劝李渊说:"父亲不要再一味地因害怕获罪而担忧了,流寇盗贼横行,谁也不能百战百胜。如今皇上昏庸无道,不能明辨是非,您因战败获罪是早晚的事。与其整日忧愁,不如顺应民心,兴起义兵,一旦自己成就帝业,还怕谁会治您的罪吗?"

不久,隋炀帝得知马邑战败的消息,果然派出使者准备以"抵御突厥不力"之罪免去李渊和王仁恭的职务,并诏令把他们押往江都。李渊害怕去了江都会性命不保,内心非常恐惧,主动征求李世民与裴寂的意见,于是二人又乘机劝说李渊:"本来是手下将领出战失利,却牵连到您,可见当今皇上多么昏聩,再为隋朝尽忠还有什么好处呢?如今事情已经迫在眉睫,如果再犹豫将会悔之莫及。目前此处积蓄的军资财物众多,况且晋阳军队兵强马壮,以此起兵,定能一举成功。"李渊不放心地问道:"如果众人不服怎么办?"二人一看李渊心动,当即分析道:"关中豪杰虽然纷纷起事造反,却没有一个能让众人信服的首领,就像一盘散沙。如今代王①年幼,如果我们起兵后立他为王,招抚各路义军归附,是非常容易的。天时、地利、人和同时具备,不起兵谋反而非要

---

① 代王:即隋恭帝杨侑,隋朝第三位皇帝,617-618年在位,618年将皇位禅让给李渊。——编者注

坐等杀戮，这根本不是一位英雄人物的作为呀！"听了这些入情入理的劝说，李渊当即表示同意二人之言，然后开始秘密准备。

李渊真的没想过要起兵反隋吗？非也，其实，他起兵的念头早就产生了。

大业七年（611年），隋末农民起义拉开序幕，统治阶级内部分崩离析。李渊目睹天下动荡的局面，开始产生了叛隋的想法。《资治通鉴》记载，大业九年（613年）正月，"诏征天下兵集涿郡。始募民为骁果，修辽东古城以贮军粮"。当时，李渊任卫尉少卿，督运于怀远镇，路过涿郡，与宇文士及有过密谈。他们密谈之事便是起兵反隋。这可由李渊称帝后与裴寂的一次对话证明："此人（宇文士及）与我言天下事，至今已六七年矣，公辈皆在其后。"与此同时，李渊根据窦氏生前的建议，特地向隋炀帝进献"鹰犬"，作为自安之计，用投其所好之计来掩饰自己叛隋夺取天下的意图。后来杨玄感公然起兵谋反，李渊善察时变，没有贸然行动，反而因告密有功，被隋炀帝任命为弘化郡留守。不仅如此，李渊意识到天下大乱之时，隋炀帝多以猜忌杀戮大臣，于是"纵酒纳赂以自晦"，装糊涂以求自保。据说杨玄感谋反时，李渊的妻兄窦抗曾跑去劝他："玄感抑为发踪耳！李氏有名图箓，可乘其便，天之所启也。"但李渊认为时机还不成熟，叫窦抗不要乱说。因为杨玄感起兵仅两月便被平定，此时闯这种"祸"，很可能被满门抄斩。

到大业十一年（615年），李渊又任山西、河东慰抚大使，奉命前去镇压农民起义军。这时，他的好友夏侯端又劝他说："金玉床摇动，此帝座不安……天下方乱，能安之者，其在明公。但主上晓察，情多猜忍，切忌诸李，强者先诛，金才（指李浑）既死，明公岂非其次？若早为计，则应天福，不然者，则诛矣。"夏侯端之言既应天象，又精辟地分析了当时的形势及李渊的处境，所以李渊"深然其言"，完全赞同夏侯端的见解。至此，李渊已下定起兵的决心。

在太原留守任上，李渊依仗太原仓的粮草，暗中结交各路豪杰，并以自己力量不足以平贼寇为名招兵买马。这些足以说明他早就预料到隋帝国大厦将倾。只不过他善于隐忍待时，为了积蓄自己的力量，暂时压抑而已。试想，如果李渊自己没有起兵之心，纵使李世民及诸幕僚再怎么劝说，也不可能成功。

三、晋阳起事

在李世民及内部众多将士的劝说下，李渊终于开始图谋起兵；但他深知乱世中安身立命尚且不易，一旦谋反，想以河东之地夺取天下更是难上加难。正所谓天时不如地利，地利不如人和，为了起兵后成功夺取天下，李渊开始了推财养士、广纳天下豪杰的计划。

这时，李世民在太原的广泛结交起了很大作用。李世民天性豪爽，结交了许多死士和豪杰，组建了一个效命李渊的组织体系。这个体系不仅包括刘文静、刘弘基、长孙顺德等人，还包括陆续前来投奔李渊的刘世龙、唐俭①、殷开山②、赵文恪、刘政会、徐世绪、李思行等人。大批豪杰和隋朝旧部的依附，成了李渊起兵的重要力量，后来这些人也成为建立唐朝的首批有功之臣。

准备工作有条不紊地秘密进行，大业十三年（617年）二月，形势又出现重大变化，马邑校尉刘武周起兵反隋，并杀死马邑太守王仁恭，史称马邑兵变。随后，刘武周勾结突厥大军直逼太原。危急形势成为李渊自行大规模募兵的借口。李渊上任之初，隋炀帝派王威、高君雅任副留守，负责监视李渊，以防生变。为了能够顺利募兵，李渊特意邀请王威、高君雅前来商讨，目的就是为了稳住他们，防止他们暗中向隋炀帝汇报。王威与高君雅面对太原当时的情况，觉得李渊提出的募兵计划也合情合理，但出于职责，他们仍对李渊说："本来私自募兵有违圣命，

---

① 唐俭：并州晋阳人，唐朝大臣，凌烟阁二十四功臣之一。唐武德年间为礼部尚书，授天策上将府长史，封莒国公，特赐免死罪一次。贞观年间授民部尚书，死后追赠开府仪同三司、并州都督。

② 殷开山：雍州鄠县人，唐朝开国功臣，凌烟阁二十四功臣之一。武德六年（623年）死于讨伐刘黑闼的途中，死后追赠陕东道大行台右仆射。

但你手握兵权且是皇上的亲戚,如今情况紧迫,如果再按照正常程序,定会耽误大事,因此募兵之事可行,不过所募之兵一定做到平贼专用呀!"此言显然是在提醒李渊,不奏报朝廷私下募兵违反军制,但在危急形势下为社稷着想,也只能做出这种选择,但募兵之后绝对不能有其他图谋。

李渊见王威与高君雅暂时不会泄露秘密,当即命令李世民、刘文静等各自招募兵马。太原附近的百姓早对隋炀帝的暴政恨之入骨,募兵消息公布仅10天左右,李渊就召集士兵近万人。这支队伍直接由李渊、李世民父子控制和指挥,成为晋阳起兵的主力军。

晋阳城是太原郡的中枢神经,要想让太原成为稳固的后方,李渊必须首先取得对晋阳城的绝对控制权,只有做到这一点,才能收放自如地控制河东。然而,副留守王威、高君雅作为隋炀帝的亲信,对李渊的动向了如指掌,让李渊父子时刻感受着威胁。

王威和高君雅本来就认为晋阳未经上报就私自募兵不妥,只是当时迫于形势,他们实在无话可说,现在听到许多人在议论李渊谋反,又见李渊、李世民父子治下募兵云集,操练频繁,他们确定李渊已有谋反之心。于是,王、高二人策划了一场晋祠祈雨大会,想要诱杀李渊。谁知天不绝李渊,经常出入王、高两家的晋阳乡长刘世龙知道了他们的阴谋,立即将此事报告给李渊父子。李渊和众人商量后,决定先发制人,设计除掉王、高二人。

大业十三年(617年)五月十四日夜里,根据李渊的安排,李世民率兵埋伏在晋阳宫城外面。第二天清晨,李渊照例和王威、高君雅一起处理政务,这时,开阳府司马刘政会在刘文静的带领下来到厅堂上,声称接到有人谋反的密告。李渊装出很惊讶的样子,故意叫王威先看刘政会的状纸,谁知刘政会说:"告发的是副留守的事,只有唐公才能看。"并故意不给王威。李渊佯作吃惊地说:"难道真有这样的事?"他随手接过状子并大声读道:"王威、高君雅图谋不轨,暗中勾结突厥入侵。"高君雅一听急了,捋起衣袖大骂道:"这是造反的人陷害于我。"高君雅还想争辩，刘文静一声令下，埋伏在外面的长孙顺德、刘弘基等蜂拥而上，将王、高二人五花大绑投进监狱。

也该王威、高雅君二人送命，李渊刚把二人投入监狱，外边便有人报告突厥数万骑兵入侵太原，其轻骑从外城北门进入，从东门出去。李渊下令将各城门打开，然后让裴寂等人率兵防备。突厥人见城门大开，不知城内虚实，竟不敢进入，最后干脆退兵。如此一来，王威、高君雅勾结突厥人入侵的罪名更是让人信服。随后，李渊顺应众意，杀掉二人，公开起兵反隋。

李渊长期四处征战，知道欲成大事，首先要解除后顾之忧。起兵之前，为了防止起兵之后祸及全家，李渊密令留守河东的长子李建成带领全家人赶赴太原，以保存宗室。同时，为了防止起兵后东突厥从背后突袭，他又派刘文静作为特使前往始毕可汗处称臣纳贡，并与始毕可汗约定："唐公得天下后，土地人口归唐公，财帛归突厥。"突厥答应，如果李渊想自立为帝，就派兵相助，并保证不从后面袭击。为避免引狼入室，李渊没有答应突厥派兵相助的提议，但他通过这一手段稳住了突厥，从而稳定了自己的大后方。

解除了后顾之忧后，李渊确定了自己的军事策略——直取长安。长安是隋朝国都，也是军事要地，不易攻取，但李渊知道隋炀帝此时正在外巡游，长安防务相对空虚。另外，夺取长安有着重要的政治意义，有利于争取人心。

举事起义须师出有名，对此，李渊进行了周密部署。当时隋军还有相当强的战斗力，瓦岗军的反隋口号一出，立刻招来隋军的疯狂反扑。各地义军和割据政权不计其数，但并没有出现能取代隋而坐拥天下的势力，而且彼此牵制，在这种情况下，隋王朝名义上还是全国的统一政权。老谋深算的李渊经过再三考虑，走了一条中间路线，提出只反暴君、不反隋朝的口号。这是一个绝妙的策略：不反隋，可以避免隋朝的同情者和忠于隋朝的军队的反击；反对暴君，又可以获得各路反隋势力的支持。不过，既然打着不反隋的大旗，必须拿出实际行动来证明自己的立场。李渊采纳裴寂的建议，立代王杨侑为皇帝，以安隋室、反对杨广暴政为名，檄告各郡县。

刚刚起兵的李渊，知道自己的军事实力并不强，既不能得罪突厥，也不能过于引起朝廷的注意。为了两者兼顾，李渊连军队旗帜的颜色都做了周全的安排。他认为，如用突厥的白色旗帜，肯定会引起汉族人的反感与憎恨，不利于募兵，更不利于得到广大汉族民众的支持，但如果使用隋朝的红色旗帜，百姓对隋朝的怨恨由来已久，不亚于对突厥的仇恨，可能也会引起百姓的仇恨和抵制。最后，他决定采用红白相间的旗帜，表示自己既不从属于隋朝，也不依附于突厥。这样做可以避免树敌过多，成为众矢之的。

为了证明自己起兵是顺民意、合天理的，李渊还让汾、晋的百姓四处传唱《桃李子歌》："桃李子，莫浪语，黄鹄绕山飞，宛转花园里。"意思很明显，李为李渊姓氏，桃是陶的谐音，指的是帝尧的姓氏陶唐氏，李渊世代袭唐国公，桃和李，不正是暗示唐公拥有天命吗？李渊目睹绛白旗幡，听着歌谣，豪情万丈地对李世民说："看来我肯定能顺应民意，成就帝业呀！"

民心的向背决定着起兵的成败，隋朝虽然有许多大型粮仓，但在荒年的时候总是闭仓拒赈，令百姓对朝廷大失所望，怨声载道。瓦岗军李密吸取隋朝的教训，反其道而行之，多次大规模开仓济民，引得贫民纷纷来投奔瓦岗军，李密的声势日益壮大与此不无关系。于是，李渊仿效李密，在太原打开官仓救济贫民，并发出募兵告示，一时间应募之人接踵而至，20天内就招募了几万人马，称为"义兵"。

四、西河大捷

李渊起兵谋反的消息很快被辽山（今山西左权县东北）县令高斌廉报告给朝廷。隋炀帝知道后既恼怒又恐惧，立即下令长安、洛阳两地的官员做好防御准备。了解到隋军的动向后，李渊部下认为应先攻下辽山,除掉报信的高斌廉,但李渊不这么认为,他说:"辽山只是一座小城,不会对义军构成威胁,攻占它的意义不大,而西河郡丞高德儒正好阻挡我军南下的道路,先除掉高德儒才是上策。"

确定了第一个攻打目标后,李渊决定派长子李建成、次子李世民一起率军前去进攻西河郡(今黄河晋陕峡谷两岸)。这是起兵后的首次作战,李渊非常重视,再三叮嘱两个儿子要谨慎从事,奋勇杀敌,确保首战胜利,以增强人们的信心。为此,他还特地安排太原县令温大有为参谋,协助指挥战斗。

李渊之所以如此安排,还有一个重要原因——此战的对手是隋朝的正规军,虽然声名狼藉,但战斗力不容小觑。反观自己率领的义兵,虽然士气高昂,军纪严明,上下同心,但毕竟是刚招募的新兵,没有经过多少训练,对战阵大都不熟悉,缺乏实战经验,空有一身蛮力。而李建成、李世民都是青年将领,虽然参加过战斗,但还是第一次单独指挥一支军队。李渊知道在残酷的战争中,仅有热情和士气是远远不够的,要想战胜敌人,还得靠将领的综合素质和士兵的作战能力。

李建成、李世民兄弟二人率领大军在父亲的声声叮咛中出发了,由于他们一路上广施恩德,行军非常顺利,很快就到达了西河郡。前期的广泛宣传,让西河郡的百姓非常敬佩李渊父子的仁德,都不愿帮高德儒守城。义军攻城之日,城内的士兵根本不愿出战,有的甚至临阵倒戈。在这种情况下,战局毫无悬念,西河郡很快就被攻下,高德儒本人被抓。义军宣称"吾兴义兵,正为诛佞人耳",然后把高德儒杀了。之后,李建成、李世民没有被胜利冲昏头脑、滥杀无辜,反而对百姓好言安抚,秋毫无犯。

攻打西河郡一战可谓干净利落,完美地实现了战略目的。李渊高兴地说:"以此行兵,虽横行天下可也。"他南下入关的决心更加坚定。

分析这次胜利,有两个原因不容忽视:一是义军纪律严明,为收买民心而对百姓秋毫无犯,与隋军形成了强烈对比,从而得到了包括西河士兵在内的绝大多数人的敬佩;二是李世民长期生活在军营,对士兵非常熟悉，他和士卒打成一片，同甘共苦，因而士兵肯为他卖命。此战对李世民的触动很大，使他彻底明白了得道多助、失道寡助的道理，后来他在执政中一直坚持以民为本，可能与此有很大关系。

李建成、李世民从出兵到胜利返回太原，仅用了9天时间，李渊对兄弟二人的表现非常满意，而晋阳义军也对在李氏父子的带领下夺取天下充满了信心。李建成和李世民在此战中建立起了自己的威望。西河首捷后，李渊又一次开仓放粮，并借机收编附近的农民起义军，大举扩充兵力。

不久，在众人的拥护下，李渊正式设立大将军府，称士卒为"义军"，建立了左右军，任命李建成为左领军大都督，统率左三统军；李世民为右领军大都督，统率右三统军；李元吉领中军。

随后，李渊又毫不吝啬地对有功之人进行封赏：力劝他谋反的好友裴寂功劳最大，被任命为大将军府长史；积极劝说他谋反的刘文静为司马；文人温大雅①、殷开山、唐俭等人为大将军府掾属；武将刘弘基、长孙顺德、王长阶等人为统军、副统军。其余有立功表现的文武职员，均有封赏。

军事、政治机构的正式组建，表明了李渊以实际行动和各路人马争夺天下的决心，同时也表现出他对改朝换代已经做好了前期准备。

五、霍邑之战

要想谋求天下，就不能把目光局限于太原一隅。大业十三年（617年）七月，李渊亲率李建成、李世民从太原领兵南下，留李元吉守太原，开始了他建立大唐的征程。

在中原的各路义军中，以李密领导的瓦岗军实力最为强大。李密曾

---

① 温大雅：并州祁县（今山西祁县）人，隋末唐初思想家、史学家。初任东宫学士、长安尉；唐建立后任黄门侍郎、工部侍郎、陕东道大行台工部尚书；贞观年间升任礼部尚书，封黎国公，死后追赠尚书右仆射。

派人向各路义军传递消息，让各路义军奉他为首领，共同反隋。李渊很早就收到了李密的书信，但一直没有回复。大军出发前，为了避免和瓦岗军发生冲突，导致腹背受敌，李渊特意给李密回信说："我相信你是真命天子，我起兵就是为了帮助你成就帝业。"李世民知道后，满怀信心地说："有了这封信，李密的注意力肯定都在反隋上了，我们就没有后顾之忧了。"

果然，李密收到李渊写来的书信后，非常高兴，马上回书给李渊，让他放心征战，瓦岗军保证不进犯太原。这样一来，李渊就可以放心南下征战了。

李渊起兵南下的消息传到朝廷后，隋炀帝急派虎牙郎将宋老生率两万精兵屯守霍邑（今山西霍州），又派骁卫大将军屈突通镇守河东要地，以阻止李渊大军南下的脚步。李渊大军行到离霍邑50多里的贾胡堡（今山西灵石县西南50里）时，恰逢连日天降大雨，道路泥泞不堪，无法行军，李渊只好命令原地扎营，等待天晴。谁知直到粮草将尽，天气仍然不见好转，李渊不禁心急如焚。

屋漏偏逢连夜雨，这边大军正为粮草发愁之际，晋阳又传来紧急消息，据探报，刘武周勾结突厥，趁李渊大军出征之际趁机袭击晋阳。前进受挫，后院起火，李渊的部下为了继续进军还是北还发生了争论。

裴寂认为："目前各方面的形势都十分不利于我军，隋朝的军事实力还很强大，即使到达霍邑城下，城池也不能很快拿下，前进属于冒险。现在刘武周不讲信用，出尔反尔，唯利是图，引突厥之兵攻打晋阳。晋阳是义军的后方，关系到义军的生死存亡，而且义军的家属都在晋阳，如果晋阳失守，义军上下必定无心作战。李密虽然答应结盟，但此人老奸巨猾，没有人知道他的真正打算，如果他出兵从侧翼偷袭我们，后果不堪设想。针对目前的情况，我认为应当回去，先救根本，等后方稳固之后，再想办法领军南下。"裴寂的意见基本符合实情，许多人都同意他的意见。一贯老成持重的李渊也认为，此时南下时机不成熟，现在最要紧的是部队必须立刻北还。因此，经与众人商议，他决定

第二天起兵返回太原。

当时李世民正在外面率军巡逻,忽然听到士兵四处传扬明天要撤军的消息,不由得大惊失色,马上赶回大营。确定此事属实后,他直接闯进中军帐向李渊询问北还原因。

李渊说:"刘武周进犯晋阳,一旦晋阳失守,我们便有家难回了。李密在旁边虎视眈眈,也是我军的心头大患。况且此处粮食快吃完了,按目前的形势,很难继续逗留。"

李世民一听,着急地说:"父亲您想一想,突厥刚与我和好,未必就会马上背盟。刘武周表面上依附突厥,实际上两方互相猜疑,他虽然有'觇记'太原之心,但他的根据地马邑也不太稳固,所以他出兵或许只是传闻罢了。李密只注意洛口,无暇顾及远方,更是不足为虑。现在正是庄稼成熟的时期,还怕找不到粮食吗?只要我们坚持南下,前方隋将宋老生为人轻躁,一举可擒。父亲有志救民于水火,想成就一番事业,应当意志坚定才对,现在一遇到困难就想打道回府,恐怕会让跟随首义的众人丧失信心,一旦众人各自散去,大事就彻底完了。"

李渊连连摇头道:"晋阳是义军的根本,一旦晋阳失守,我们将无家可归!我回师晋阳的决心已定,你再劝也没有用。"

李世民见劝阻不了父亲,便想让兄长李建成一起去说服父亲,谁知李建成却说:"我虽然也不同意撤军,但父亲已做了决定,我看是劝阻不了的,何必再枉费口舌呢。"

李世民无奈,只得去找裴寂等人商量,但众人都说北还是正确的。李世民眼看宏图大业要毁于一旦,顿时懊恨万分,忍不住痛哭起来。李渊听到李世民的哭声,召他入内询问。

李世民来到李渊面前,边哭边说:"大军已经出动,有进无退,进则生,退则死,怎能不哭?"

李渊惊讶地问道:"只是退兵而已,怎么会有如此严重的后果呢?"

李世民说:"父亲长期带兵,比谁都明白军队攻守全靠锐气,退兵必然导致锐气丧尽、队伍溃散。如果敌人乘势追击,我军毫无斗志,定会四散奔逃，土崩瓦解，这岂不是束手待毙吗？"

李渊闻言顿时醒悟过来，十分后悔自己做出的退兵决定，但目前左军已经出发，一切都来不及了。

李世民见父亲回心转意，忙说："左军刚刚出发，应该还没有走远，我马上去追回来。"

李渊立即同意，说："成败皆在于你，你马上去把左军追回吧！"李世民立即喊上李建成连夜追回左军。

后来发生的事情证明，李世民的看法是完全正确的。从此，李渊对李世民更是刮目相看。

客观地说，晋阳确实是义军的根本，也是后方的供养中心。李渊、裴寂等人主张班师北还，并非出于怯懦。如果刘武周和突厥相互勾结，掩袭太原，那么，失去根本的义军南下入关是很难顺利进行的。李世民之所以敢于坚持前进，主要源于他对当时形势的正确分析。突厥与刘武周并没有完全建立起信任关系，根本构不成对晋阳的严重威胁。退回太原，士气大溃，就会有失败的危险；只有先入咸阳，才能号令天下。李渊本来就想西图关中，这个根本性的方针当然不会改变；他之所以同意班师，主要还是慑于突厥的威胁，同时也暴露出李渊在用兵时过于谨慎的缺点。不过，从李渊及时下令追回已经后撤的部分队伍，说明他还是一位有着清醒头脑的决策者。至于裴寂的退兵之计，除保全义军的根本外，似乎还有自保的嫌疑。

机会总是留给那些有着坚定信念的人。两天之后，天气渐渐好转，义军粮草押运官沈叔安也运来了粮草。李渊大军一扫前几日的阴霾。李渊命令士兵曝甲整械，接着，全军保持高昂的士气，避开泥泞，绕行山麓，向霍邑进发。

在攻城略地时，进攻一方最害怕的就是城内的敌人坚守不出，以至于战斗旷日持久，把军队拖得筋疲力尽。攻占霍邑之前，李渊也担心霍邑守将宋老生闭城坚守，贻误了南下的战机。对于李渊的担心，李建成、李世民认为："宋老生没有趁我军缺粮时进攻贾胡堡，说明他是个没有大作为的人，不足为惧。"李世民和李渊商议，义军靠近城池后以轻骑挑战，诱使宋老生出战，如果他出战则可以一举把他歼灭；如果宋老生固守不出，就散布宋老生畏惧不敢出战、想要投降义军的消息，这种反间计最能动摇敌人内部的决心。为了澄清自己，宋老生不战都不行。李渊深以为然，马上命令军士先埋锅做饭，饭后攻城。

攻打霍邑的战斗正式开始了。按照李世民的计划，李建成、李世民各带几十名骑兵来到霍邑城下，假装侦察地形。李渊亲自率领数百名骑兵到霍邑城东五六里处布阵以待，同时下令准备攻城。他还大摇大摆地在城下走来走去，故意轻视宋老生，并且让军士辱骂宋老生，什么难听就骂什么，宋老生终于被激怒了，立即命人备马，他带好兵器，解镫上马，命令主力兵分两路，分别从南门、东门出城迎战。李渊怕宋老生背城布阵，使自己的骑兵战术无法发挥，于是命令军队假装向后撤退，诱使宋老生来追。

宋老生曾多次与各路起义军交战，见敌军后退，以为这次来的义军和以往一样，也是一群乌合之众，还未交战就已经胆怯，于是指挥大军拼命追赶。李渊见宋老生中计，马上采取三面夹击的战法，一边命令李建成、李世民从左右两面直冲城下，一边命令殷开山等率领步兵从正面与敌人交战，堵死宋老生的退路；他自己则率军迎头拦杀从东门出来的隋兵。

不过，李渊还是低估了隋军的作战能力。在宋老生的指挥下，隋军一拥而上，将李渊所部逼退数步。若不是李渊的女婿柴绍拼命抵挡，李渊的处境就非常危险了。

宋老生的另一支军队从南门出来后，发现城东方向的义军力量薄弱，于是往东门进发，准备合围李渊。正在南面观战的李世民发现险情后，和军头段志玄①一起飞驰而来，冲击宋老生后军。宋老生连忙前军

---

① 段志玄：齐州邹平（今山东济南）人，唐朝名将。历任秦王府右二护军、左骁卫大将军、西海道行军总管、右卫大将军，改封褒国公，并世袭金州刺史。

变后军，后军做先锋，回马与义军交战。杀红了眼的李世民手握双刀，左砍右劈，竟连续杀掉数十人，双刀劈得到处是缺口。段正玄等人紧随其后，奋力拼杀，以一当十。隋军没想到这股义军如此勇猛，很快便人仰马翻。

义军越战越勇，但隋军毕竟人马众多，并且是经过正规训练的军队，一批又一批地冲上来让李世民实在应接不暇。突然，他心生一计，下令高声呼喊："宋老生已被活捉，隋朝士兵现在投降者可免一死。"

听到主将已被活捉，隋军军心大乱，再也无心恋战。就连正在城东和李渊激战的隋军也且战且退，最后退进城中，拉起吊桥，关闭城门。城南宋老生率领的这支部队知道李世民的消息是假，所以没有撤退，却被留在了城外。李渊从城东赶过来与李世民一起痛击这支孤军。宋老生进退不得，只得苦战，但义军越来越多，他不由得心惊胆战，想打马从南门进城，不料被李世民、李渊合攻无法脱身，隋军腹背受敌，溃不成军。

进不能，退无路，前后被攻，这是兵法中的绝地。宋老生也是个英雄，在走投无路之际仍不投降，下马跳进壕沟就要自杀。谁知义军没有给他自杀的机会，刘弘基正好飞马赶到，将宋老生生生腰斩。宋老生一死，隋军顿时阵脚大乱，在混乱中统统被杀死，尸倒数里，血流成河。

这时天已经黑了，但李渊深知一鼓作气的道理，他命令军士吃点东西，然后立即攻城。主将被杀，霍邑城上的守军虽然不断用弓箭射击攻城的义军，但斗志已大不如前，而义军则在胜利的鼓舞下奋勇登城，很快，霍邑城破。城中兵吏都跪下请降，李渊非常高兴，下令只要投降，就可以免去一死，并特意安排将士不准扰民，违者军法处置。为了安抚城内百姓，李渊连夜出榜，宣布义军的纪律，使得城中安定如故。

霍邑之战是李渊起兵以来的第二次大战，战前他以为这将是一场持久战，但李世民正确地分析敌我双方形势，进行了精密的谋划，结果取得了速战速决的效果,为义军进军关中赢得了时间和信心。这一战充分显示出李世民高人一筹的眼光,同时也可以看出他为了成就大业,一往无前、决不后退的决心。霍邑之战后,李渊对李世民的军事才能称赞不已,从此放心地把军队的指挥权都交给他。

六、建立新朝

霍邑大捷后,关中的义军首领孙华率众渡河前来归顺;刘文静与突厥特使康鞘利则带来了 2000 匹战马和 500 名突厥士兵,李渊的队伍迅速壮大起来。在一番封赏之后,李渊乘胜南下,接连攻克临汾郡与绛郡(今山西新绛)。大业十三年(617年)九月,李渊父子率领大军来到河东城(今山西运城)下。

河东城的战略地位非常重要,它是从河东(代指山西的西南部)进入关中的门户。由于其特殊的战略地位,隋炀帝派大隋名将屈突通坚守。屈突通熟读兵法,实战经验丰富。一到河东城,他就下令修筑高大而险峻的城防工事,用于抵抗义军的进攻。

名将镇守、城防坚固,李渊攻打河东城自然是久攻不下。从河东城附近的龙门西渡黄河后,可到达朝邑县,这里有隋朝大型储备粮仓之一的永丰仓(今陕西大荔县境内)。以前汾阳人薛大鼎曾建议李渊占领永丰仓,但未被李渊采纳。这次攻城不顺,李渊决定去攻占永丰仓。九月中旬,李渊留部分兵力继续围困河东,亲率主力西渡黄河。很快,大军抵达朝邑县,不费吹灰之力,李渊的帅府就入驻了长春宫,关中一带的士兵纷纷前来归附。随后,李渊又命令李建成、刘文静率王长谐等将领率军数万驻守永丰仓,防备东来的敌兵攻击;同时任命窦轨等人为慰抚使,归李建成节度。最后,李渊又派李世民率刘弘基等诸军数万人从渭水北岸向西进发,慰抚使殷开山等人归李世民节度。

仍在河东城坚守的屈突通得知李渊渡河西进的战略意图后,亲自率领数万大军奔赴长安,不料途中被刘文静率军阻挡。屈突通想回师与潼关的隋军守将刘钢合兵，又得知潼关已被义军占领，刘钢已被王长谐斩杀。屈突通无奈，只得退守河东城。

义军进入关中引起了巨大的轰动。李渊的另一女婿段纶在蓝田县聚众万余人，柴绍之妻平阳公主和李渊的从弟李神通也在鄠县山林中聚众数千人。一时间，李渊在关中地区的亲朋好友纷纷起兵响应义军，与义军遥相呼应，此时李渊及其亲属领导的各路起义军实际上已经控制了关中的大部分地区。

进入关中后，李渊命李世民率军攻取渭北（指渭河以北）。李世民率领大军攻无不克、战无不胜，一路攻泾阳，占云阳，取武功、盩厔，又和妹妹平阳公主的"娘子军"会合，队伍空前壮大。等到攻取盩厔时，李世民的队伍竟发展到13万人。征战期间，李世民除了军事实力得到大大增强，还得到了后期闻名于世的谋臣房玄龄。房玄龄当时担任隰城尉，与李世民一见如故，被任命为记室参军，成为李世民的高参。

不久，刘弘基等南渡渭水，屯兵长安故城。李世民则引兵赴司竹园，收编了李仲文、何潘仁、向善志等所率徒众，驻扎在原秦阿房宫城，号称胜兵13万，军令严整。接着，李世民派人向驻扎在长春宫的李渊报告一切准备就绪，请求马上攻取长安。李渊听到李世民的胜利消息后，马上让李建成从永丰仓守卫的军士中挑选精兵，亲率大军直奔长乐宫与李世民会合，打算从北、东两面对长安城形成包围之势。

十月辛巳日，李渊到达长安城外，合兵20万，并下令将士只能宿于营中，不得进入村落侵害百姓。不久，李渊下令围城，同时警告将领不得侵犯隋朝的祖庙及隋朝宗室，违者灭其三族。十一月丙辰日，李建成的部下雷永吉首先登上长安城，标志着长安城被义军攻破。

随后，李渊听从裴寂的建议，拥立代王杨侑为皇帝，即隋恭帝。出于政治上的需要，李渊尊称远在江都的隋炀帝为太上皇，并改年号为义宁。李渊自封唐王，为假黄钺、使持节、尚书令、大丞相并大都督内外诸军事，改武德殿为丞相府，至此，李渊独揽国家大权。为了奖赏有功将士，李渊立长子李建成为世子；次子李世民为京兆尹，封秦公；四子李元吉为齐公；裴寂为丞相府长史；刘文静为司马。

李渊掌握了实际大权以后，经过一年多的经营，在关中地区立稳了脚跟。他发布了3条政策：第一，大举招贤纳士，宣布与百姓约法十二条，并废除隋朝的各种苛捐杂税，以争取天下士民的支持；第二，奖励军功，对府兵制进行改革后继续沿用，为适应战时政权的需要，不断扩充府兵兵源；第三，为保证政权稳步过渡，对原隋朝功勋贵戚封爵。这一系列政策，为李唐王朝的建立奠定了坚实的基础。

长安的巨大变化让远在江都行宫的隋炀帝痛苦不已。义宁二年（618年）三月，发生了一件震惊全国的事件，隋朝勋臣宇文化及①和禁军将领司马德勘②等人密谋发动了江都兵变，缢杀隋炀帝，对隋杨宗室进行清洗，然后率领10万禁军北上，准备向西进入关中，但被占据中原的瓦岗军阻拦。李渊得知隋炀帝被杀的消息以后，感到时机已经成熟，马上着手准备隋恭帝的禅位典礼。五月，隋恭帝杨侑向天下发布退位诏书，禅位于李渊，唐朝正式建立，建都长安，改元武德，李渊即为唐高祖。

武德元年（618年）六月，李渊任命李世民为尚书令、裴寂为尚书右仆射、刘文静为纳言③。不久，李渊又立李建成为太子，封李世民为秦王、李元吉为齐王。由于李世民在起兵建唐的过程中军功赫赫，所以在新王朝中占据着重要地位。

---

① 宇文化及：隋朝代郡武川（今内蒙古武川西）人，祖上为匈奴人，618年发动兵变缢杀隋炀帝后被拥立为大丞相，后自立为帝，国号"许"，年号"天寿"，立国半年，翌年被窦建德击败擒杀。

② 司马德勘：隋朝扶风雍（今陕西凤翔县南）人，著名将领，初为侍官、大都督，后联合宇文化及发动兵变，缢杀隋炀帝，被封温国公。后来因谋杀宇文化及失败被缢杀。

③ 纳言：中国古代官名，负责宣达帝命，始于汉代，唐宋沿用。

第三章 南征北讨，一统天下

一、征讨西秦

李渊建都长安之后，关东群雄依然纷争不断，河北的窦建德、江淮的杜伏威、河南瓦岗寨的李密这3股势力还非常强大。此外，陇西的薛举、薛仁杲父子，马邑的刘武周以及洛阳的王世充等各方割据势力，也时刻威胁着刚建立的唐朝的安全。军事割据的局面不平，李唐的江山便很难巩固。为此，李渊任命李世民为大军统帅，征讨各方割据势力，以统一天下；太子李建成则留在长安，帮忙处理政务。

唐初统一天下的第一个对手便是薛举、薛仁杲父子，李世民在这一战争中表现出了卓越的军事才能。

薛举，祖籍山西，小时候跟随家人来到金城郡（治所在今甘肃兰州市西）。他身材魁梧，英勇善战，而且为人豪爽，仗义疏财，所以很多人愿意与他交往。很快，他凭借自己的实力和良好的人际关系成为金城校尉。

当时义军四起，金城令郝瑗招募了几千将士，交到金城校尉薛举手中，让他带兵讨伐那些准备推翻隋朝统治的起义军。

薛举看到陇西百姓因连年征战而生活在水深火热之中，感到这是树立自己威信的大好时机，于是利用手中的兵权，囚禁了郝瑗，开粮仓救济饥寒交迫的老百姓。这一举动使他一下子成了救苦救难的活菩萨，得到了百姓的热烈拥护。薛举借此自称西秦霸王，建元秦兴，定都金城。

在不断的征讨中，随着自身实力的增强，薛举管辖的地盘在不断扩大，管辖的百姓也达到了相当的规模。大业十三年（617年），薛举正式起兵反隋，不久称帝，立儿子薛仁杲为太子。薛举既没有李渊皇亲国戚的身份，也不像李密那样满腹经纶，那么他是怎样在那个纷乱的年代建立起自己的割据政权的呢？原来，薛举拥有武艺超群、财力雄厚、儿子勇猛这三大优势。

据说薛举为人凶悍，擅长骑射。他出生在大草原上，长期的游牧生活使他练就了非凡的骑射能力；而且薛家世代经商，家族财力雄厚，经过几代的积累，到他这一代已经是"家产巨万"。薛举仗义疏财，广交英豪，靠的就是这雄厚的家底。

薛举还有一个优势便是他的儿子们，尤其是他的大儿子薛仁杲，天生力大无穷，从小跟在薛举左右，骑射功夫非常人能及，人送绰号"万人敌"。更重要的是，薛仁杲不仅武功非凡，而且头脑也不简单，善于谋略。但薛仁杲有一个非常残忍的习惯，那就是每攻下一个地方都要大肆屠杀，薛举经常规劝但毫无效果。当然，薛仁杲的能征善战确实为薛举攻下许多城池，使薛举的地盘越来越大。

凭借自己的诸多优势，薛举虽然经常与相邻的造反势力李轨[①]争斗，但仍然能够积蓄力量迅速向东发展。在薛仁杲攻克秦州（今甘肃天水）之后，薛举把都城从金城迁到了秦州，从而远离了时刻威胁自己安全的李轨。

由于河西有李轨的割据势力，军事行动向西发展肯定受阻，因此薛举唯一的选择就是东进。迁都后，薛举马不停蹄地开始向东进攻，很快就打到了扶风郡[②]一带。

[①] 李轨：隋末唐初割据群雄之一，略知书，有智辨。世为本州豪族，以财富雄于边疆。——编者注

[②] 扶风郡：隋开皇年间废，大业复置，移治雍县（今陕西凤翔县）。唐初置岐州，天宝年间复为扶风郡，至德年间改名凤翔郡。

扶风一带有一支非常强大的起义军，首领是李弘芝和唐弼，总数十万人左右。薛仁杲的军队进入扶风地界之后，遇到了唐弼所率大军的顽强抵抗。

薛仁杲虽然强悍，但唐弼的实力也不弱，如果硬碰硬，薛仁杲的军队多半会伤亡惨重。因此，他没有像往常那样凭借超凡的武力和精锐的军队贸然出击，而是采用其父的做法，开出优厚的条件，派出使者去招降唐弼。面对薛仁杲开出的优厚条件，还未等薛仁杲的使者返回营地，唐弼便杀了李弘芝，准备投降薛仁杲。

在金钱的诱惑下，唐弼做出了令人不齿的选择，认为这样就可以享尽荣华富贵。其实，他根本不了解薛仁杲的性格，薛仁杲向来连投降的士兵都不放过，他的头脑中从来没有仁慈这样的字眼，又怎会兑现自己在不得已的情况下许下的诺言呢？一听到李弘芝被唐弼杀害，薛仁杲便趁对方内部未稳，对唐弼发动突然袭击，成功收编了唐弼的军队。可怜唐弼赔了夫人又折兵，不但没有捞到半点实惠，反而讨了一顿打。万般无奈之下，唐弼只好带着数百名骑兵跑到扶风投降官府，扶风太守窦琏久受唐弼等人作乱之苦，对他恨之入骨，况且唐弼还是个不忠不义的小人，于是窦琏二话不说，杀掉唐弼，向朝廷请功。

战争往往以成败论英雄，薛仁杲的胜利虽然来得不是那么光彩，但他毕竟是胜利者，兵力很快便发展到了30万，随即将眼光对准了长安。但他还是晚了一步，让李渊抢了先。薛举父子对此很不甘心，马上率10万兵马进逼渭水之滨，包围了扶风郡城。十二月，李世民主动请缨，率唐军与薛仁杲在扶风发生激战。薛仁杲虽与李世民同是出类拔萃的青年将领，但无论军事天赋还是作战水平都不及李世民，结果大败而回。

看到薛仁杲失利，卫尉卿郝瑗劝薛举联合朔方梁师都[①]，对唐朝进

---

① 梁师都：夏州朔方（今陕西横山县西、靖边县东北）人，初为隋朝鹰扬郎将。大业十三年（617年）杀郡丞唐世宗，称大丞相，后称帝，国号梁，建元"永隆"。贞观二年（628年）被堂弟梁洛仁所杀。

行半包围进攻，这样无论在兵马、人数以及地域范围上都占有很大优势；然后再联合突厥，合攻长安，如此一来，攻取长安可谓易如反掌。

这个建议的确很妙，薛举十分赞同，并立即安排实施。出乎他们意料的是，这一军事机密被李渊知道了。李渊知道如果他们的计划成功，长安将面临什么后果。情急之下，他根据突厥人爱财如命的特点，派宇文歆携带大量金银财宝出使东突厥。突厥人拿到李渊的钱后立即改变立场，坚决放弃与薛举的盟约。薛举终于尝到了违信背约的滋味。

计谋没有得逞，薛举非常懊恼，而李渊解除后顾之忧后，马上派李世民统领八总管军，正式出兵攻打薛举。这次李渊派了殷开山、刘弘基去辅佐李世民。殷开山、刘弘基曾经占领扶风，对扶风的情况非常熟悉，可以说，李世民在此战中占尽了天时、地利、人和。

果然，在战场上，唐军又一次大败薛仁杲，斩首一万余人，并一口气将薛仁杲部赶到陇坻①才回师。大唐的势力一下子扩展到陇右一带，关中的局势进一步稳固。

仓皇逃过陇山之后，薛举担心李世民越过陇山追击，于是问黄门侍郎②褚亮③："自古以来有天子投降的事吗？"褚亮回答说："自古就有。"卫尉卿郝瑗见薛举准备向唐军投降，对薛举说："胜败乃兵家常事，怎能因为一战不胜就做亡国的打算呢？"薛举闻言顿时面红耳赤，支支吾吾地改口道："我只是随便试探一下诸位的决心而已。"

武德元年（618年）五月，李渊正式称帝。六月，薛举随即兴重兵入侵泾州（今甘肃泾川），直至豳州（今陕西彬州）、岐州（今陕西凤翔）一带，剑锋直指长安，并放纵部下烧杀抢掠，百姓对薛举政权怨声载道。面对大好的机会，李渊自然不会放过，他任命李世民为西讨

---

① 陇坻：指陇山一带，在今甘肃东南部的天水一带。
② 黄门侍郎：又称黄门郎，古代官名，秦代时初置，东汉时开始设专官，到隋唐时，黄门侍郎隶属门下省。
③ 褚亮：杭州钱塘人，唐初十八学士之一。隋时为东宫学士、太常博士、西海郡司户、黄门侍郎。唐时为弘文馆学士，被封为阳翟县男，后升任散骑常侍。

元帅，带领刘文静、殷开山等八总管兵前去攻打薛举。双方在高墌城（今陕西长武北）对垒。面对敌人的这次进犯，李世民丝毫没有轻敌之心。兵法有云：勿击堂堂之师。既然敌人斗志凶猛，最好的办法就是坚守不出，挫其锐气，等敌人士气低落之时再主动攻击，这样胜算会大很多。

然而，天不遂人愿，就在李世民积极进行防御之时，因为天热蚊子多，加上水土不服，他患上了的疟疾，病情严重，全身发抖，高烧不退，只好待在帐中休息，把军队指挥权委托给刘文静和殷开山，并一再嘱咐他们不要贸然开战，一切军事行动等他病好再说。

但殷、刘二人并没有把李世民的叮嘱放在心上。走出营帐后，殷开山便对刘文静说："养兵千日，用兵一时，现在秦王重病，正是我们效劳的时候，我们怎能无所作为呢！况且敌人如果听说秦王病了，必然会对我们发起猛烈攻击，到那时我们就被动了。最好的防守就是进攻，我们应该率先向敌人进攻，打对方个措手不及，这才能赢得主动。"刘文静略加思考，觉得殷开山的话很有道理，于是在没有请示李世民的情况下，他们擅自发兵进攻薛举。结果，薛举率领精锐兵士从背后袭击唐军，唐军士卒死伤超过六成，大将军慕容罗睺、李安远、刘弘基等被俘，战场上血流成河。

李世民遭此大败，不敢恋战，只好率余部退回长安。薛举成功占领了高墌城（今陕西长武县北），并把战死的唐军将士的尸体堆成高大的尸堆，用来炫耀自己的战绩，可谓骄狂之极。

前线战败的消息传到长安后，李渊十分震惊，盛怒之下把有首谋之罪的刘文静除去名籍。不过，惩罚刘文静并不能扭转长安的危局。此时城内还没来得及布防，一旦薛举进攻，后果不堪设想。

与此同时，西秦丞相郝瑗也极力建议薛举乘胜追击，长驱入关，攻克长安。心急如焚的李渊急忙派出使节前往东突厥始毕可汗处，提出曾经起誓的盟约，答应以灵州（今宁夏吴忠境内）为要塞，向突厥割让五原、榆林①等河曲之地；并提出如果能打败薛举，陇右②之财帛尽归突厥。

始毕可汗果然是个贪财之人，很快派特使郁射设率领上万大军入河南，并命令归附势力张长逊发兵与李世民军会合。东突厥的立场转变，使唐军再次赢得了战略上的主动权，形势开始向大唐倾斜。薛举得知后，急火攻心，竟暴病而亡。

薛举死后，薛仁杲继位，他生性多疑而残暴。虽然武功高强，长于军事，但对治国安邦一窍不通，又不会笼络人心。不久，包括郝瑗在内的大批谋士纷纷离他而去，西秦实力日渐衰弱。

为彻底消灭薛仁杲这股严重威胁大唐安全的势力，李渊任命李世民为帅，再次领兵讨伐。为一雪前耻，这次李世民仍然将主力驻扎在高墌城，双方大军在此相持。

初到高墌城时，李世民认为唐军刚刚大败，士兵锐气不足，而敌军因前次取胜定然心生骄慢，轻敌好斗，因此应当拖延时间以折杀敌军的锐气，等敌军气势衰败之后再出兵攻击，如此可一战功成。为此，他下令诸将不可轻举妄动，并实行坚壁清野的政策。时间一长，有些唐将领忍耐不住，多次请战。李世民吸取上次的教训，下达军令："谁敢轻易言战，定斩不饶！"

双方在高墌城相持60余天后，形势发生了意想不到的变化，西秦军队粮草将尽，军心浮动，将领梁胡郎来到唐军大营投降，薛仁杲的妹夫、西秦左仆射钟俱九也率河州属地归唐。

李世民见此情形，知道到了进攻的时候，他首先派行军总管梁实率少量兵力驻扎在浅水塬（今陕西长武东北），引诱敌军；又令右武侯大将军庞玉到浅水塬南面布阵。敌军果然中计，敌将宗罗睺见梁实在浅水塬兵力不足，急率所部全力攻打梁实，但梁实坚守不出，宗罗睺命大军

---

① 榆林：位于中国陕西省的最北部，黄土高原和毛乌素沙漠交界处，是黄土高原与内蒙古高原的过渡区，也是陕、甘、宁、蒙、晋5省区交界地，自古以来就是兵家必争之地。

② 陇右：陇右一词由陕甘界的陇山（六盘山）而来。古人以西为右，故称陇山以西为陇右。古时也称陇西。

围困梁实。被困几天后，梁实部虽然连水也喝不上，但一直顽强抵抗。

宗罗睺急攻不下，军士体力消耗很大，非常着急。就在这时，梁实突然率兵出击，宗罗睺马上出兵迎战，梁实部虽然人数不多，但士气高涨，双方激战一整天仍相持不下。李世民抓住机会，亲率大军自浅水塬北猛攻敌军，他本人更是身先士卒，带领骑兵冲在最前面，唐军士气大振，呼声震天。陇右骑兵一向骁勇，但此时也渐渐坚持不住了。宗罗睺被斩杀于战阵之中，西秦军队溃不成军，唐军乘势杀敌数千。

眼看胜利在望，李世民不给敌人留下任何喘息之机，猛攻全线溃退的敌军，他亲自率领2000名精锐骑兵追击薛仁杲部，直到高墌城才停止脚步。这里是西秦的势力范围，薛仁杲在此城据守，李世民立即分兵把住各个出口，等待主力到来。

唐军主力到达之后，将高墌城围得水泄不通。此时天色已经黑了，为壮大军威，李世民令军士点起火把，高喊"投降不杀"，进行攻心战。守城士兵仅坚持到半夜时分，便如潮水般涌下城投降，尽管薛仁杲派人极力阻拦，但士兵已毫无斗志，大势所趋，根本无法阻挡。薛仁杲勉强坚持到次日清晨，免冠奉玺，率领百官出城投降，至此，西秦彻底灭亡。

浅水塬之战直接关系到唐朝的生死存亡。李世民可谓一战定乾坤，虽然这与关中的人力、物力的支持有关，但他的军事指挥才能也不容忽视。

浅水塬决战以后，李世民的秦王府接管了西秦旧地，并在该地寻访贤达，招贤纳士，为自己效力。陇右金城人褚亮等人正是从这时开始为唐朝效力。陇右之地是隋朝的养马之地，骑兵素来强大，李世民借此机会训练了一批精锐的骑兵队伍。

李世民此次立下大功，回到长安后，又一次得到封赏，官拜太尉，使持节、陕东道大行台尚书令，镇长春宫，李渊下令蒲州（今山西永济）、河北诸府等地兵马同受李世民节度。李世民自身的势力又一次得到了壮大。

二、荡平刘武周

解除了薛举父子的威胁后，李渊又把征讨的目光投向了刘武周。因为刘武周的势力距唐朝的大本营太原最近，随时都有可能威胁大唐的安全，而且刘武周已经蠢蠢欲动，准备进攻太原，如不彻底铲除，必将酿成大祸。

刘武周，河间（今河北交河东北）人，出身草莽，骁勇善战，而且喜欢结交朋友。他从幼年起就喜欢骑射，无心向学。成年后他去洛阳投军，因作战勇猛，后来成了隋朝大将杨义臣手下的一员猛将。杨义臣随隋炀帝东征高丽，刘武周也随军出战。征高丽回来后，他因功升为建节校尉，不久后到马邑担任鹰扬府①校尉。

大业十三年（617年），马邑太守王仁恭爱惜刘武周之才，收其为帐下亲兵，不离左右。谁知刘武周是个人面兽心的家伙，在王仁恭家混熟之后，竟调戏王仁恭的侍女。侍女不但没有举报刘武周，反而和刘武周私通，很快生米煮成熟饭。刘武周知道纸包不住火，一旦东窗事发，自己定会为王仁恭所不容。于是，刘武周勾结社会上的一些恶少，抢先下手杀了王仁恭。为了给自己树威，他提着王仁恭血淋淋的人头在郡中示威。杀害朝廷命官乃是灭门大罪，刘武周知道唯今之计只能起兵反隋。说干就干，他为了收买人心，打开粮仓，开仓济贫，很快便收得徒众一万多人，并与突厥通好，依附突厥，自称太守，被突厥封为"定杨可汗"，成为北方最大的割据势力。

或许是天助刘武周，就在他发展壮大之际，宋金刚又加入了他的阵营。宋金刚原本是易州（今河北易县）农民起义军首领，由于他武艺超群，善于谋略，很快集合了近万人马。后来在义军纷乱时期，因实力

---

① 鹰扬府：官署名。隋开皇时期，府兵制下的军府名骠骑将军府，每府置骠骑将军、车骑将军。隋大业三年（607年），改骠骑府为鹰扬府。

悬殊，他被窦建德击败，走投无路之下，他只得率余众4000人归附刘武周。刘武周正愁势力微弱，无法与李渊等人对抗，意外得一大将，不由欣喜若狂，当即任命宋金刚为宋王，让他负责军事。宋金刚为此感激涕零，为了报答刘武周的知遇之恩，他把自己的妻子休了，娶了刘武周的妹妹，与刘武周成了姻亲。

李渊建立唐朝之后，刘武周听从宋金刚的建议，在突厥的支持下，于武德二年（619年）三月举兵南下。进入山西境内后，他又兵分两路，派宋金刚进攻并州（今山西太原），自己则带兵进攻介州（今山西介休）。并州是李渊多年的据点，李渊非常注重这里的军事防务，因此很难攻下。相比之下，攻破介州就容易得多，在介州内应的帮助下，刘武周很快攻陷了介州。

随后，刘武周和宋金刚合兵一处，大举进攻并州。并州太守是李渊的四子李元吉。李元吉本性残暴，父亲让他留守此处，可谓放虎归山，他整日畋猎游乐，不理军务。而且此地远离长安，根本无人能够约束他。李元吉爱玩战争游戏，经常让奴客、婢妾数百人披甲执仗，互相攻战。每次游戏结束，往往会死伤很多人，他本人也曾因参加这种游戏而受伤。他的做法惹得人人怨恨。李元吉的乳母陈氏出于一片好心，多次规劝李元吉，结果引起李元吉的恨意，他竟酒后佯醉，命人将陈氏活活打死。

李元吉曾对人说："我宁愿几天不吃饭，也要每日坚持打猎。"这足以说明他痴迷打猎。打猎本来不是什么坏事，但李元吉在狩猎时肆意践踏百姓庄稼，并纵容部下抢夺民财，弄得百姓怨声载道。更有甚者，李元吉甚至荒唐到当街射人，以观人们避箭为乐。他还喜欢夜晚外出，极尽淫乐之事。太原百姓对他的行为非常愤恨。辅佐李元吉的右卫将军宇文歆多次劝谏，但李元吉根本听不进去。宇文歆无奈，只好如实上奏李渊，李渊知道后气得大骂李元吉为逆子。

武德二年（619年），在彻底查明李元吉在并州的恶行之后，大臣们联名上奏，要求李渊罢免李元吉。李渊无奈之下，只得下令罢免李元吉并州太守之职。李元吉心中不甘，暗中安排亲信以太原士绅的名义向李渊上书，请求继续留他在并州为官。李渊作为父亲，罢免李元吉也是迫于舆论压力，不得已而为之，此时正好顺水推舟，恢复李元吉的官职，仍让他留镇并州。官复原职后，李元吉没有任何收敛的表现，继续他那荒唐的玩乐生涯。

四月，刘武周联合突厥军至黄蛇岭（今山西榆次北），李元吉派车骑将军张达率步兵抵御，结果很快被刘武周打败，张达全军覆没。张达本人因对李元吉不满，愤而投降刘武周，并引刘武周军攻占了黄蛇岭。之后，刘武周正式围攻太原。为了扭转战局，李渊任命右仆射裴寂为晋州道行军总管，到前线督军抗敌，同时拨精兵3万，与各郡兵力会合，讨伐刘武周，并赋予裴寂临时决断的权力。可惜，裴寂是一个政治家而不是军事家，对于领兵作战可谓一窍不通，所以他的到来并没有改变战场的形势，反而带来了许多麻烦。

裴寂到任后，虞、泰二州在刘武周的不断进逼下已岌岌可危。这时裴寂不但没有组织防御，反而实行坚壁清野，让州官命令老百姓把财物烧毁，悉数进城。当地百姓连年饱受战乱之苦，已经穷困之极，现在还要将自己的财物烧毁，他们怎么愿意呢？这种野蛮的做法激怒了当地百姓，叛乱由此而生。夏县（隶属于今山西运城）吕崇茂聚集民众，自称魏王，响应刘武周，并四处抢劫。裴寂的坚壁清野策略不但没有成功，反而促使民众造反。裴寂无可奈何，只好先去征讨吕崇茂。但此时军士士气全无，刚刚交战，便纷纷溃退。裴寂四面楚歌，急得手足无措，只好上书向李渊求援。

在裴寂指挥不利的情况下，刘武周的军队很快攻入并州和太原，随即直逼绛州，攻下龙门、浍州（今山西翼城一带）。他的进攻路线与当初李渊出兵大致相同，但比起当时唐军进攻长安所用的时间，竟短了很多。

李渊得知李唐王朝的发迹地竟沦陷于刘武周之手，不由得大惊失色，惊呼："晋阳作为我大唐兴起的根基，在重兵驻守、粮食充足的情况下竟一下子被攻破，真是可怕之极。"消息传开后，人心大骇，人们议论纷纷，都说李唐江山坐不久了。

在这种严峻的形势下，李渊慌乱不已，斗志全失，甚至在朝堂之上与大臣商量：敌军势力如此强大，我们很难与他们抗争，不如放弃黄河以东地区，谨守关西。李世民则坚决表示反对，认为太原是国家的根本、王业的基础。河东土地富饶，京城的粮食全靠河东供给，如果放弃的话，唐朝将陷入危险的境地。他请求李渊给他3万精兵，去消灭刘武周，收复汾、晋失地。

李渊看到李世民如此坚定，便封他为征房大元帅，调集关中所有兵力，由李世民统一指挥，即刻起程北上讨伐刘武周。李渊知道此次讨伐刘武周事关唐王朝的生死存亡，战败，唐王朝则不能统一天下；胜利，则后方从此就固如磐石。为了给李世民壮行，李渊亲自到长春宫为他摆酒送行。时值隆冬，天寒地冻，河水结冰断流，李世民率部踏冰从华阴渡过渭水、洛水北上，在龙门渡过黄河、汾水，不过，步兵可以顺利通过，马匹却频频摔倒。就在大家一筹莫展之际，李世民首先想到用布包在马蹄上防滑，就这样通过了结冰的河流。过河后，他驻兵柏壁（今山西新绛西南），与刘武周、宋金刚的军队形成遥相对峙之势。

驻兵柏壁之后，李世民发现唐军面临一个非常棘手的问题，庞大的军队每天消耗的粮食数量巨大，但由于裴寂实行了坚壁清野的错误政策，百姓惧怕侵扰，都聚居在城中，大军征集不到粮草。黄河以东的州县也在战乱中屡遭抢劫，百姓自己都缺粮，唐军也根本无法征集粮草，所以现在最为紧缺的就是粮草。面对这种情况，李世民一改裴寂那套扰民的做法，想方设法安抚人心。此前他在百姓心目中拥有很高的威望，所以他一打出自己的旗号，百姓便踊跃归顺。在民众的拥护下，唐军终于征收到了一些粮草，危机得以化解，队伍实力也得到了增强。不过，李世民认为现在还不是与刘武周正式决战的时候，所以他只命令小部队扰敌，而大军则固守不战。

尽管李世民的总体作战思想是暂时坚守，谋定而后动，但在两军对峙时也发生过小规模的战事。

十二月，刘武周兴兵进攻夏县，永安王李孝基①全力抵抗，但因力量对比悬殊，全军覆没，永安王李孝基受重伤。李世民得知此事后，恼羞成怒，打算亲自带兵征剿。兵部尚书殷开山、行军总管秦叔宝见李世民如此愤怒，当即表示，愿意代元帅出征。

李世民高兴地对殷开山、秦叔宝说："敌兵已经取得胜利，现在肯定正在返回途中，我军最好在中途伏击，攻其不备。二位将军一起出征，比我亲自去都强，定能取胜。"

果然不出李世民所料，入侵夏县的刘武周的手下大将尉迟敬德、寻相捉住了李孝基等人，现在正在返回浍州的途中。殷开山、秦叔宝得到消息后，认为返程的美良川（今山西闻喜南）有一条河，是尉迟敬德等人的必经之路，于是率军埋伏在河边。当尉迟敬德、寻相率军渡过一半的时候，唐军突然发动袭击，尉迟敬德虽然侥幸逃脱，但其手下将士被斩杀2000余人。这次大胜一扫唐军往日失败的阴影，大大提高了唐军的士气。李世民手下将领纷纷请求出战，但李世民认为，击败尉迟敬德只是偶然，现在还不具备大规模作战的条件，因此只允许唐军到处收集情报，不许出战。

武德三年（620年）正月，刘武周所部王行本在蒲坂②（今山西永济）被围，刘武周急命寻相和尉迟敬德赶去救援。李世民感到机会来

---

① 李孝基：唐朝陇西成纪（今甘肃秦安）人，唐高祖李渊的堂弟。
② 蒲坂：扼蒲津关口，当秦晋要道，是古河东地区的政治、经济、文化和军事中心。

了，考虑到安邑（今山西运城东北）是尉迟敬德等人的必经之路，他亲自率领3000人马，连夜设伏。尉迟敬德等人突然遭到袭击，因毫无准备，被杀得七零八落，全军覆没，仅剩寻相和尉迟敬德丢下士兵逃跑了。

这些只是小规模的战斗，根据李世民的总体部署，这个阶段的主要任务是侦察敌情。在这期间，李世民还经历一次有惊无险的事故。一天，李世民率轻骑兵侦察敌情，到达目的地后，随行的骑兵四下分散开来，仅留一名穿铠甲的士卒陪同李世民在山丘上休息。或许是太累了，他们竟坐在山丘上睡着了，结果被敌军的侦察兵发现。很快，漫山遍野的敌人包围了他们。或许是李世民命不该绝，恰巧当时附近有蛇追老鼠，仓皇逃跑的老鼠碰到了甲士的脸，惊醒后的甲士发现敌情，赶紧推醒李世民。二人慌忙上马，但只走了一百多步，就被敌人追上了。最后还是李世民用大羽箭把敌人的将领射死，才安全脱险。

过了一段时间，李世民的有些部将又开始着急了，请求与宋金刚交战。李世民说："宋金刚麾下虽然集中了精兵猛将，但孤军深入，没有粮食储备，需要远在太原的刘武周供给和大肆掠夺来补充军需，宋金刚应该比我们更缺粮食，所以速战对他们有利。只要我们关闭营门，养精蓄锐，分兵攻打汾州、隰州，骚扰其心腹之地，不但可以挫伤他们的锐气，而且可以切断他们的粮食交通线，等到他们粮食断绝，自然会退军。此时再战，可事半功倍。"

李世民固守不战的战略很快便有了效果，宋金刚的大队人马每日消耗巨大，渐渐粮草不济，四处掠夺也无济于事。刘武周为了给宋金刚供应粮草，数次攻打浩州①以疏通粮道。但唐将李仲文坚守浩州，不仅毫无惧意，还派人四处骚扰刘武周的运粮队伍。由于无法得到太原粮草的补给，驻扎在柏壁的宋金刚军队人心浮动。

宋金刚急于速战却无可奈何，已经没有粮食可以掠夺，而刘武周

---

① 浩州：唐武德元年（618年）以西河郡为浩州，武德三年（620年）改浩州为汾州，治所在今山西汾阳市。

又不能有效补给，导致军粮严重困乏，宋金刚不得不下令撤军。李世民知道机会来了，于是亲率大军奋勇追击。一时间，唐军漫山遍野，鼓声震天，喊声如雷。等到吕州追上宋金刚断后的部将寻相时，早已按捺不住的唐军冲入寻相的部队，如狼入羊群一般，拼命砍杀。寻相抵挡不住，大败而逃。李世民乘胜追击，紧随其后，寻相只得返回再战，战败再逃，李世民再追。如此往复，双方一昼夜打了几十仗，走了200多里。

追到高壁岭，李世民大声鼓励将士说："宋金刚的队伍人心涣散，已经陷入绝境，如此难得的机会转瞬即逝，我们一定要抓住机会彻底消灭他。"刘弘基抓住李世民的马缰劝道："经过长时间的追击，我们早已人困马乏，不如在此停留扎营，稍事休息，等兵马粮草都齐备了再进击也不晚。况且再不断深入，恐于您身体有碍呀！"李世民反驳道："如果我们停滞不前，就等于给了宋金刚做好防备的机会，这样就很难再打败他了。我们怎么能只顾惜自己的身体，而不为国家尽心竭力呢？"说完他催马向前，下令继续追击。主帅如此，将士们也不敢再提饥饿，都紧随李世民再次追击。最后，李世民终于在雀鼠谷（今山西介休西）追上了宋金刚，双方历经八次大规模战斗，李世民部均大获全胜，俘虏和斩杀敌军几万人。

当天晚上，已经两天没有吃饭、三天没有解甲睡觉的李世民和部下就地在雀鼠谷宿营，经过短暂的休息后，李世民又带兵继续追击，一直追到介休，尚有两万精锐部队的宋金刚在城西宽阔之处背城布阵，摆出准备与李世民决一死战的阵势。

李世民敏锐地感觉到，和宋金刚真正决战的时刻到了，他命翟长孙、秦武通在南面布阵，李勣、秦叔宝、程咬金在北面布阵，自己则亲率3000名精骑冲入宋金刚阵后。这一仗是一场你死我活的决战，因此双方都抱着必死的决心，杀得尸横遍野，血流成河，难分难解。宋金刚部因经历多次失败，士气低落，最后难以抵挡，大败而逃。李世民一口气追出几十里，一直追到张难堡（今山西介休东北张兰镇）。张难堡此时由唐军的浩州行军总管樊伯通、张德政二人据守，已被敌军围困多日。李世民摘下头盔向堡垒上的士兵示意，守堡垒的军士认出是秦王李世民，都欢呼雀跃，有的甚至激动得流下泪来。随从告诉守军：秦王还未进食。但城内粮草早已告罄，守军仅为李世民献上了浑酒和粗米饭，但李世民还是吃得很香。

在张难堡，事情发生了转折。敌军将领尉迟敬德、寻相等见实在无路可走，只得率余部8000人来张难堡投降，这标志着宋金刚内部已经分崩离析。尉迟敬德，勇武善骑，是宋金刚手下首屈一指的杰出精骑将领。李世民见尉迟敬德投诚，非常高兴，立即任命他为右一府统军，仍让他统领投降时带来的8000名旧部。李世民的部下担心尉迟敬德叛变，但李世民坚定地说："只要我真心对待尉迟敬德，他肯定不会背叛我。"

面对李世民的紧追不舍，宋金刚收拾残部准备再与李世民决战，但内部已经严重分化的部众都不再听从他的命令。无奈之下，宋金刚仅率100多名骑兵仓皇逃往突厥。刘武周的军队大都由宋金刚统率，他在得知宋金刚失败的消息后，只好放弃太原北走。宋金刚听说刘武周北走的消息，打算从突厥跑回上谷与刘武周会合，不料在逃跑途中被突厥捉回，处以腰斩之刑。

刘武周的内史令范君璋颇有远见，此前刘武周决定侵犯大唐时，他曾劝阻说："唐主李渊仅以一个州的兵力起兵，竟所向无敌，直取长安，这不是人力所能为的，定是有上天相助。况且晋阳以南，地势险要，道路狭窄，我军若孤军深入，很容易陷入孤立无援的境地。假如进军攻战不利，怎么回军？而今之计，不如南面与唐结交，北面联合突厥，在此割据一方，自立为主。"可惜，刘武周没有听从范君璋的意见，执意率军南下，而把范君璋留下守卫朔州。人之将死，其言也善，刘武周失败后，流着泪对范君璋说："当初没有采纳你的意见，才导致了今日悲惨的结局!"他北走逃到突厥后,不甘心流亡突厥,于是和部下策划从突厥逃回马邑,结果密谋败露,被突厥人所杀。突厥人任命范君璋为行台,统领刘武周的余部,从此,曾让李渊惊慌不已的刘武周势力基本不复存在。

经过半年艰苦卓绝的战斗,李世民又消灭了一个有实力与李唐争天下的强大敌人,收复了并、汾旧地,圆满完成了作战任务,再次为巩固初创的唐朝政权立下了不朽功勋。为了巩固战果,战后,李世民升任李仲文为并州太守,自率大军凯旋。

这是李世民在其军事生涯中指挥的第二个大战役。古语有云"穷寇莫追",但李世民在这次战争中紧追不放,最后全歼敌军,充分说明他的作战思想已经达到了很高的境界。对敌人敏锐的洞察力,对战场上每一个细节的正确把握和判断,使他每战必胜。而这也使他在军队和朝廷中建立了很高的声望,军政实力与日俱增。

三、翦灭郑、夏

随着刘武周的死亡,威胁李唐王朝东北侧翼的势力逐渐消失,李唐统一全国的步伐在一步步加快。此时的李唐已经在占据巴蜀之地后,任命李孝恭、李靖为将,积极练兵造船,为沿江而下攻灭南方的萧铣①做准备。

当时的中原,王世充、窦建德和李渊呈三足鼎立之势,实力大致相当。此前李世民在河东集中精力与刘武周厮杀之际,窦建德趁机出兵,攻城略地,连败唐将李神通与李勣,挫败了李唐对中原的钳形攻势。兖州豪帅徐圆朗也因不敌而归附窦建德。窦建德至此完全占据河北、山

---

① 萧铣:西梁宣帝萧詧曾孙,安平文宪王萧璿之子,隋末唐初地方割据势力首领。隋大业元年(605年),被任为罗县县令;隋大业十三年(617年),在罗县自称梁王;唐武德元年(618年),在岳阳称帝,国号梁,建元鸣凤。武德四年(621年),兵败降唐,在长安被杀。

东，势力颇盛。

窦建德实力虽强，但唐、夏之间有太行山阻隔，且唐与夏接壤的河东并非唐军主力所在之地。就地理位置而言，唐把窦建德作为下一个统一目标，直接攻夏是不太可能的。而李唐昔日的老对手王世充就在唐的东大门崤函①之外。自从加冕称帝后，王世充更加肆无忌惮地进攻唐军，虽然双方各有胜负，但是唐军也丢失了很多地盘。同时，李渊了解到，王世充治下贪官酷吏盛行，苛捐杂税繁重，百姓怨声载道，这个时候攻打王世充既得民心，又在地理位置上比较方便，容易成功。于是，李渊把下一个攻击的目标定为王世充。

就在李渊磨刀霍霍准备对王世充动手时，极度膨胀的王世充在武德二年（619年）十月左右，竟出人意料地进攻黎阳（今河南浚县）。黎阳是窦建德的势力范围，本来王世充强迫皇泰帝杨侗退位，窦建德就对他很不满，现在他居然背信弃义打到自己头上来了，真是欺人太甚！于是，窦建德马上派兵攻占了王世充的殷州（今河北隆尧城东）。

王世充和窦建德互相攻击，标志着他们二人彻底反目成仇。这个偶然事件对李渊来说是再好不过的消息。如果二人结盟，李渊肯定会遭到两面夹击，后果不堪设想，现在他们开战，为李渊赢得了各个击破的大好时机。

为防止窦建德抄自己的后路，出关之前，李渊派出使者与窦建德修好。得到窦建德的支持后，武德三年（620年）七月，李渊命李世民统率各路兵马，出关讨伐王世充。这次出兵东都，是李唐立国以来规模最大的一次用兵，表明了李渊荡平王世充的决心。

王世充得到消息后，马上选拔骁勇集中到洛阳，并在洛阳附近的襄阳、武牢②及怀州（今河南沁阳）积极备战，部署兵力。他本人亲自率

---

① 崤函：古地名，崤山与函谷关的合称，相当今河南洛阳以西至潼关一带。
② 武牢：通常叫虎牢，唐时避李渊爷爷李虎的讳，称武牢。指今天河南荥阳汜水镇。——编者注

领3万士兵，严阵以待，应对唐军。王世充的军队长期负责守卫东都洛阳，守城经验非常丰富，宇文化及的禁军、李密的瓦岗军曾多次攻击洛阳，但都没有成功。因此，要想顺利攻破洛阳，对李世民来说是个重大挑战。

唐军一路顺利进军，平安无事，很快李世民率军抵达新安（今河南新安一带），这里距离洛阳仅百十里之遥。洛阳附近有座名城叫慈涧（今河南新安东南），是洛阳的屏障，军事意义重大。李世民来到新安后，首先派罗士信率领先头部队包围慈涧。身经百战的王世充知道慈涧对于洛阳的重要意义，于是亲自率领3万人进入慈涧救援。

在慈涧城外，李世民与王世充有了一次惊险的相遇。七月二十八日，李世民带领少量精兵强将侦察敌情，结果意外遇见了匆忙赶来救援的王世充的大队人马。王世充见李世民身边仅有一小队士兵，心中暗喜，认为活捉李世民的机会到了，于是集中主力包围了李世民等人。李世民和手下精兵奋力拼搏，结果毫发无伤地杀出重围，还生擒了王世充的左建威将军①燕琪。王世充没想到李世民如此英勇，不由心惊胆寒，赶紧下令大军退入城中。

第二天，完成合围的李世民率领5万大军进攻慈涧。

听到唐军在城外摇旗呐喊，王世充和慈涧守备寇仲登上城楼，观察敌情，只见城外唐军大约有5万人，军容鼎盛，士气如虹，装备精良，训练有素。再看唐军队形，中央清一色的步兵，两翼和前后都是骑兵。精通军事的王世充和寇仲知道李世民如此布阵的精妙之处，这种阵法非常灵活机动，只要主帅令旗一挥，便可根据战场做出无穷的变化。阵中央的步兵又分成9组，每组3000人，由不同兵种合成，配有弩、弓、枪、刀、剑、盾、拒马②等各种各样的兵器。

站在城头的王世充被唐军的气势镇住了，他伏在寇仲耳边低声问

---

① 建威将军：武官名，初见于西汉。
② 拒马：古代一种木制的可以移动的障碍物。

道:"面对这么精良的部队,我们是应该坚守还是出门迎战呢?"寇仲听了心头一震,没想到王世充作为一国之君,竟如此怯战。仗未开打,气势已经没了,看来此战战胜的可能性不大了。

不过,寇仲认为王世充临阵胆怯,其实是误会王世充了。作为军事统帅,王世充经历过无数大仗、恶仗,非常清楚慈涧不是洛阳、长安那样的坚城,否则还可以用坚守之法与唐军对峙,时间一久,唐军或许有退兵的可能。但慈涧只是个不堪一击的小城池,入城的3万郑军主力已经让城内拥挤不堪。如果选择坚守不出,首先粮草便供应不上,估计最先崩溃的应该是王世充的军队,因此王世充只能选择应战。至于询问寇仲的意见,或许只是王世充出于对他的尊重罢了。

很快,王世充下达了作战命令,由宋蒙秋和郎奉负责守卫城池,他自己率两万大军出城迎战。他以慈涧城为依托,将队伍收紧以为中军,杨公卿和麻常指挥的5000骑兵居右,陈智略、跋野纲指挥的5000骑兵居左,缩小防御线,布下半月形圆阵,尽可能形成完备的防御体系以对抗唐军。

战鼓齐鸣,喊声震天,大战正式开始。李世民凭借精妙的阵法,不断变换着阵形,箭射、刀砍、肉搏,保持持续的进攻。唐军士兵的数量远比王世充多,所以轮番上阵厮杀并不感到特别疲惫,反而越战越勇。反观王世充这边虽有寇仲这种猛将压阵,但久战之后,将士疲惫,士气不振,死伤无数。

为保证战争的胜利,李世民又使出了他的撒手锏——玄甲天兵。他曾经靠着这支精锐奇兵攻灭了很多敌人,现在又一次在王世充面前显示神威,很快王世充的部下便溃不成军。

俗话说"好汉不吃眼前亏",王世充见自己处于下风,果断放弃慈涧,带兵返回洛阳老巢坚守。就这样李世民夺得了洛阳西线的主要军事据点慈涧,并把这里作为大军的临时指挥所。

李世民深知兵贵神速,在慈涧稍作休整后,他马上下达军令,命将军刘德威从太行向东围攻河内①、行军总管史万宝从宜阳南面占据伊阙（今河南洛阳南部的龙门）、怀州总管黄君汉自河阴方向攻击回洛城（今河南孟津东），而上谷公王君廓据守洛口，切断东都粮道，断绝其粮食供应，李世民则亲率主力大军屯驻洛阳以北的邙山，连营围逼洛阳城，从而对东都形成合围，使王世充陷于孤立挨打的局面。

八月，饱受围困之苦的王世充陈兵于洛阳城西北的青城宫，与唐军隔水对峙。李世民和王世充又一次阵前见面，王世充大声质问李世民："隋朝灭亡，唐朝建都关中，郑建都河南，范围早已划定。我并没有西侵长安，你为何举兵来攻我洛阳？"李世民手下大将宇文士及高声说道："大唐天命所归，各路豪杰纷纷归顺，只有你割据一方，这不是藐视我大唐吗？国家长期处于分裂之中，百姓苦不堪言，于国于民大唐必须攻打洛阳。"王世充对唐军的实力已有全面了解，知道自己无法取胜，于是主动提出罢兵和谈，但遭到了李世民的拒绝，王世充只得苦苦坚守城池。

就在双方相持不下之际，黄君汉率军从水路袭击洛仓城，生擒守将达奚善定。洛仓城攻破之后，洛仓周边20多个堡寨全部投降。11天后，刘德威也顺利占领了怀州外城，占领堡寨。至九月，河南郡县大部分归附唐朝，洛阳城外的军事据点也几乎全部被唐军控制，洛阳成了孤城一座。王世充的部分主力仍在洛阳城中，李世民率军昼夜围攻，四面围困，但毫无效果。

十一月，再也无法坚持的王世充派遣使者向夏求救。为了让窦建德出兵援助，使者向窦建德表示，郑、夏两国属于唇齿相连，唇亡齿寒，如果王世充兵败，唐下一个目标必定是窦建德，希望窦建德出兵救郑。

窦建德召集群臣商议此事，中书舍人刘斌说："眼下唐、郑、夏三足鼎立之势已成，由于实力相近而互相牵制，所以能和平共处。现在唐军从秋到冬一直在围困洛阳，郑已经到了山穷水尽的边缘。目前唐军强大

---

① 河内：汉时设郡，位于今日河南北部、河北南部和山东西部。

而郑军势弱，最终唐必定灭郑。一旦郑灭亡则夏有唇亡齿寒的危险，唐肯定会引兵攻夏。"为了夏的前途考虑，刘斌建议道："应该救郑，现在东都吸引了唐军主力，如果夏能从外部攻击唐军，夏郑内外夹击，一定能够击败唐军。"同时，刘斌还向窦建德提出了更自私的想法：夏击败唐之后，如果郑军仍有战斗力，三国鼎立之势仍可保留；如果唐军退去后郑国国力虚弱，夏还可以顺势灭掉郑国，这样一来，夏国力量必然强大。如果夏能趁唐军大败之际西进，那么长安唾手可得，继而一统天下。窦建德听了，高兴地称赞道："真是个好主意啊！"于是他决定发兵救郑。

对于如何救郑，夏国幕僚们认为，目前郑国暂时没有灭国的危险，不如先发兵袭破孟海公，收编徐圆朗部众。如此一来，不但消除了后顾之忧，还能壮大自身实力。窦建德深以为然，武德四年（621年）二月，窦建德突袭徐圆朗、孟海公并取得大胜，然后整合各方兵力合兵10余万，号称30万大军，分水陆两路南下，浩浩荡荡地杀往洛阳。

为了达到不战而屈人之兵的目的，窦建德在出发前给李世民写了一封信，声称自己率领30万大军压境，如果唐想与夏和好如初，必须先撤掉对洛阳城的围困。三月，李世民在邙山大营中收到了窦建德这封傲慢的来信，他只是微微一笑，并没有太大的反应。

尽管李世民对窦建德的威胁不以为意，但窦建德的军事行动确实威胁到了李唐的安全。窦建德派大将范愿率军西救洛阳，接着又陆续攻克荥阳、阳翟等地，这样他便可以水陆并进，又能保证粮道的畅通。由于兵锋甚锐，一路没有遇到有效的抵抗，窦建德几乎不费吹灰之力就攻到了成皋（今河南荥阳汜水西北）附近，在板渚①修筑了行宫。他的迅速西进，也打乱了李世民的战略部署。

围困洛阳的唐军将士见洛阳城久攻不下，开始出现厌战心理，等窦建德出兵的消息传到前线后，唐军内部的人心更加浮动。刚刚投降唐军

---

① 板渚：古津渡名，板城渚口的简称。在今河南荥阳汜水东北黄河侧。

不久的寻相，趁机带领部属逃离了战场。远在长安的李渊听到前方战报后，心急如焚，忙任命封德彝①为观容安抚使，前往邙山大营视察军情，安抚军心。

面对如此严峻的形势，李世民召集诸将商议对策。萧瑀、屈突通、封德彝等持悲观论调的人认为：王世充固守的洛阳城坚兵精，唐军短期内很难攻破；唐军长期作战，非常疲劳，急需休整；此刻窦建德率胜利之师前来救援，锐气正盛，如果唐军坚持下去必会腹背受敌，后果很难预料。因此，他们认为应该退据新安，以后再做打算。

退兵论调一出，大多数人随声附和，接着，人们把目光投向主帅李世民。李世民此时沉默不语，会场一片寂静。最后，记室②薛收打破了僵局。

面对困难的形势，薛收分析道："如果我军后退，郑、夏必定联合，到那时就能用河北的粮草补给东都，如此一来，洛阳很难再有攻破的机会，从此唐一统江山的进程将无限期推迟。如今王世充长期被困，城内举步维艰，已是强弩之末、瓮中之鳖。窦建德虽然兵锋甚锐，但他期待速战速决。我认为应该兵分几路，一路负责割断郑、夏的联系；一路继续围困洛阳，但不与王世充交战，坐等其粮草消耗殆尽；而秦王则可以亲率精兵固守成皋，依靠成皋天险，阻断窦建德西进之路，然后再寻机战胜敌人。"

李世民充分考虑双方的意见后，说出了自己的想法："王世充粮食已经耗尽，内外离心，我军根本不需要主动攻击，就能达到战略目的。窦建德最近刚刚战胜孟海公，军中骄躁，我军应当进军易守难攻的虎牢关③，据险固守。窦建德要救援王世充，虎牢关是必经之地。如果窦建

---

① 封德彝：初为隋杨素幕僚，后升内史舍人，唐时官至中书令，封密国公。
② 记室：官名，东汉置，后世因之，或称记室督、记室参官等。——编者注
③ 虎牢关：又称汜水关、成皋关、古崤关，是洛阳的东边门户和重要关隘，位于今河南省荥阳汜水境内。因周穆王在此牢虎而得名。此关南连嵩岳，北濒黄河，山岭交错，自成天险，大有"一夫当关，万夫莫开"之势，为历代兵家必争之地。唐时避李渊祖父李虎名讳，称武牢关。

德敢冒险攻打我军，我军凭借地利肯定能打败他。如果窦建德不和我们交战，那就无法救援王世充，10日之内王世充必定溃败。只要我军能迅速占领虎牢关，我军肯定能取得最后的胜利。"

尽管李世民的战略规划非常诱人，但诸将仍沉默不语，几乎没有人附和他的建议。看到这种情况，一向善于听取部属意见的李世民坚持自己的意见，不顾众人反对，当即让房玄龄给窦建德回书，并声称唐军不怕郑、夏联兵，以激窦建德出战。随后，他命令齐王李元吉和屈突通率军继续围困东都，但只围不攻。当天晚上，他本人率领3000精骑直奔虎牢关，发扬自己快攻猛打的一贯作风，几天后，虎牢守将沈悦翻城而降，唐军进驻虎牢关。

唐军抢先占据虎牢关天险，占了先机。此时窦建德大营距虎牢关仅20余里。在虎牢关稳住阵脚以后，李世民随即命令李勣、程知节、秦叔宝等沿途设伏，自己则亲选五百精骑东出虎牢关直奔窦建德大营。

他们走到距窦建德营地3里的地方时，遇到了对方的游骑，李世民大声向对方呼喊："我是大唐秦王！"窦建德的亲兵听到呼喊，马上报告窦建德。窦建德一听李世民亲自到来，而且兵马不多，急命五千余铁骑追击，不惜一切代价捉拿李世民。窦建德的部下认为李世民面对夏军的追击，必定惊慌失措，谁知情况正好相反，李世民等人在夏兵的追赶下不但没有慌乱，反而气定神闲，只见李世民手持大羽箭边走边射，追兵接连倒下好几个；尉迟敬德挥舞着铁戟，将近身的追兵一个个打下马去。李世民率领唐军且战且退，等到了唐军伏击圈，他才佯装不敌败退。死命追击的夏兵陷入了李勣等人的包围。这场小规模的伏击战俘虏敌将殷秋、石瓒等人，斩首夏军300余人。

为了激怒窦建德，小胜之后李世民又给窦建德写了一封信，信中说："夏、唐两国本来是关系不错的盟友，在王世充的诱惑下，你竟然率夏国大军，为他攻打盟友，是为不义；赵魏一带向来是我大唐的土地，现在你竟恃强巧取豪夺，是为不仁。今天跟你的前锋一战，又发现你的实力真是不堪一击。为人不义不仁，实力不堪一击，看来此战你非败不可，所以大战前我希望你三思而后行，以免将来为做出错误决定而后悔莫及！"

前锋战事不利，加上李世民来信羞辱，窦建德勃然大怒。然而，唐军占据虎牢关天险，短时间内无法攻克，他只能违背初衷与唐军打持久战。四月，王世充派人频频向窦建德告急。窦建德也很头疼，他在和唐军小规模的冲突中连连失败，最近又传来消息说，在李世民的安排下，唐将王君廓猛攻夏军的粮道，并俘虏夏大将张青特。窦建德急令诸将前来议事，商讨克敌之策。

面对进退两难的局面，窦建德忧心忡忡，国子祭酒①凌敬趁机建议道："我军此时应该将主力调至济河，然后派兵攻取怀州、河阳（今河南孟州），攻取后派重将固守，以作后盾。然后派主力大张旗鼓地越过太行山，进上党，再经壶口，攻占蒲津之地，只要占据河东之地就能威胁关中，李唐不战就能退兵。按照此计，不但能拓土得兵，而且大军所经之处没有唐军主力驻扎，一路不会有大规模的抵抗，我军也不会有大规模伤亡，最后李唐退兵，郑遭受的围困也就自然解除了。"

窦建德的妻子曹氏虽是女流之辈，却很有远见，她非常赞同凌敬的建议，极力想促成此策。窦建德开始也同意这个计策，但远在东都被围的王世充却不干了。因为如果窦建德采取凌敬这个庞大的计划，等窦建德到达东都，估计王世充已经饿死了。于是，狡猾的王世充暗中用金银珠宝贿赂窦建德的主要将领，请他们阻挠北上计划的实施，又让使臣王琬、长孙安世在窦建德面前早晚哭诉，请夏军西进救援东都。窦建德动摇了，最终没有实施凌敬的计划。

五月，李世民得到消息，窦建德将趁唐军在汜水北岸牧马休整时突袭虎牢关。李世民将计就计，白天在河北牧马，夜间则悄悄将马群

---

① 国子祭酒：古代学官名，晋武帝咸宁四年（278年）设，为国子学或国子监的主管官。

分批牵回虎牢关。当窦建德派出长达20余里的队伍陈兵汜水,进攻虎牢关时,李世民对诸将说:"窦建德大军要过险关竟如此嚣张,看来他的士卒纪律性差。他全军出动,自认为人数众多定能取胜,心中肯定轻慢我军。只要我军按兵不动,等对方士卒饥饿疲劳时,对方士气必然衰落,攻势自然减退,到那时我们再乘机追击,一定能在午后打败他!"

窦建德见李世民不敢出战,对唐军心存鄙视,遂派出300名精骑趟过汜水,来到距唐军只有一里路的地方,然后派人前去虎牢关下叫阵。李世民将计就计,派王君廓带领200名长槊①兵前去应战。这些长槊兵一直敌进我退,敌退我追,演戏般打了半天也没有分出胜负,窦建德却因此白白浪费了很多时间。

就这样临近中午,窦建德的大批先头部队从清晨出发后,一直等到现在也没和敌人交上手,不免有些情绪,这时人马都已疲惫,军中一片萎靡,士卒饥饿疲倦,大都席地而坐。李世民在远处看到敌阵混乱,知道出击的时机到了,立即命令宇文士及率300骑兵从敌阵西端向南飞驰。出发前,他嘱咐宇文士及道:"这次冲击敌阵只是试探,如果冲击不动,你就带兵回来;如果冲击后敌军大乱,就带兵向东猛攻。"

结果,宇文士及率部刚到敌人阵前,敌阵就开始骚乱起来。一直在远方观察的李世民认为,敌人现在连战斗队形都无法保持,说明体力已衰退,心志已混乱,当即下令骑兵向夏军发起猛烈攻击。窦建德的部队以步兵为主,面对呼啸而来的唐骑兵队伍,来不及抵抗就全线溃散了。李世民率领精锐骑兵在敌军中来回冲杀,势不可当。窦建德本人在慌乱中被长枪刺中,后撤退至黄河与汜水的交汇口——牛口渚(今河南汜水西北)时被李世民的部下俘获。窦建德被俘的消息传到他的妻子曹氏耳

---

① 长槊:由矛和棒演变而来,是十八般兵器中的重兵器槊的一种,多用于马上作战。槊结构复杂,较为笨重,多为力大悍猛的将领使用。

中，曹氏立即率领夏军余部返回河北。

李世民得知窦建德被俘后大喜过望，同时也深感意外，等部下把窦建德押回军营时，他才相信这是真的。窦建德进入大帐之后，李世民立即命兵士解开绳索，并亲自为窦建德包扎伤口。他表示，只要窦建德与唐军合作攻破东都，荡平王世充，定会保他家人性命无忧。大为感动的窦建德立即给妻子写信劝降，随后，曹氏也率夏国百官降唐。

第二天一早，李世民给窦建德、王琬、长孙安世、郭士衡等人每人安排一辆囚车，带他们赶赴洛阳。他要以窦建德的被俘为突破口，彻底瓦解王世充的心理防线。

到达洛阳后，李世民特意把押运窦建德的囚车拉到洛阳城下，让王世充在城墙上和窦建德见了一面，随后，李世民又派夏降将长孙安世入城，向王世充详细介绍窦建德失败的过程。

李世民的攻心战术比数万大军更让王世充集团感到害怕，郑国将士想到窦建德有10万大军，结果仍被唐军生擒，洛阳城内还有什么力量可以和强大的唐军相抗衡呢？于是，投降的声音响彻郑国朝野，尽管王世充提议继续垂死挣扎，却没有人响应。五月十九日，在李世民反复保证不杀王世充的情况下，王世充率郑国太子、群臣共2000余人投降。

唐军在洛阳、虎牢关的战斗，花了将近一年的时间，接连荡平郑、夏两股最有实力与李唐争夺天下的势力，为李唐的统一事业作出了决定性贡献，奠定了李唐一统天下的格局。李世民在此战中的卓越表现，使他个人的威望在大唐内部达到了顶峰，他的事迹连洛阳城内街头巷尾的贩夫走卒都争相谈论。

五月十日，李世民携带大量粮食进入洛阳，一入城就开始派发粮食，久被围困的洛阳百姓欢欣鼓舞。唐军的仁义爱民让洛阳百姓真心归附，大唐的有效统治范围得到了空前扩大。随后，李世民论功行赏，犒劳三军。当然，为了平民愤，李世民没有忘记吃里爬外、卖友求荣的段达①、杀人魔王朱粲②等恶贯满盈的人物，将他们尽数处斩。在被处理清算的人中，还包括"飞将"单雄信。单雄信武艺高强，能征善战，但其为人极善于见风使舵。他本是翟让的心腹，后来翟让被李密所杀，他又投靠李密，瓦岗寨土崩瓦解后，他又投降王世充。对于这种没有气节的人，尽管李勣再三为单雄信求情，但李世民还是毫不犹豫地将他处死。

洛阳的局势稳定下来后，为了树立唐军及自己的光辉形象，赢得老百姓的爱戴及拉拢曾经反对过王世充的人，李世民力排众议，打开牢房，释放了一批被王世充关押的犯人，同时公开祭奠那些被王世充迫害致死的人。

一切安排妥当之后，李世民押着王世充和窦建德返回唐都长安。七月九日，李渊举行了盛大的欢迎仪式，迎接李世民的再次凯旋。王世充和窦建德二人在长安当众游街之后，得到了不一样的结果：最有希望与李渊竞争皇帝之位的窦建德被斩首，时年48岁；而王世充因为李世民曾答应保他不死，李渊只是当堂斥责他与大唐作对的罪行，之后将他发配四川。不过，侥幸逃脱的王世充也未得善终，很快在去往四川的途中被仇人害死。

四、大败刘黑闼

窦建德、王世充先后兵败身死，除了安心在江南过日子的萧铣实力稍强之外，天下已没有哪股势力能够撼动大唐的地位了。眼见天下将

---

① 段达：武威姑臧（今甘肃武威）人，隋朝官员、将领。段达3岁袭封襄垣县公爵位，在宇文化及立越王杨侗为帝后，被封为陈国公；后效命王世充，被任为司徒。唐武德四年（621年）王世充兵败，段达被李世民斩杀。

② 朱粲：亳州城父（今安徽亳州）人，隋末唐初割据军阀。初任县中佐吏，后自称迦楼罗王，他为人残暴、嗜杀，是当时著名的吃人魔王。武德四年（621年），被李世民擒杀。

定，四海归一，兴奋不已的李渊宣布大赦天下。然而，李渊似乎高兴得太早了点，窦建德集团被平定后，其余党散归乡里，部分人心有不甘，于是他们慢慢又纠集在一起，形成一股扰乱社会、影响极坏的反唐势力。

此前窦建德被俘后，李世民考虑到窦建德余部众多，如果全部除掉未免杀戮过重，于是只处理了一部分，其他人都遣回原籍，并命令地方官不能难为这些人。然而，地方官吏没有将这一宽抚政策执行下去，对窦建德旧部大肆抓捕，并施以严刑峻法。久而久之，河北窦建德的余众无法安心生活，矛盾开始激化。武德四年（621年）七月，窦建德旧部忍无可忍，一致推举刘黑闼为元帅，再次举起起义的大旗。

刘黑闼与窦建德自幼相交，处事果断，骁勇多谋，隋末曾参加瓦岗军起义。瓦岗军失败后，刘黑闼被王世充俘虏，不久他率部逃到河北追随窦建德。在窦建德军中，刘黑闼极受尊重，窦建德称帝后，他被封为东汉公。窦建德兵败被俘后，刘黑闼回到漳南①故里隐居，观察局势，等待时机。后来，范愿、董康买、曹湛、高雅贤等人来找他一起起义反唐，刘黑闼稍作推辞便答应下来。很快，他们借复夏之名召集了一支起义军。

经过精心策划，刘黑闼率窦建德余部于武德四年（621年）七月十九日袭击并占领了漳南县。在筑坛祭奠窦建德亡灵，昭告他们起兵的意图后，刘黑闼正式宣布起兵反唐。他的行动得到了河北很多人的拥护，势力发展迅速，很快便聚众近千人。这些人虽是散兵游勇，但都拥有丰富的战斗经验，战斗力很强。在刘黑闼的带领下，这支军队势如破竹，相继攻克唐的一些州县，杀害很多唐朝官吏。慢慢地，他们反唐的火焰已有燎原之势。

占据州县之后的刘黑闼自称大将军，率军东进。八月十二日，刘黑

---

① 漳南：古县名，治所在今河北故城东北，隋开皇年间改为东阳县，治所在今河北故城东北。

闼攻占霸县（今河北霸州），唐贝州①刺史戴元祥、魏州（今河北魏县）刺史权威率军攻打刘黑闼，结果战败身亡。刘黑闼把两地的全部武器装备和民众收归自己麾下，其部众一下子达到了2000人。

八月二十二日，历亭县被刘黑闼攻陷，唐屯卫将军王行敏被杀。曾被窦建德任命为深州刺史的崔元逊带领几十人，埋伏在盖满稻草的车上，奇袭深州城（今河北衡水西北部）州府衙门，唐朝任命的深州刺史被崔元逊斩首送给刘黑闼请功。十月六日，刘黑闼大破瀛洲（今河北河间），唐派驻瀛洲的刺史卢士叡被杀。观州（今河北东光）百姓响应刘黑闼起义军，聚众捉住刺史雷德备，向刘黑闼献城归降。毛州（今山东冠县北馆陶）百姓董灯明等人响应刘黑闼暴动，杀死刺史赵元恺。

十一月十九日，刘黑闼攻克定州，唐定州总管李玄通被俘。李玄通是个很有能耐的将领，刘黑闼惜其才，想任命他为大将，多次亲进狱中劝降，但李玄通坚决不从。李玄通的旧部去狱中为他送酒肉，李玄通对众人说："如今我身受囚禁之辱，所幸诸位还感念旧情给我送来酒肉，今天我要与各位一醉方休。"酒至半酣，李玄通对看守说："我善于舞剑，希望能借刀一用，以助酒兴。"没想到李玄通舞完剑后剖腹而死，其气节令人敬叹。二十七日，周文举响应刘黑闼，杀死杞州刺史王文矩。一时间，各州豪强纷纷起事，与刘黑闼联合反唐，河北大乱。

在响应刘黑闼的起义军中，有一支特殊的军队，其首领是早已降唐、被封为鲁国公的兖州②总管徐圆朗。徐圆朗最初在兖州为盗，后来纵兵略地，逐渐发展壮大，鼎盛时竟拥有兵力两万多人。瓦岗军逐渐壮大后，他归附李密，李密失败后他又归顺王世充，王世充败了，他就归降大唐。刘黑闼起兵后，暗中与他联络，他衡量再三，准备起兵响应刘

---

① 贝州：在今邢台市清河、山东省武城、河北省故城、山东省夏津都有分布。
② 兖州：古九州之一，在今山东西部及山东与河北交界处，在古黄河与古济水之间。现为山东省济宁市兖州区。

黑闼。恰在此时，李渊派将军盛彦师率兵安抚河南一带，途经兖州，已下定决心起兵反唐的徐圆朗对盛彦师进行了突然袭击，毫无准备的盛彦师束手就擒。徐圆朗乘胜自称鲁王，宣布举兵反唐。刘黑闼得知后，赶紧任命徐圆朗为大行台元帅。

盛彦师对唐朝非常忠诚，他被俘之后，徐圆朗以礼相待，劝其投降，但被盛彦师严词拒绝。后来，徐圆朗得知虞城县令是盛彦师的弟弟，让他写信劝弟弟举城投降。盛彦师拿起纸笔，写道："我被反贼活捉，未能完成皇上交给的使命，身为人臣，既然不能为皇上尽忠，只能以死谢恩。以后你要好好照顾老母。"徐圆朗看后，气得浑身发抖，恨不得一刀杀了盛彦师，但是盛彦师镇定自若，毫不畏惧。徐圆朗为显示自己胸怀宽广，以争取民心，最终没有杀盛彦师。不久，在经历千辛万苦之后，盛彦师从徐圆朗的队伍里逃脱，被唐任命为宋州总管。

在昔日窦建德统治下的赵、魏境内，窦建德故将在刘黑闼的影响下，纷纷行动起来，大肆屠杀唐朝官员。十二月三日，刘黑闼杀唐冀州（今河北衡水市冀州区）刺史麹棱，冀州又被攻陷。黎州（今河南浚县）总管李勣此时驻守崇城，听说刘黑闼即将前来进攻，自以为不敌，带领5000名士兵慌忙朝洛州（治所在今河南洛阳市）方向撤退。刘黑闼趁机追击，结果仅李勣一人逃脱，其余5000人全部丧命。几个月之内，刘黑闼收复了窦建德故地。

刘黑闼虽然不如窦建德的威望高，但在带兵打仗方面却远超窦建德。由于窦建德已死，刘黑闼在武德五年（622年）成立了自己的政权，改年号为天造，自称汉东王，定都洺州。随后，他大肆封赏有功之臣，窦建德的旧部全部官复原职。其中，董康买为兵部尚书，范愿为左仆射，高雅贤为右领军，王琮为中书令，刘斌为中书侍郎。此外，在立法与行政方面全仿效窦建德的做法。

鉴于刘黑闼的强大实力，与刘黑闼统治区域接近的唐朝官员开始不安起来，济州别驾刘伯通在济州发起内乱，逮捕刺史窦务本，主动向徐圆朗献上济州城；东盐州（今河北黄骅旧城镇旧城村）刺史田华也被治中王才艺杀害，然后王才艺向刘黑闼献城投降。唐军一片哗然，各州主将均惶惶不可终日。

眼看刘黑闼异军突起，刚刚松一口气的李渊非常着急。为了讨伐刘黑闼，李渊再次派秦王李世民、齐王李元吉进军山东，开始了在唐初统一战争中，李世民在北方指挥的最后一次大型战役。

接到命令后，李世民很快率军抵达获嘉（今属河南新乡）。熟知兵法的刘黑闼深知二虎相争必有一伤，于是巧妙地避开李世民的主力。李世民首先选择收复相州（今河南安阳），在唐军的强大攻势下，刘黑闼退守洺州。正月十四日，李世民乘胜步步紧逼，进军肥乡，并命大军紧逼敌人的纵深，在沼水南岸驻扎，与沼水北岸的刘黑闼军营隔沼水相望。

这时，唐幽州总管李艺①率领数万大军向李世民营地靠近，想与李世民合兵一处。刘黑闼发现后，亲率主力向北拦截李艺。李世民及时发现了刘黑闼军的变化，于是心生一计，命令手下将领程名振率兵带着60具战鼓出发，到达洺州城西二里外的长堤上，故意使劲擂鼓。战鼓一擂，声音响彻云天，附近的洺州城几乎摇动起来，守城敌将范愿只有一万人马，听到鼓声不知敌人虚实，吓得半死，连忙派人报告刘黑闼，声称被唐军大举进攻。刘黑闼听说洺州被强攻，心急如焚，于是把阻截李艺的重任交给仅有一万兵力的弟弟刘十善与行台张君立，自己率军赶回驰援。

李世民略施小计便把刘黑闼弄得晕头转向，这时，从洺水县又传来对唐有利的消息——洺水守将李去惑向唐军投降了。由于洺水城（今河北威县北22.5公里处）内守军势弱，为了巩固胜利成果，李世民派王君廓率1500名骑兵前往洺水与李去惑共守城池。

---

① 李艺：即罗艺，降唐隋将。武德元年归唐，李渊赐姓李，封燕郡王。

二月，急于返回救援范愿的刘黑闼军在列人县（今河北肥乡东北）遭到秦琼率领的玄甲兵的伏击。由于事发突然，刘黑闼大败，伤亡惨重。二月十七日，李艺夺占定（今河北定州）、栾（今河北唐山境内）、廉（今河北石家庄藁城区）、赵（今河北石家庄）4 州，并俘获刘黑闼的大臣刘希道。李世民则派兵收复了邢州（今河北邢台），之后李艺和李世民在洺州附近会师。

被玄甲兵打败后，刘黑闼无计可施，又听说李世民和李艺已经在洺州成功会师，他决定亲率主力大军对洺水城发动猛烈进攻。

洺水只是个小县城，虽然四面都有 50 多步宽的护城河，但城墙不甚坚固，城内只有唐将王君廓率领的少量人马驻守。王君廓守城意志坚定，但条件实在有限，时间一长很难守住。李世民 3 次率军救援，但都被刘黑闼部筑下的营栅阻挡，无法向前推进。为早日攻破洺水城，刘黑闼命人在城东北挖了两条甬道，计划等挖入城内后从甬道进城。

李世民担心王君廓无法坚持下去，于是对手下将领说："敌军甬道很快筑成，洺水城已无法再守，不如让王君廓突围，再商量破敌办法。"他话音刚落，大将罗士信请战："我愿换回王君廓坚守洺水。"李世民表示洺水城危在旦夕，恐怕无法守住。罗士信坚定地说："城存吾存，城亡吾亡。"李世民同意了罗士信的请求。

随后，李世民站在城南高处，举旗让王君廓突围。罗士信率 200 名骑兵前往，等王君廓杀出之际，罗士信率部驰入城内。刘黑闼把洺水围得水泄不通，持续攻打 8 个昼夜，罗士信一直在城墙上率军抵抗督守。或许是天意使然，二月二十五日，忽然天降大雪，放眼望去满城皆白，刘黑闼乘天时之利攻入洺水城内。罗士信身受重伤，因大雪弥漫，视线不清，在飞马奔回的路上陷入泥淖之中，结果被追赶而来的敌军俘虏。刘黑闼想留罗士信在军中效力，但罗士信态度强硬，坚决不肯，最后被刘黑闼杀害，年仅约 23 岁。

刘黑闼攻破洺水之后，李世民与李艺将部分兵力屯于洺水之北，主力部队则在洺水城南扎营。不管刘黑闼怎么挑战，除了以扰乱军心为目的而进行的小规模侵扰外，李世民坚决不与其进行正面交锋，双方进入相持阶段。

相持一段时间后，刘黑闼的警惕性慢慢放松，以为这种对峙肯定还会持续一段时间，于是趁机对集团内部进行了小规模的调整。三月十一日，刘黑闼命高雅贤取代范愿为左仆射，并在军中大摆酒宴庆贺。就在这天晚上，李世民派李勣率军逼近敌人军营，刘黑闼部毫无准备，慌乱不已，醉酒的高雅贤仓促之间单枪匹马前去迎战，刚接近李勣军队就被其偏将潘毛刺中，从马背上摔落下来。紧随高雅贤而来的侍卫急忙上前把身受重伤的他抢了回去，但这位上任还不到一天的左仆射没到军营就一命呜呼了。

其间，当然也有刘黑闼偷袭李世民军的情况。双方相持了60多天后，刘黑闼突然率军偷袭李勣的军营，李世民慌乱中率精锐骑兵猛攻敌人的后背，援救李勣，不料被早有准备的刘黑闼率军包围。所幸尉迟敬德率军破围救援，李世民和堂弟李道宗才得以突出重围。

对于刘黑闼的偷袭，李世民分析认为，刘黑闼的粮草已经告急了。他这样想是有根据的，当时为了保证后勤供应，刘黑闼从冀州、贝州、沧州、瀛洲四处运粮，水陆并用。李世民了解情况后，命唐将程名振率兵弄沉运输船，烧毁运粮车，断绝了敌军的粮道。刘黑闼粮道被断，李世民料定他一定会前来与唐军决战，于是派人在洺水上流筑起了一道堤坝。堤坝筑好后，他对看守堤坝的军官说："你要认真观察，等我与敌人交战时，我会派人传信，到时立即决堤放水。"

三月二十六日，决定战争胜负的关键时刻来到了。刘黑闼果然不出李世民所料，率两万人马向南渡过洺水，紧逼着唐军营栅列下军阵。李世民有意拖延出战时间，直到唐军吃完午饭后才亲自率领精锐骑兵向刘黑闼的骑兵发动冲击。敌人见大唐骑兵来势凶猛，顿时乱了方寸，李世民趁势下令骑兵猛攻敌人步兵。刘黑闼久经沙场，在短暂的慌乱之后便开始收拢溃散的骑兵，又重新杀回战场。从正午到黄昏，双方数次交战，后来，刘黑闼部渐渐不敌。刘黑闼的亲信王小胡对刘黑闼说："敌人攻势太猛，我军已经用尽全部力量，还是走为上策。"刘黑闼当即同意，在没有通知部下的情况下，他们两人率先从军阵后面逃跑。可怜刘黑闼的部下不知道主帅已经逃跑，还在战场上进行着殊死搏斗。

就在双方打得难解难分之际，上游看守堤坝的军官接到李世民的命令，迅速将堤坝扒开，一丈（约3.33米）多深的水咆哮着汹涌而下，把刘黑闼军队的后路完全切断，刘黑闼部几千人被水淹死，一万多人被唐军杀死。

刘黑闼提前逃跑，捡回一条性命，但手下仅剩200名骑兵，只好逃往突厥。

除恶务尽，打败刘黑闼后，李世民随即率军南下进剿刘黑闼的部属徐圆朗。就在这时，李世民接到李渊的命令，让他即刻返回长安。君命难违，李世民只好将军队指挥权暂时交给李元吉，自己返回长安，向其父仔细汇报了前线战况之后，李世民受命返回前线。

徐圆朗一生屡次造反，这次响应刘黑闼起义后占领了几十个城池，名声很大，不过他的实力并不强，他之所以能苟延残喘到现在，是因为刘黑闼在前面替他抵挡住了唐军的攻击。现在刘黑闼自顾不暇，李世民的到来对徐圆朗来说无异于灭顶之灾。

李世民对徐圆朗一直采取攻势，一口气攻下了十几座城池，威震淮、泗。以吴地割据势力首领杜伏威为代表的一批人纷纷主动归顺，徐圆朗几乎成了光杆司令，对唐朝已经构不成什么威胁。由于战事顺利，李世民认为主力部队没有留在此处的必要，于是任命盛彦师为宋州总管，留下淮安王李神通、行军总管任瑰和李勣继续进攻徐圆朗。他和齐王李元吉一道在七月六日班师回朝。

主帅撤离，但徐圆朗的势力仍没有完全被消灭，战斗还得继续进行下去。为了一举荡平徐圆朗，盛彦师受命带领齐州总管王薄攻打许昌。

当时，盛彦师命王薄负责征集粮草，潭州刺史李义满因与王薄有矛盾，听到王薄征集粮草的命令后，立即关闭粮仓，拒绝供给。盛彦师攻下许昌之后，以违抗军令罪把李义满关进齐州大牢。李渊知道后下诏释放李义满，谁知李渊的使者还没到，李义满就已经死在大牢里了。心胸狭窄的王薄彻底出了一口恶气，战争结束后，他从潭州经过，结果被李义满的侄子抓住杀了。盛彦师受此事牵连被判了死刑。国家尚未稳定，3个朝廷命官没有战死沙场却死在了内讧中，实在可叹可惜。

唐军内部的争夺并没有影响征讨徐圆朗，在连续的攻击下，徐圆朗连战皆败，最后在弃城夜逃时被地方乡勇所杀，他苦心经营的地盘全部被唐军占领。

至此，李唐统一北方的战争基本告一段落。然而，李唐不甘心割据北方一隅，而想在这个纷乱的年代依靠自身实力，建立一个全国统一的盛世王朝。于是后来又发生了平定以杜伏威、辅公祏为首的江淮义军的战争，以及平定以江陵为根据地的萧铣的梁政权的战争。不过，这两场战争与李世民无关，在此不予详述。

武德七年（624年）春，在历经7年的血雨腥风之后，大唐的统一战争正式结束。

第四章 阋墙之争，喋血禁门

一、刘文静之死

随着唐初统一战争的节节胜利，李唐统治集团的内部矛盾也日益暴露并加剧。晋阳起兵的功臣刘文静之死，则是唐初统治集团内部矛盾的首次显现。

刘文静曾在晋阳"定非常之谋"，立有首谋之功。自晋阳起兵后，刘文静被李渊委任为大将军府司马，奉命出使突厥，为李渊解除了出兵之后突厥带来的后顾之忧。随后，为保证李渊向关中顺利进军，刘文静又圆满完成了对付河东隋将屈突通的重任，为李渊建唐立下汗马功劳。后来，因为在讨伐薛举的战争中作战不力，刘文静受到了"除名"处罚。

统一战争结束后，李渊在论功行赏时又想起了刘文静的功劳，于是下了一道诏令，重新起用刘文静，任命他为民部尚书[①]。就这样，刘文静又成了唐朝的一员重臣。

刘文静和裴寂都是李渊的心腹大臣，而且对唐王朝的建立都作出过巨大贡献，但是在唐王朝建立后，刘文静的地位却排在裴寂之下，这让刘文静内心颇为不满。另外，裴寂和李渊私交甚好，李渊对他非常宠信，言无不从。每次上朝，李渊都不叫裴寂的名字而称他为"裴监"，

[①] 民部尚书：官名，正三品。

还给裴寂安排座位，甚至允许裴寂出入自己的卧室。这让自认为是第一功臣的刘文静心里很不是滋味。

刘文静在高墌之战中吃了败仗，遭到了"除名"的处分；而裴寂讨伐刘武周时在度索原（今山西介休东西介山下）惨败，一下子失掉了晋州以北的大片城镇，结果李渊不但没有处罚裴寂，还特意对他好言安慰，并让他镇抚河东。同是功臣，在朝中地位相当，刘文静认为自己的才干和军功均在裴寂之上，但待遇却远远不及裴寂，心中常常闷闷不乐。由于心有不满，刘文静每次廷议总是与裴寂互相争斗，慢慢地，他们二人成了名副其实的死对头。

嫉妒往往会让人陷入险境。有一次，刘文静和弟弟刘文起一起喝酒，几杯酒下肚后，他又想起裴寂地位高于自己的事情，于是当场拔刀击柱，大声说道："必当杀死裴寂。"谁知一句酒后之言却被失宠于他的小妾告发。李渊知道此事后，马上派裴寂、萧瑀调查此事。刘文静向萧瑀说出了自己心中的不平，但对于要杀死裴寂一事，刘文静坚决予以否认，当场向李渊上奏申辩说："对于裴寂如此受宠，我的确有些不服气，但要杀死裴寂只是醉话，请皇上宽恕。"萧瑀等人与刘文静认识多年，知道他的为人，都认为刘文静无罪，帮他向李渊求情。然而，李渊看完他们的奏章后，丝毫不为所动，反而对大臣们说："刘文静既然能这样说，肯定有谋反的心思。"

秦王李世民见情况对刘文静不利，极力想为刘文静开脱，他对李渊说："晋阳起兵前，刘文静先定非常之谋，然后告知裴寂。大唐建立后，因为跟裴寂待遇悬殊，刘文静确实心有不满，但儿臣敢保证他绝无谋反之心。"裴寂认为此时正是除掉刘文静的绝佳机会，于是在揣摩李渊的心意后说："刘文静的确才略过人，但他是个性情奸恶之人，如今出此恶言说明他对皇上心怀愤恨，谋反迹象已经显露。如今天下局势未定，如果赦免他，肯定会留下后患。"李渊向来对裴寂偏听偏信，于是以谋反的罪名于武德二年（619年）九月将刘文静处死。这位才略过人的大唐开国元勋，无论如何也没想到自己竟会以谋反之罪而被诛杀，临刑时他悲愤地说:"高鸟尽,良弓藏,这句话还真是不假呀!"

实际上,刘文静之死并非李渊糊涂,更不是他意气用事。李渊作为深谋远虑、处事慎重的政治家,对于这件事的处理有着自己的想法和认识。

唐朝建立之后,和其他开国皇帝一样,李渊从未忽视对功臣的严密防范。裴寂的靠山是李渊,李渊认为裴寂不可能背叛自己。反观刘文静,自恃功高,多次表达出对个人地位和待遇的不满,李渊认为刘文静对地位不满就是对皇帝不满,因此对刘文静一直存有戒心。此外,刘文静是李世民的心腹,与李世民私交甚好。而李世民在四处征战的过程中笼络了大批贤才,势力足以和太子相提并论,这是李渊不愿看到的,一旦太子和李世民发生权力斗争,势必造成兄弟相残的局面。如果功勋显著、才略过人的刘文静和实力强大的李世民结成同盟,无疑会对太子构成很大的威胁。

根据隋文帝的教训,李渊深知太子之位的稳定关系到国家大局,太子乃国之根本,如果太子之本动摇,其他皇子将产生非分之想。李渊认为,只有削弱对太子之位构成威胁的李世民的势力,才能稳住李建成的太子之位。刘文静是李世民的心腹,处死他就能让李世民失去最得力的助手。所以,李世民为刘文静求情,不但救不了刘文静的性命,反而坚定了李渊诛杀刘文静的决心。李渊是想杀鸡儆猴,借诛杀刘文静向李世民集团示警,阻止李世民觊觎太子之位。可惜李渊这样做不但没能阻止李世民集团的篡位之心,反而让李世民的心腹感到恐慌,促使李世民加快了夺取太子地位的步伐。

李渊坚决处死刘文静,还因为刘文静与突厥的关系密切。晋阳起兵时,出于对突厥的不信任,李渊对于要不要向突厥称臣感到犹豫不决。而刘文静为了让李渊没有后顾之忧,坚定起兵的信心,曾率所募之兵在兴国寺扬言:"唐公假如不能与突厥交好,我们也肯定不能跟从唐公起事。"此举迫使李渊接受了向突厥称臣的现实,免除了起兵后的后顾之忧，但李渊一直将此事记在心里。起兵后讨论唐军所用旗帜的颜色时，刘文静曾要求与突厥保持一致，改用白色的旗帜。老谋深算的李渊虽觉不妥，也不便公开表态，最后为保留唐军的独立地位，采取了绛白杂色旗这种折中的办法。李渊起兵时需要突厥帮助，而刘文静和突厥关系密切，于是便派刘文静前往。李渊和突厥交好只是出于政治和军事的考虑，想借助突厥的实力增强自己的力量，但他内心一直以和突厥苟且为耻。刘文静因为往返于突厥和唐之间，了解诸多内幕，一旦口风不紧，将有损李渊的颜面，这也是李渊坚决处死刘文静的一个重要原因。

二、兄弟相疑

树欲静而风不止，尽管刘文静被处死了，但是很显然，李渊所期待的兄友弟恭的局面只是他的一厢情愿。

武德七年（624年），唐王朝江山一统，边疆平定，迎来了太平盛世。一天晚上，在都城长安的乾元殿内，李渊和3个儿子共同宴饮。在家宴上，李渊仔细端详自己的3个儿子，只见坐在自己左侧的李建成和李元吉交头接耳，相谈甚欢，而在自己右侧的李世民则独自闷坐，一言不发。兄弟3人关系的远近亲疏，一目了然。

李渊作为父亲，很想让他们兄弟和谐相处，但是作为皇帝，他很清楚，皇子之间不可能真正地相互关爱，因为谁不想成为皇位的继承人呢？

唐王朝建立后，刘弘基、殷开山、刘文静、长孙顺德等大臣曾劝说李渊立李世民为太子，但是李渊还是遵照"立嫡立长"的惯例，立长子李建成为太子，封李世民为秦王，担任尚书令，四子李元吉则封为齐王。

唐王朝建立初期，由于周边存在多方势力，一直征战不断。在征讨薛仁杲、刘武周、王世充、窦建德、徐圆朗时，都有用兵神勇的秦王李世民的身影。军功显赫的李世民不可避免地产生了觊觎皇位的政治野心。李渊也不是没想过改立李世民为太子，但是自古立长不立少，太子之位为国之根本，轻易更换会导致国家政局不稳。隋文帝废杨勇、立杨广，以致天下大乱就是个血淋淋的教训，李渊当然不愿重蹈覆辙。

而太子李建成对李世民也起了猜忌之心。李建成虽然不像李世民那样战功赫赫，但也曾为大唐立下汗马功劳；而且他为人仁义宽厚，处事温和，是太子的合适人选。李世民知道自己并无争夺皇位的绝对优势。不过，在长期的征战生涯中，李世民积累了无数的人脉资源和很高的威望，成为他争夺皇位的倚仗。

当初李渊在晋阳起兵之前，在政治上逐渐成熟的李世民见隋室大乱，胸怀大志的他就倾心结交贤能之士，为自己网罗人才。随着战功日渐显赫，李世民开始对至高无上的皇帝宝座产生了无限向往，心中逐渐产生了与太子李建成争夺皇位继承人的想法。为了实现这一目标，他更加注重谋势，积极吸纳贤才，积蓄力量，开始为建立自己的基业精心谋划。

长期在外领军打仗，不但锻炼了李世民的能力，而且使他招揽了一大批将帅之才，如尉迟敬德、程知节、秦叔宝、张士贵①、屈突通、李君羡、薛万彻、张公瑾、戴胄等人。这些人在李世民的合理安排下，成为他的军事决策顾问团。他们对李世民忠心耿耿，为后来李世民争夺帝位提供了有力的武力保障。

李世民深知谋略在任何时候都是取胜的王道，因此他非常注意网罗智谋之士。攻取长安之后，房玄龄、杜如晦等人加入了李世民集团。

房玄龄是齐州临淄人，隋朝末年曾任隰城县尉，后被革职，迁居上

---

① 张士贵：山西盂县上文村人，唐代名将。唐初先后任右光禄大夫、右屯卫大将军、左领军大将军等职，并被封为虢国公、勋国公。

郡。李渊率军入关后，他冒着大雪在渭北拄杖拜见李世民，李世民与他一见如故，后来任命他为渭北道行军记室参军。从此，房玄龄成为李世民的心腹谋士，忠心耿耿，一直追随李世民左右。

武德四年（621年），太子李建成向李渊建议，调秦王府的兵曹①杜如晦任陕州总管府长史。房玄龄对李世民说："秦王府中虽然调走了很多人，但这些人大都不值得可惜。但杜如晦跟他们不一样，此人通达事理，聪慧贤明，是个王佐之才。如果秦王只想做一个毫无建树的王爷，杜如晦调离也无所谓，但秦王如果有夺取天下的志向，则离不开杜如晦的辅佐。"

房玄龄口中的杜如晦是京兆杜陵（今陕西西安）人，当时在秦王府只是个毫不起眼的属官。李世民见房玄龄如此重视杜如晦，非常吃惊地说："如果不是先生建言，我可能就失去了这位贤人！"于是，李世民亲自出面请求李渊仍留杜如晦在秦王府中。从此，李世民把杜如晦引为心腹，让他参与筹划军事大事。杜如晦能剖析事理，决断迅速，面对繁多的军务能从容应对，深受李世民的赏识。李世民登上皇位之后，任命房玄龄和杜如晦为尚书省左、右仆射，协助处理政务，被称为"房谋杜断"。

我们无从得知李世民想当"天子"的念头是什么时候产生的，不过有个故事可能会给我们留下一些遐想的空间。在平定王世充时，李世民曾和长孙无忌、房玄龄一起拜访一个名叫王远知的道士。虽然事先没有说明身份，但王远知一见面就开口道："在我们中间有一位天命所归之人，难道是秦王来了吗？"李世民听了，知道自己的身份隐瞒不下去了，只好向道士行礼，并表明自己的身份。这时，王远知对李世民说："殿下定能成为太平天子，希望殿下爱惜自己的身体，也希望殿下登基后能体恤百姓，爱惜民力。"李世民闻言，默不作声。

---

① 兵曹：古代官名，负责掌管兵事等。汉代为公府、司隶的属官；唐代为府、州设立的"六曹"之一，在府称"兵曹参军"，在州称"司兵参军"。后各代沿用此称。

回去的路上，长孙无忌对李世民说："王远知是一位未卜先知的神人，他的话通常能够应验，如此说来殿下日后可以登上帝位，所以希望殿下今后加倍爱惜自己的身体，不要再亲自冲锋陷阵了。"李世民当即斥责长孙无忌口无遮拦，并告诫他说这件事万万不可对别人提起。一旁的房玄龄说道："以殿下的功绩，就像当初的周公一样，登上帝位也是众望所归，如果没有周公，周朝怎么会有800年的基业呢？"李世民将这话一直记在心里，"眷言风范，无忘瘩瘵"。

武德四年（621年）七月，李世民率部自东都洛阳班师回到京城长安，当时他身披黄金甲，身后紧随着25员大将、万匹铁骑，整个长安为之震动。

冬十月，李渊认为自古以来的官号都无法显示出秦王对大唐作出的巨大贡献，应另加封号以表其勋德，于是给李世民加号天策上将，设天策将军府，陕东道大行台尚书令，待遇在王公之上。李渊甚至诏令天策府可置属官，里面设有长史、司马各1人，从事中郎2人，军咨祭酒2人，典签4人，主簿2人，录事2人，记室参军事2人，功、仓、兵、骑、铠、士六曹参军各2人，参军事6人，总计34人。此外，还可以置炉铸钱币。陕东道大行台还享有潼关以东的治理权。如此一来，李世民不但掌握了独立的经济大权，而且可以治民理事。秦王府成为大唐王朝统治下的朝中之朝，掌握了很大的权力。

然而，正如长孙无忌等人所言，即使李渊再为秦王加封，如果不能登上最高的位置，他始终是个臣子，功劳太大反而会让帝王产生猜忌之心，甚至有性命之忧，历史上这样的例子比比皆是。但如果能登上帝王宝座，所有的担忧便不复存在。于是，众人借李世民加封天策将军的机会，献计说："既然皇上许可将军府可置属官34名，殿下可以把往日追随自己的武将文臣安置在天策将军府内，组成自己的军事决策机构。"李世民认为此计可行。随后，在众多谋士的建议下，李世民又以"海内浸平，儿臣需要汲取知识"为由，向李渊提出设立"文学馆"，为收罗四方文士做准备。这个要求得到了李渊的批准。很快，李世民延揽许多博学之人入馆资政，而他本人以尚书令之职开始专心学习治国之术。这时李世民只有23岁，但他的举动已经充分显示出经营天下的宏伟抱负。

文学馆设立之后，李世民在延揽到的众多文士中，选择优秀者组成"文学馆十八学士"，这些人有房玄龄、杜如晦、于志宁、苏世长、薛收、褚亮、姚思廉①、陆德明、孔颖达、李玄道、李守素、虞世南、蔡允恭、颜相时、许敬宗、薛元敬、盖文达、苏勖。

李世民对这18人尊敬有加，不但供给锦衣玉食，还将他们分成3批，在阁中日夜陪伴自己。遇有重大问题，李世民总是与他们商议后再做决定。文学馆学士大多来自世族，自幼接受良好教育，知识渊博，善于处理政务。李世民孜孜不倦地向他们请教，思想逐渐由崇尚军事转变为注重政治。

文学馆实际上成了李世民的政治顾问和决策机构。这些学士由于身逢乱世，报国无门，如今在李世民麾下找到了用武之地，自然是忠心耿耿，知无不言，言无不尽，成为李世民的私党。李世民由于身兼大唐尚书令之职，需要处理许多军国大事，理政经验开始丰富起来。

自晋阳起兵到攻克长安，李建成和李世民分别以左、右领军大都督之职，共同参与了大唐王朝建立的战争，而且当时他们互相扶持，共同进退，都立下了赫赫战功。在前期的战争中，他们并肩作战，战功相差无几。

李建成和李世民二人的差距产生于统一战争的过程中。唐朝初建，李渊难以应付繁杂的政事，非常需要一个帮手。但是处理国家大事，关系重大，稍有不慎就会给百姓带来很多痛苦；况且唐朝根基未稳，李渊不敢完全相信外人，于是把辅佐治理天下的重担压到了太子李建成肩

---

① 姚思廉：京兆万年（今陕西西安长安区）人，唐朝初期史学家。历任太子洗马、著作郎，为唐初"十八学士"之一。后官至散骑常侍，受命与魏徵同修《梁史》《陈史》。

上。李建成从此只能留在长安帮忙处理政务。

与此同时，为了统一各方势力，李渊派李世民统率大军继续南征北战。在统一战争中，李世民以赫赫战功而威震天下。随后，李世民的部将李勣、李神通等人又南下攻灭徐圆朗，并和顺江而下的李孝恭、李靖等人共同平定了辅公祏的叛乱。此时李世民的威望渐渐高过了在长安辅政的太子李建成，这使太子李建成感到惶惶不安，他知道李世民绝对不会甘心久居自己之下，所以，以李建成为首的东宫集团开始积极谋划以提高自身的威望，同时压制李世民的势力。而刘黑闼的二次起兵为李建成提供了机会。

武德五年（622年），曾被李世民打败的刘黑闼借助突厥的力量再次起兵，攻打唐朝统治下的河北等地，声势很大。刘黑闼曾是李世民的手下败将，这次由李世民再次率军出征再合适不过。但太子中允①王珪、洗马②魏徵考虑到李建成之所以被立为太子，仅仅是因为他是嫡长子，他的功绩与声望远远不及李世民，只有通过建立军功，深自封植，李建成才能维持太子的地位。因此，他们建议道："殿下被立为太子是因为您是嫡长子，不过与战功赫赫的秦王相比，您没有骄人的战绩，因此很难让人信服。现在刘黑闼部已是人心散乱，资粮匮乏，势力微弱，如果殿下这次率军出征，定能取得令世人信服的大胜，而且还可以结交各路山东豪杰，或许这些人今后会对殿下有很大的帮助。"李建成觉得他们言之有理，便向李渊请求出征。李渊也想增强东宫的实力，当即任命李建成为陕东道大行台及山东道行军元帅，并节度河南、河北诸州，同时命令齐王李元吉辅助太子出兵作战。

武德六年（623年）正月，李建成俘虏刘黑闼，收复河北地区。在

---

① 中允：古代官名，东汉初置，为太子属官，位居中庶子下，洗马之上，掌侍从礼仪、驳正启奏等事。

② 洗马：古代官名，秦始置，太子的侍从官，太子出行时为前导。汉时又称"先马""前马"。

这次东征中，李建成不但成功平叛，而且采纳魏徵之计，广为结纳山东英豪，瓦解了其军事同盟，很快就平定了山东。这标志着李建成开始注重与地方势力结交，全面开始了对秦王府势力的弹压。

三、明争暗斗

作为一名从战争中走过来的太子，李建成很了解人才的重要性，他把当时的著名谋士魏徵、王珪等人招到东宫，视为心腹，经常征求他们的意见。魏徵、王珪很感激李建成的知遇之恩，都对他忠心无比，积极为他出谋划策。

李建成也很重视这些人才的意见，王珪、魏徵等提议李建成亲自征讨刘黑闼，并在山东一带广交豪杰，培植地方势力，然后和幽州的燕王李艺、庆州都督杨文干结成统一战线，这些提议都一一得到了采纳。

同时，李建成还利用自己的太子身份，积极结交李渊的宠妃。他经常向张婕妤、尹德妃等人送礼，指使她们在李渊面前说李世民的坏话。久而久之，李渊对李世民的猜疑越来越重，反而对李建成更加信任。

为了谋求支持者，李建成极力和朝中大臣搞好私人关系。宰相裴寂是李渊的老朋友，而且是晋阳起兵时的重要谋士，深受李渊信任。李建成设法与裴寂建立了密切的关系。得到裴寂的支持后，他又利用太子身份取得了执政大臣封德彝的支持。

在与李世民对抗的过程中，李建成还得到了另一支不容忽视的力量的支持，那就是齐王李元吉。李元吉在实力上虽然不如两位兄长，但自平定王世充起，他也参加了数次大战，在战争中得到了很好的历练。回到长安后，他们兄弟3人各自拥兵自重，在朝中形成三大势力。在这种情况下，李元吉的态度非常重要，他倒向哪一方，另一方就会受到严重的威胁，所以，李建成和李世民都想争取李元吉的支持。

武德五年（622年），李建成在平定刘黑闼叛军的同时，在另一条战线上也取得重大胜利，齐王李元吉正式加入李建成的阵营。那么，一直犹豫不定的李元吉为何做出和东宫联合的选择呢？其中原因不难分析。

首先，李元吉自己势力不强，他选择联合的条件肯定是能从谁手中获取更多的政治资本，李建成本身就是太子，登上皇位的可能性显然比李世民大。

其次，李渊原本就偏袒东宫，如果李元吉和东宫联合，李世民将处于绝对劣势，几乎没有获胜的可能。只要李建成顺利继位，他的目的即可达到。

再次，李元吉长期的军旅生涯让他迷信武力，认为掌握兵权才是夺嫡的制胜砝码，当时他和李建成都掌握了很多军队，所以获胜的概率更大。

最后，李元吉选择李建成还有一个不足为外人道的原因，他一向行为浪荡，不守法纪；而李世民执法严明，如果李世民登基，他恐怕没有好日子过。

出于以上几个方面的考虑，李元吉与李建成最终结成了联盟，李建成在这场斗争中暂时占据上风。

为了避免被李建成、李元吉的"谗言"陷害，李世民得知李建成在后宫寻求李渊宠妃的支持后，也开始让妻子长孙氏去李渊宫中，把自己多年来在外征战所搜获的珍宝献给各位妃子，表达倾心结交之意。同时，长孙氏又亲自出面在李渊面前表现夫妻二人对父亲的孝顺，尽量弥补李建成等人给李世民造成的亲情间隙。

李世民知道李建成已经得到了裴寂和封德彝的支持，于是也开始和其他重臣结交。他这一时期的活动非常有效，萧瑀、陈叔达等大臣在他最困难的情况下，给予了宝贵而又难得的援助。李世民即位后，没有忘记萧瑀等人的拥护之功，特意赠诗给他："疾风知劲草，板荡识诚臣。"

李世民曾经担任陕东道行台尚书令，在河南洛阳一带威信极高。针对李建成在山东结交豪杰的活动，他决定在洛阳建立自己的势力范围。为此，他委派大将张亮统率左右王保等亲兵1000多人前往洛阳。

在李世民的授意下，张亮秘密结交了许多地方势力，这些人后来成为李世民在基层的坚定支持者。同时，李世民又命大将温大雅坐镇洛阳，招募士卒，发展自己的私人武装势力，以备不时之需，为以后夺权创造条件。

此外，李世民还特别注重对李建成身边之人的策反收买。太子率更丞①王晊、玄武门守卫将领常何等人都是李建成的亲信，但在李世民的努力下，这些人先后投靠秦王府。玄武门事变时，如果不是他们两人一个及时通风报信，一个领兵拦截阻杀太子李建成和齐王李元吉，历史也许就要改写了。

武德六年（623年）下半年，此时大唐已经熬过最为艰难的阶段，天下逐渐太平，这样一来，李世民再也不能像从前那样立下显赫军功了，李渊派他驻守并州。年底，李世民从并州回来后，一直遭受来自李建成和李元吉阵营的排挤与冷落。武德六年以后，李世民通过方方面面的努力，总算是在朝中站稳了脚跟，同时，秦王阵营与东宫阵营的矛盾也开始呈现白热化态势。李建成等人再次感受到了李世民的咄咄逼人之势，这让他们深感不安，太子洗马②魏徵多次向李建成建议："与其这样争缠不休，不如直接派人杀掉秦王，秦王一死，他的手下自然四散奔逃，其势力便不足为患了。为了大唐的长久利益杀死秦王，是非常值得的事情。"齐王李元吉也曾规劝李建成除掉李世民，甚至要求亲自率人暗杀李世民。

李建成认为自己身为太子，继承皇位是早晚之事，没有必要刺杀李世民，况且如果刺杀失败，还会给李世民找到公开与自己对抗的借口，对自己不利，因此一直不同意魏徵、李元吉等人的建议。

武德七年（624年）春，面对皇子们激烈的明争暗斗，李渊命齐王李元吉在家中设宴，他带领太子与秦王一同赴宴，想借此机会调停3人

---

① 率更丞：率更正副手，从士品上，东宫（太子宫）的内属官，掌皇族次序、礼乐、刑罚事。

② 太子洗马：是辅佐太子，教太子政事、文理的官职，秦汉始置。——编者注

之间的矛盾。可是，李元吉却背着李渊暗中安排刺客，想杀了李世民，李建成发现后及时制止了他。李元吉恼怒地对李建成说："我只不过是为你谋划而已，对我能有什么好处呢！"

李世民察觉到齐王李元吉的狰狞面目后，不禁哀叹自己"不为兄弟所容"。而李渊的调停也失败了，因为他们3人的矛盾是因为诱惑力极大的皇位而起，这种矛盾是不可调和的，因此，李渊的做法反而使3人互相对垒的形势更加复杂化。

四、谋求主动

自古以来，权力斗争是最残酷的斗争，因为至高无上的权力带来的诱惑力无人能挡。在残酷的权力斗争面前，没有兄弟，没有父子，有的只是胜利者的流芳百世和失败者的身败名裂。

秦王李世民和太子李建成的斗争也不例外。他们两人阴招奇出、奇谋不断，抱着壮大自己就是削弱对方的思想，无论是后宫、外朝还是地方上的每一个角落，都有他们斗争的身影。当时李建成和李世民在几乎所有地方都有各自的支持者。面对激烈的储君之争，李渊一直采取平衡的办法，力求3个儿子能够各安其所。他坚持嫡长子继承制，始终维护李建成的太子之位，不准任何人包括李世民染指；同时他又为李世民提供很大的执政舞台，不允许李建成对李世民进行图谋。应该说，李渊的立场是客观、公正的，李建成虽是皇太子，但只要有不对之处，李渊绝不姑息。如果李渊一直偏袒李建成的话，李世民势力再大，只需李渊一声诏令就能彻底铲除，但他没有这么做，因为他除了是唐朝皇帝之外，还是一个父亲，而每个父亲都希望自己的儿子们能和睦相处。

从当时的政治影响来看，李世民根本无法与李建成相提并论，虽然他在战争中树立了很高的威望，但毕竟李建成是皇太子，大唐王朝的法定继承人，地位尊崇，平时在京城有辅政的权力，每次李渊外出，总是让李建成留守监国，大小政务由太子自行处理。因此，无论是朝廷大臣还是内宫的妃嫔，包括外地的各方大吏，依附东宫的人相对多些，所以李建成在皇位争夺中占绝对主动的地位。李建成曾经扬言，秦王如果留在京城，只是一个丝毫不能动弹的普通人而已。李世民认识到，无论过去有过何种辉煌，一旦在这场争斗中失败，只会落得个身败名裂的下场。

形势如此严峻，李世民及秦王府僚属都感到非常不安。李世民曾惶惶不安地对房玄龄说："危险已经悄悄临近了，我们应该怎么办才好呢？"针对当时的形势，房玄龄建议道："现在东宫在京师的势力比我们强，而且他们已经主动对我们发起进攻，我们稍有不慎，就会受制于敌。如今要想解除我们的危险，只有率先发动政变，除掉太子。"

房玄龄的提议倒很符合李世民的心意，但真正实施起来却困难重重。李靖、李勣原来都是李世民的手下将领，对他非常忠心。李世民曾和时任灵州大都督的李靖一起谋划这件事，结果李靖坚决不同意。于是，李世民又想拉拢行军总管李勣，想让李勣出谋划策，但是李勣坚决不干。李世民很清楚，他们拒绝并不是为了向李建成示好，而是在两派斗争尤其是这种继承人的争夺中，稍有不慎就会祸及九族，更何况秦王府当时正处于劣势。胜负难以预料，置身事外也许是最好的结局，因此他们不愿冒这种风险，这也是人之常情。

李世民当不当皇帝，李靖、李勣都能保持目前的地位。房玄龄、长孙无忌和杜如晦则不同，他们都是李世民最亲近的人，一旦李建成当上皇帝，他们3人就会遭到疯狂的报复，别说做官，能不能保住性命都是未知数，所以他们只有对李世民以死效忠，处处为李世民着想，努力把李世民推上皇位，这样才能保证自身的安全。房玄龄、长孙无忌和杜如晦认为，现在只有果断地先发制人，才能转危为安。李世民虽有杀李建成的意思，却不知从何下手，于是他们3人开始密谋策划。不幸的是，他们密谋之事被人泄漏出去，虽然没有给李世民带来危害，但房玄龄、杜如晦却被逐出秦王府。之后，长孙无忌、高士廉以及秦府将领侯君集①、尉迟敬德等人更是感到了事情的紧迫性，因此日夜策划，并力劝李世民早做决定，掌握主动权。

太子的地位、朝廷官员的偏向以及李元吉的加盟，使得李建成的实力日渐强大，李世民的处境则越来越危险。为了扭转局势，李世民急需寻找一个反击东宫的机会。功夫不负有心人，他终于等到了一个机会。

武德七年（624年）六月，正值暑天，长安天气炎热，李渊向来有出宫避暑的习惯。这一年也不例外，他命李建成留守长安监国，自己带着李世民与李元吉前往宜君县仁智宫避暑。李渊的目的是将他们3人分开，以免他们闹事。然而，李渊没有想到，此时一桩密谋正在积极酝酿之中。

六月中旬，正在仁智宫避暑的李渊突然接到东宫郎将尔朱焕和校尉桥公山密奏："庆州都督杨文干准备谋反，现已查清他谋反所用的盔甲全部是东宫暗地运送的。"李渊一听到谋反且和东宫有关，精神立刻高度紧张起来，他马上加强仁智宫的防卫，然后以自己哮喘病复发为由，急命太子上山送药。

东宫怎么会糊涂到为谋反之士杨文干运送盔甲呢？原来，李建成曾私自招募长安及各地骁勇2000余人为卫士，以对付秦王府的势力，他让这些卫士分别屯守东宫的左右长林门，号称"长林兵"。杨文干曾是守卫东宫的卫士将领，与李建成关系很好。这次李建成留守长安，曾私下安排离长安不远的庆州都督杨文干招募士兵，一旦长安城中有变，可以尽快支援。同时，李建成又派人给杨文干运送盔甲，供招募使用。

李建成此举很难说是攻是守，也许是对李世民攻势的一种回应。但李建成并不知道，他的所作所为早已在秦王府的监视之下。很快，李建成接到了上山送药的诏令，心中有鬼的他一直忐忑不安，最后在谋士赵

---

① 侯君集：唐豳州三水（今陕西旬邑土桥镇侯家村）人，凌烟阁二十四功臣之一，著名将领。官至兵部尚书，封陈国公。

弘智的建议下，他决定上山向李渊澄清自己。然而，令李建成没想到的是，他刚到仁智宫就被盛怒之下的李渊扣押。随后，李渊传杨文干到仁智宫觐见。杨文干知道密谋之事已经传到李渊耳中，太子也被扣押后，惊慌不已，马上下令起兵造反，这样一来，李建成真是百口莫辩了。

面对杨文干造反一事，李渊龙颜大怒，急召李世民，亲口许诺道："杨文干谋反一事与东宫关系密切，如果处理不当，恐怕响应他的人日益增多。现命你亲自领兵前去平叛，平叛结束之后我会宣布立你为太子。"李渊还说，虽然他不会像隋文帝那样诛杀被废掉的太子，但念在父子之情决定在李建成被废之后封他为蜀王。蜀地狭小偏僻，李建成很难再兴风作浪。李世民得到父亲的许诺后，立即亲率大军平叛。杨文干虽然是太子李建成的亲信，但实力不强且不得人心，所以李世民的大军还未到达前线，杨文干就被部下杀死了，叛乱就此平定。

然而，李世民带兵出征后，李渊的妃嫔和李元吉纷纷为李建成说情，加上大臣封德彝的劝说，使得李渊又改变了主意，决定仍以李建成为太子，遣还京师居守。同时，他把罪责归结到东宫官属王珪、韦挺①以及天策府官属杜淹身上，"此3人不守节操，无端挑起事端，祸及社稷，所以把此3人流放巂州（治所在今湖北崇阳县），以示惩戒"，就此为杨文干事件画上句号。

一波未平，一波又起。李世民刚刚击溃杨文干的部队，又传来了突厥入侵并州的消息。自李渊建立唐朝以来，虽然屡次遭到突厥的攻击，但此次规模之大，兵锋之盛实属罕见。大为震惊的李渊急令边关守将做好迎战突厥的部署，并下令长安城进入战争状态，命裴寂动员百姓共保长安。

东突厥铁骑一向强悍，唐朝一直是采取妥协的办法，从来没有对突厥进行过大规模反击，因此，听说突厥进犯的消息后，大臣们全无战

---

① 韦挺：雍州万年（今陕西西安）人，贞观年间历任尚书左丞、吏部侍郎、黄门侍郎，拜御史大夫，封扶阳县男。

意，有些人甚至提出："不如舍弃长安，迁都江南。"这些人认为自古草原骑兵很少有直下江南的，比如当初苻坚有百万军队，都无法渡过天堑，并且说迁都只是权宜之计，等以后实力强大了，还可以再出兵夺回失去的土地。右仆射裴寂也极力赞成此策，李渊本想派兵迎战突厥，但也没有胜利的把握，只得让裴寂开始着手准备迁都之事。

李世民得知迁都之事后，马上面见李渊，说："从古至今，中原就有戎狄之患。中原打败戎狄的先例也曾经有过，汉朝就有霍去病立志灭匈奴的例子呀！自父皇晋阳起兵以来，所向无敌，这次突厥进犯，我们肯定也能战败突厥，怎么能轻言迁都呢？如果大唐迁都，不但会动摇国家根本，而且还会被天下人耻笑！汉朝的霍去病只不过是一名将军，尚且立志灭掉匈奴，我作为父皇的儿子，对保全国家领土更是有着不可推卸的责任，假如父皇可以给我几年时间，我定能生擒颉利可汗。"李世民的慷慨陈词让李渊信心大增，他感慨道："国家每遇关键时刻，你总能为国为朕分忧，有你真是国家的幸事呀！"于是，李渊下诏派李世民、李元吉共同督军出豳州，抵抗突厥，并严禁商议迁都之事。

李世民率大军刚刚抵达豳州前线，就遇到了连日阴雨，双方只能按兵不动。李世民待在军营里，内心忐忑，尽管唐军驻扎在低地，隐蔽得很好，颉利可汗不知唐军虚实，短期内不会对唐军形成多大的威胁；但连日阴雨，唐军驻地因地势低洼，雨水汇集，潮湿难耐，将士们苦不堪言，长此以往，士气定会受到影响。

为了速战速决，李世民效仿汉朝飞骑将军李广百骑退匈奴的故事，让尉迟敬德率100余骑到颉利帐前叫阵，他自己则率亲信紧随其后。颉利可汗和二可汗突利听到尉迟敬德的叫骂后，率军走出大营。后面的李世民一看到颉利就大声叫道："阿史那咄苾（颉利可汗的名字），我用这100多人与你的整个大军对抗，你可有胆量与我对战？"颉利以为这是李世民的激将之法，满腹狐疑之下，要求李世民带来全部大军之后再行决战。李世民不理颉利，转而看着二可汗突利，说道："突利可汗，我对你有话说，请到这边单独交谈。"说着用马鞭指向旁边的空旷之处，示意突利到那里谈话。二人在空旷处站定之后,李世民故意凑到突利可汗的耳边,小声说了一些"颉利志大才疏,贪财狡诈,何必为他卖命"等离间的话语。突利可汗对李世民的话感到疑惑,一直小声追问所言何意。远处的颉利见李世民与突利可汗聊了这么长时间,心中产生了疑惑,忙命突利可汗返回营帐。

兵法有云:"上兵伐谋,攻心为上。"李世民的这些举动,使颉利可汗和突利可汗之间产生了心理隔阂,两人相互猜忌,导致突厥军队内部不和,无法再前行入侵。颉利可汗只好率军返回漠北,此次突厥入侵之患暂时解除。

这一次李世民巧施妙计解除东突厥之患,使他再次显现出自己的强大威力。在众人的注目之下,他又重拾以往的自信,不过,处事冷静的他非常清楚,自己的战功再显赫,对他与东宫的争斗也不会有太大的帮助,前面仍有非常艰难的路要走。

五、政变夺权

武德九年(626年),贼心不死的突厥派遣数万军队再次骚扰河套地区。这次李渊没有按照惯例派李世民率军抵御,而是根据太子李建成的建议,由齐王李元吉和李艺统军北上,抗击突厥。李建成之所以以历练齐王为借口让李元吉出征,就是为了抑制李世民在军中的势力。

突厥的凶猛强悍是出了名的,李元吉出发之前,李渊觉得他缺乏经验而且势单力孤,于是再次采纳太子李建成的建议,临时抽调了秦王府中的大将尉迟敬德、程知节、段志玄、秦叔宝等人辅佐李元吉,认为有这些久经沙场的大将辅佐,李元吉定能凯旋。然而,李渊不知道,这是李建成和李元吉事先商量好的计谋,想通过这种方式把秦王府的精兵良将控制在自己手中,为下一步谋杀李世民做准备。

没想到此计被太子率更丞王晊得知,王晊迅速向李世民报送了消息。得到王晊密报后,李世民马上召集高士廉、长孙无忌、侯君集、尉迟敬德等人商议对策。这些属僚都坚决主张抢先动手，但李世民仍犹豫不决："兄弟间兵刃相见，从古至今都最让人唾弃，我虽然知道大祸即将来临，但仍然准备等东宫动手后再行动，你们看这样行吗？"

尉迟敬德见已到了生死存亡的关键时刻，李世民仍然如此犹豫，不由得站起来大声说道："自古以来，谁不怕死，如今我等以死侍奉殿下，这是上天安排的呀！大祸即将临头，殿下仍然犹豫不决，这样只会祸及殿下性命，一旦殿下有失，江山社稷怎么办？如果殿下不听我等之言，敬德哪怕落草为寇也不愿待在殿下身边束手待毙！"

一向对李世民尊敬有加的长孙无忌也严肃地说："如果不听敬德的劝告，秦王府必然会灭亡，我决定和敬德一起离开。"

尉迟敬德见李世民仍在犹豫，接着说道："事情到了这么紧要的关头，殿下仍犹豫不决，这是非常不明智的，更不是成大事者该有的举动。现在殿下平日蓄养的800多名勇士都在外边等待消息，如果马上做出决定，大事肯定能成！"

在众人的反复劝说下，李世民终于下定决心抢占有利时机，先发制人。他首先下令召回早就被调离秦王府的房玄龄、杜如晦二位心腹谋士，共谋大事。但房玄龄接到李世民的命令后却说："皇上早就下令，我不能再服侍秦王，今日如果我私下与秦王相见，肯定会受到惩罚，所以我不敢去见秦王。"李世民听了勃然大怒，随手解下腰间佩刀，交给尉迟敬德后说："如果玄龄、如晦二人敢背叛我，你就用我的佩刀杀掉他们二人。"

尉迟敬德非常了解房玄龄和杜如晦的为人，知道他们这样做是为了坚定李世民动手的决心而故意用言语激怒他。所以，尉迟敬德见到他们二人后，马上对他们说："秦王决心已定，让我来邀请你们共谋大事，事不宜迟，赶快进秦王府商议此事。"房玄龄和杜如晦早就盼着这一天的到来，现在听说秦王已经下定决心，为防有变，他们立即穿上早已准备好的道士服装，悄悄赶往秦王府。经过仔细商议，他们决定在玄武门伏杀李建成和李元吉。

玄武门在长安城中的地位十分重要，它是长安宫城的北门，处于宫廷卫军的中枢位置，兵力雄厚、工事坚固。李世民等人考虑到一旦控制了玄武门，便可以控制整个皇宫，甚至可以控制整个长安。当时负责守卫玄武门的将领是常何。李建成率军平定刘黑闼第二次起兵时，常何曾跟随李建成出征，可以说是李建成的旧将。武德七年（624年），李建成向李渊建议任命常何为玄武门守将。在长安处于劣势的李世民知道皇宫里的大多数人都已被李建成收买，无法指望。为了行事方便，他很早就设计收买了常何，在李建成内部安下了一颗隐秘的棋子。同时，李世民利用常何的关系，还收买了敬君弘、吕世衡等玄武门的其他将领。深谋远虑的李世民也没有想到，他所做的这一切，在关键时刻决定了大事的成败。

一切准备就绪之后，李世民向李渊密奏："李建成和李元吉淫乱后宫，并多次设计谋害我。"为了表明自己是因平叛有功而遭到李建成和李元吉猜忌，把兄弟之间相互残杀的责任全部推到李建成和李元吉身上，他按照事先的计划在密奏中还说："我从来没有做过对不起兄弟的事情，现在他们想要杀我，好像是为王世充、窦建德等人报仇。如果我被他们杀掉，就是到了地府也无法瞑目呀！"李渊看到李世民的密奏后，感到非常奇怪，于是下令让李建成和李元吉第二天到宫中亲自解释。

武德九年（626年）六月，在李建成、李世民和李元吉兄弟3人入宫之前，李渊召见了裴寂、萧瑀、陈叔达等人，商议对李世民密奏事件的处理办法。大臣们和李渊一样，对他们兄弟之间的矛盾早已知晓，这次仍认为又是兄弟3人在闹矛盾，因此他们只是商讨协调解决的办法。如果他们知道李世民此时已在玄武门布置好人马，知道常何率领长孙无忌、侯君集、尉迟敬德、刘师立、张公谨、公孙武达、杜君绰、独孤彦云、郑仁泰、李孟尝等10人已经埋伏在玄武门，静静等候李建成和李元吉，他们肯定不会如此气定神闲了。

张婕妤是李渊最为宠爱的妃子之一，她早已被李建成收买，一直是李建成的忠实支持者。当时玄武门内部有张婕妤布置的眼线，他们发现李世民在玄武门的种种行动后，马上告诉了她。张婕妤大吃一惊，赶紧让人通知李建成。正准备和李元吉一起进宫的李建成得到张婕妤的密报后，与李元吉商量应对之策。李元吉认为应该暗中集结忠于自己的兵力，然后以生病为由不去皇宫面见父皇，观察形势如何变化，然后再做决定。但李建成却很自信，说："兵备已严，当与弟入参，自问消息。"显然，李建成自信过了头，完全不知道自己的属下已经叛变，他在没有采取任何应急措施的情况下，带着李元吉入朝了。当他们走到临湖殿时，感觉情况特别反常，二人互相看了一眼，毫不犹豫地掉转马头，向东宫奔去。情况突然有变，李世民和诸将没有犹豫，赶紧追了上去。一向胆大无畏的李元吉气愤不过，在疾驰中回过头来向李世民出其不意地射了一箭，想凭借自己高明的箭法把李世民射下马来，没想到惊慌之下，他没能把弓拉满，结果没有射中。此时李世民已经追到近前，一箭射死了李建成。随后赶来的尉迟敬德带领70余名骑兵乱箭射伤了李元吉，受伤后的李元吉拼命逃往武德殿，结果途中被尉迟敬德用箭射死。

很快，东宫和齐王府得到了玄武门出现变故的消息，李建成的僚属冯立、薛万彻、谢叔方立刻率领2000精兵，浩浩荡荡向玄武门杀来，与秦王府的将士激战。早已被李世民收买的玄武门屯营将领敬君弘与吕世衡，奋不顾身与东宫将士死战，结果被东宫的军队包围，由于对方人数太多，直至战死他们也未能冲出去。张公谨见状，关闭大门不再出战，东宫的人虽多，但一时半会也无法攻入。

在双方激烈战斗的同时，李世民的妻子长孙氏亲自出面鼓舞士气，她亲自给将士们披上铠甲，给受伤的士兵包扎伤口，询问伤员的情况。将士们大为感动，感觉为秦王尽忠，死亦无憾。作为长孙氏的舅舅，高士廉见秦王府的兵力不占优势，急中生智，竟带领忠于秦王的吏卒释放全部囚犯，并且发给他们兵器和铠甲，让他们和李世民一起防守。这一招还真管用，在秦王府将士和众多囚犯的全力抗击下，玄武门始终掌握在李世民手中。

由于玄武门久攻不下，东宫将士开始泄气了。这时，有人忽然高声说道："既然这里攻不进去，我们不如去攻打秦王府，只要能杀掉他的妻子和孩子，也是大功。"于是，东宫的将士们准备向秦王府进发。秦王府的将士听到东宫欲攻秦王府，大惊失色，因为秦王府中兵士虽精，但人数实在少得可怜，一旦东宫将士进攻秦王府，仅有房玄龄、杜如晦守卫的秦王府肯定会失守，这将关系到全局的成败。关键时刻，还是老将尉迟敬德有办法，他二话不说，提起建成和元吉的首级挂在城墙上。东宫和齐王府的将士看到自己的主子已经人头落地，顿时毫无斗志，如泄了气的皮球，各自逃命去了。

战斗基本结束了，李世民一边安排手下清扫战场，一边派尉迟敬德向李渊汇报情况。当尉迟敬德手持长矛、身穿铠甲出现在李渊面前时，李渊知道事情已经无法挽回了，惊慌不已地问裴寂等人该如何处理。向来支持秦王李世民的萧瑀、陈叔达见太子大势已去，对李渊说："太子和齐王元吉本身就没什么建树，平时他们由于嫉妒秦王为天下作出的杰出贡献，多次在一起商量谋害秦王，有些事陛下也非常清楚。现在秦王这样做肯定是被逼无奈之举。秦王对大唐居功至伟，深得人心，陛下如果下令立他为太子，命他处理今日之事，这次事件很快就会平息。"

李渊见事已至此，只好同意他们的建议，并写下手敕，命令京城所有军队暂由李世民统一管理，要求他尽快了结此事。随后，李渊派黄门侍郎裴矩向东宫诸位将士宣读诏令，这样一来，玄武门之变总算尘埃落定。

第五章 稳定局势，建章立制

一、高祖让位

尽管李渊一直坚持"立嫡以长"，不想更立太子，然而事情的发展大大出乎他的意料，玄武门流血事件让他不得不改变初衷，立李世民为皇太子。他颁布诏令说："皇太子世民凤禀生知，识量明允，文德武功，平一宇内，九官惟序，四门以穆。朕付托得人，义同释负，遐迩宁泰，嘉慰良深。自今后军机兵仗仓粮，凡厥庶政，事无大小，悉委皇太子断决，然后闻奏。"

在诏文中，李渊用"文德武功"充分肯定了李世民的贤德，让人感觉立李世民为太子体现了立贤的原则，但"义同释负"就不像是李渊的真心话了。但是，不管李渊是否情愿，诏书中的"自今后军机兵仗仓粮，凡厥庶政，事无大小，悉委皇太子断决，然后闻奏"，表明李世民开始正式掌握政权。

一段时间后，李渊向大臣们表达了自己想早些退位的意愿。武德九年（626年）八月初，李渊诏令天下，正式传位于太子李世民。八月初九，李世民于东宫显德殿即位。次年正月，改元"贞观"，从此开始了中国历史上著名的"贞观之治"。

其实，从历史发展的角度来讲，由李世民继承大唐帝位是唐初政治发展的必然要求。众所周知，唐王朝初建时，百废待兴，百姓困窘，当时李渊还能够保持贤明，努力拨乱反正，在隋朝典章制度的基础上制定对国家有利的政策，比如在经济上重新颁布均田制与租庸调制，使农业尽可能得到发展；依靠李世民的军事才能，陆续平定各地割据势力，使国家走向统一。在武德前期，李渊还能够吸取隋朝灭亡的教训，虚心纳谏。然而，好景不长，他晚年整日沉溺于温柔乡中，对宠妃偏听偏信，而把政事推给裴寂。据说他曾经让贵妃们带着珍宝去裴寂府上，"宴乐极欢，经宿而去"。他还曾对裴寂说："公为台司，我为太上，逍遥一代，岂不快哉！"这句话充分暴露了他想要做个逍遥快乐的太上皇的念头。在这种想法的驱使下，他又怎么能治理好大唐江山呢？

没有安排好皇位继承，是秦始皇犯下的最大错误。同样，李渊犯下的最为严重的错误也是没有妥善地解决皇位的争夺问题。李世民立有"削平海内"之巨功，"武功"明显超过李建成，这样的人怎肯屈居于太子建成之下？李渊虽然明白这个道理，但始终固执地坚持嫡长制，说什么"建成年长，为嗣日久，吾不忍夺也"。国家大事，居然用一句"不忍"而了结。他想方设法让太子、秦王和齐王各安其位，结果，3个儿子之间的矛盾反而越来越深，斗争越来越激烈，直到发生了流血事件，他才心生恐慌，"不图今日乃见此事"。俗话说："当断不断，反受其乱。"正是李渊的犹豫不决和昏聩失察，才导致了兄弟相残惨剧的发生。所幸李渊没有一意孤行，在玄武门事变后及时把皇位让给了李世民。当上太上皇之后，他也没有过多地干预朝政，从而避免了新的矛盾的发生。年轻的李世民从此励精图治，带领大唐走上了一条奋发、清明的道路，他伟大而传奇的一生由此开始大放异彩，在世上久远流传。

二、坦怀释想

太子李建成和齐王李元吉在玄武门事变中双双身亡，东宫势力损失很大，但是残余势力仍然存在，各地还有一些不安定的因素。

为了稳定政局，对于东宫和齐王府中的敌对势力，李世民起初坚定地实行高压政策。玄武门事变当天，他就下令杀掉李建成的4个儿子以及李元吉的5个儿子。他的命令代表了他对东宫势力的态度，有些人为了迎合李世民的心理，建议将李建成、李元吉的百余名幕僚全部斩杀。已被仇恨冲昏头脑的李世民竟以默许表示了赞同，完全没有反对。

大将尉迟敬德对李世民这种惨无人道的株连政策持坚决反对，他特意找到李世民，建议道："现在李建成、李元吉二位有罪之人都已经被杀，政局刚刚经历大乱，若株连过多过广，可能会造成人心不稳呀，这不是求得安定的良策！"

在尉迟敬德的提醒下，李世民猛然醒悟过来，不无感慨地说："我诛杀建成、元吉的余党，目的是安定局面，然而除恶之余却忘了如果波及面太广，反而无法让局面安定的道理，实在令人汗颜。要不是尉迟将军及时提醒，我就犯下大错了！"

在多年的军事、政治生涯中，李世民深知人才是决定成败的根本所在，只有不强调出身、地位，坚持任人唯贤的方针，才能让那些真正有才干的贤人归附自己。

李世民意识到自己的错误后，马上按照尉迟敬德的建议，对原东宫、齐王府的余党采取宽大政策，同时坚决制止手下滥杀无辜的行为。与此同时，他下诏大赦天下，宣布有罪之人仅限于建成、元吉二人，和其追随者毫无牵连，一概不再进行处理。下诏当天，在宽大政策的感召下，曾率领东宫、齐王府卫兵进攻玄武门的李建成心腹将领冯立和谢叔方就向李世民请罪来了。看来对人宽容的确能起到出人意料的效果。

冯立是东宫翊卫车骑将军，也是李建成的得力部下。玄武门事变的消息传到东宫后，正是他率领军队攻打了玄武门。他在玄武门下杀死了屯营将领敬君弘，而且他的反攻秦王府之计，差点儿导致玄武门事变失败。

尽管冯立在玄武门事变中给李世民带来了很大麻烦，但不可否认，他是一位忠诚的将领，李世民想将他收为己用。冯立到来后，李世民厉声问道："汝在东宫，潜为间构，阻我骨肉，汝罪一也。昨日复出兵来战，杀伤我将士，汝罪二也。"冯立闻言一再请罪，表示悔改，并说：

"如果殿下能重新给我报效的机会,我肯定竭尽全力报答殿下的不杀之恩!"

这时,刚才还严词厉色的李世民亲自上前扶起跪在地上的冯立,和颜悦色地对他说:"作为东宫翊卫车骑将军,你的所作所为完全是正确的,我不但不会怪罪于你,反而还应该奖励你誓死卫主的忠义之心呀!如果你能像过去忠于建成一样忠诚待我,我即升任你为左屯卫中郎将。"本以为必定受到重罚的冯立感动得痛哭流涕,不住地向李世民叩头,反复说:"殿下如此宽宏大量,今后即使为殿下赴汤蹈火,我也毫不犹豫。"

李世民用宽大的胸怀为自己招揽了一个忠义之士,同时也向东宫其他人表明了自己的态度,可谓一举两得。很快,原太子府大将薛万彻也诚心诚意地归顺了李世民。

玄武门之变时,薛万彻和冯立等人率兵攻打玄武门和秦王府失败,他们认为李世民肯定不会饶恕自己。为了逃命,薛万彻带领几十人逃到了终南山。

冯立已经归顺,如果能再招降薛万彻,李世民不仅能再得一位忠诚骁勇之将,而且对安抚招降原东宫和齐王府旧部有很好的示范作用。为此,李世民派人向薛万彻转达自己的意思:"当初将军的主人是建成,将军所作所为是忠诚的表现,我绝不怪罪你!"并极力邀请薛万彻到长安。

薛万彻对李世民的邀请半信半疑,但他也明白自己久在终南山中也不是办法,于是决定去长安看看情况再做打算。为防止李世民背信弃义,加害自己,薛万彻撤离终南山时,还特意给自己留了一条后路。到达长安之后,李世民不但赦免了他,而且给他重新安排了职位。薛万彻对此大为感慨:"真是言而有信的圣君啊!"

薛万彻对自己离开终南山之前,对李世民仍然持怀疑态度,因而给自己留有后路之事一直耿耿于怀,曾专门为此向李世民道歉,说自己当初是以小人之心度君子之腹。李世民听了,笑着说:"薛将军的举动可以理解，知人知面不知心，此事关系到你的身家性命，不管是谁都会有所防备。今天你能来告诉我这件事，说明对我很信服，我还得感谢你对我的信任呢！"从此，薛万彻成了李世民的忠实拥护者。

王珪博学多才，个性耿直，而且善于谋略，他追随李建成多年，是举朝公认的太子一派。李建成曾多次和他一起商议谋害李世民的大计。玄武门事变发生后，李世民知人善用，命王珪为谏议大夫，而王珪也没有辜负李世民的信任，努力为朝廷出谋划策。

或许是上天故意考验李世民对待敌人的宽容态度，就在他集中精力处理东宫和齐王余党之时，发生了庐江郡王李瑗举兵叛乱一事。

李瑗既是皇室近亲，又任幽州大都督，影响很大。李世民虽然及时平定了叛乱，但又出现了所谓的叛乱同党。为此，李世民继续实施他的怀柔政策，宣布叛乱同党如无大恶，一律既往不咎，各级官员不得私下故意为难他们，违者反坐。这一宽大的政策挽回了不少人心，使李世民成了众望所归的一代帝王。

在东宫旧部中，魏徵曾为李建成策划无数针对李世民的毒辣计谋，可以说是李世民和秦府上下最痛恨的人之一。在玄武门事变中，魏徵坚决拒绝与别人一起撤退，最后秦王府士兵在东宫中俘虏了他。李世民掌控局势后，把魏徵找来，责问他："你为什么要离间我们兄弟的关系？"在场的官员们都吓坏了，以为魏徵这次肯定性命不保，但魏徵面无惧色，坦然答道："皇太子若从臣言，必无今日之祸。"李世民听了，脸上立马阴转晴，诚恳地接纳了魏徵，封他为詹事主簿①，后改任谏议大夫。魏徵感动于李世民的宽容，自愿归顺李世民，后来为李世民献上了很多有益于社稷的妙计。

三、宣慰山东

此前李建成为了争取地方上的支持，增强自身实力，在河北、山东

---

① 詹事主簿：属詹事府，掌内外众务，纠弹非违，总判府事。——编者注

两地积极发展东宫势力，使这两个地区成为他的势力范围。李世民继位后，为了保持政权稳定，便派魏徵去安抚李建成的山东势力。

李世民之所以如此重视山东是因为山东对大唐的政治、经济有着重要影响。李唐皇室出身于关陇地主集团①，只有任用山东、河北一带的名士才能实现全国范围的繁荣与稳定；当时山东不但是人才荟萃之地，更是全国财政命脉之所在，全国六分之一的财政收入皆来源于此。李世民曾说过："河北是蚕绵之乡，而山东则是贤才汇集的地方，如果得到这两个地方的全力支持，国家就能稳定。"

为了尽快安抚河北、山东两地，李世民即位后，封魏徵为谏议大夫，"使安辑河北，许以便宜从事"。魏徵带着圣旨从长安出发，去各州县安抚。他一路舟车劳顿、风尘仆仆，走到磁州（今河北磁县）时，恰好遇到一队官兵正押解原东宫侍卫李志安和军官李思行进京。魏徵看到这种情况，认为李世民刚刚下达对东宫和齐王旧部"示以至公"的命令，并诏令一律赦免这些人，现在如果再兴师动众地把李志安和李思行二人押解进京，消息一旦传开，肯定又有人对命令心存疑虑。于是，他和副使商量说："古代出使，只要是对国家有利的事，使者就可以做主。如今皇上派咱们前去安抚，又给了咱们便宜行事的权力，不如把他们放了。等到了京城，如何处理再由皇上定夺，这样人们就不会怀疑皇上的宽容政策了。"副使很赞同魏徵的见解，于是下令把李志安等人释放。许多逃到山东的东宫和齐府旧人通过李志安事件看到了李世民的宽容大度，于是不再慌乱，就此平静下来。

好的政策还需要有坚定的执行者，才能真正取得效果。对于李世民宽待敌对势力的命令，一些地方官员并没有真正理解，为了邀功请赏，他们没有全力执行李世民的命令，反而大肆搜捕原东宫和齐王的余党。这些逃亡在外的余党，终日惴惴不安，人心惶惶。为了生存下去，他们

---

① 关陇地主集团：又称关陇集团，源自宇文泰府兵制的八柱国，由北魏六镇武将、代北武川的鲜卑贵族和关陇地区豪族组成。——编者注

不得不过起了打家劫舍、胡作非为的生活。谏议大夫王珪向李世民奏报了此事，李世民当即下令："如违宽容之策者，反坐。"

武德九年（626年）八月，李世民正式即位，是为唐太宗。即位之后，他当即诏令天下免关东赋税一年。如此皇恩浩荡，关东百姓"老幼相欢，或歌且舞"。后来李建成的死党、燕王李艺准备在泾州（今甘肃泾川）起兵谋反，谁知还未起事就被部下所杀，并把他的首级送到长安。这件事充分表明，在李世民开明政策的安抚之下，国内局势已经安定。

在宽恕原东宫、齐王府旧部的同时，唐太宗又在殿中侍御史张行成①的建议下，慢慢开始把山东人和关中人同等对待。而且，为了使朝廷得到更多贤士，他不仅仅重视士族高门，对于普通的庶族寒门也同等对待，这就进一步笼络了各阶层的山东士人。由于这些人出身低微，长期生活在社会底层，熟悉基层民情，重用他们对迅速稳定河北、山东地区非常有利。唐太宗出台这一举措后，很快在关中、山东树立起威信，稳定了政治局势。

四、礼葬兄弟

尽管成王败寇，但杀兄夺嫡，无论在什么时代都是有违道德人伦的，必然会遭到民众的谴责。为了消除这一负面影响，唐太宗即位不久，特地追封李建成为息王，谥号"隐"；封李元吉为海陵王，谥号"剌"。按照《谥法》，"隐拂不成曰隐""不思忘爱曰剌，暴戾无亲曰剌"。唐太宗这样做，意在申明玄武门之变的正义性，同时表明他的仁爱之心。

鉴于李建成已无后嗣，唐太宗诏令皇子赵王李福为李建成的后

---

① 张行成：唐代定州义丰（今河北安国）人，官至宰相。隋末时为员外郎，后为郑国度支尚书；唐时历任谷熟尉、陈仓尉、富平主簿、殿中侍御史、给事中、刑部侍郎、尚书左丞等职。唐高宗时官至宰相。

嗣，下令以礼安葬隐太子李建成。在安葬李建成时，唐太宗还亲自送棺，一直到千秋殿西门才停下来，然后以失声痛哭表达自己痛失手足的哀伤。

礼葬建成的前一天，魏徵恰好从山东返回京城，迁尚书右丞兼谏议大夫，王珪也升为黄门侍郎。他们联名向唐太宗上了一道奏章，《贞观政要》中记载如下：

> 臣等昔受命太上，委质东宫，出入龙楼，垂将一纪。前宫结衅宗社，得罪人神，臣等不能死亡，甘从夷戮，负其罪戾，寘（置）录周行，徒竭生涯，将何上报？陛下德光四海，道冠前王，陟冈有感，追怀棠棣，明社稷之大义，申骨肉之深恩，卜葬二王，远期有日。臣等永惟畴昔，忝曰旧臣，丧君有君，虽展事君之礼；宿草将列，未申送往之哀。瞻望九原，义深凡百，望于葬日，送至墓所。

这篇奏章先是表明李建成"结衅宗社，得罪人神"，表明他的被杀是活该；同时称赞唐太宗"明社稷之大义，申骨肉之深恩"，以礼改葬二王；然后又陈述了以礼送葬的道理。这篇奏章声情并茂，入情入理，从道义上弥补了李世民骨肉相残所留下的遗憾。

唐太宗看过这篇奏章后，很高兴地答应下来，命令原东宫、齐王府的僚属全部去为二王送葬。隆重的礼葬活动，加上唐太宗那一通饱含深情的痛哭，使秦王府与东宫、齐王府之间原来极为激烈的矛盾基本消除了。

后来，唐太宗又诏令"息隐王李建成可以追封恢复皇太子称号，海陵刺王李元吉追封为巢王，谥号一并依旧"。他之所以再次提起过去的事情，也是出于维护封建伦理道德的考虑。

在唐太宗宽容对待昔日政敌的开明政策之下，不到一年时间，东宫、齐王府臣属就逐渐消除了对唐太宗的敌对情绪。唐太宗借机对其中的贤才委以重任，让他们和原秦王府臣属一起辅佐自己治理百废待兴的大唐，为后来实现繁荣强盛的"贞观盛世"奠定了人才基础。

五、改组朝廷

唐太宗继位后,面临的另一个急需解决的问题是整顿最高决策集团,因为武德时期的决策机构已经不符合当时的形势,如果不进行调整、改组,必然不利于其统治,就会阻碍唐王朝的发展。

在调整改组的过程中,唐太宗首先罢免了武德时期的一些老臣,第一个高官便是裴寂。裴寂是蒲州桑泉(今山西临猗县)人,"世胄名家,历职清显"。隋朝时他家里很穷,只是晋阳宫的一个副监。由于他与李渊交情不错,参与了晋阳密谋,拥有佐命之勋,所以在武德时期崇贵有加。但到贞观时期就不行了,因为唐太宗与他早就有矛盾。晋阳起兵后,二人多次发生政见分歧,尤其是武德二年(619年),他们在刘文静的问题上又发生了严重的争执。在秦王与东宫斗争时期,裴寂又公然袒护李建成。李世民继位后,曾当面斥责他:"武德之时,政刑纰缪,官方弛紊,职公之由。"把武德时期的所有错误都归罪到裴寂身上,这当然有点不公平。但是有一点李世民没有说错,裴寂为人颇不自爱,贪于酒色,荒于政事,专事挑拨离间,制造了不少纠纷。

处理裴寂时,唐太宗很有谋略,给予了裴寂前所未有的待遇。贞观元年(627年),裴寂食封1500户,高于所有功臣。但这只是虚的,实际上裴寂被剥夺了手中的全部实权,再也无法参与政事。贞观三年(629年),发生了沙门法雅①事件。经过调查,裴寂居然与法雅有来往。唐太宗大怒,罢免了裴寂的官职,削去一半食邑,放归故乡。但裴寂上表乞求留在京城,一直不愿离去。唐太宗更加生气,"长安令王文楷坐不发遣令,令笞三十"。不久,有人传言裴寂"有天分"。裴寂得知后非常害怕,就唆使他人杀人灭口。唐太宗得到消息后,勃然大怒,公布了裴寂四大罪状:

---

① 沙门法雅:即僧人,法号法雅,喜欢依附权贵,妖言惑众。

一、位居三公,竟然与妖人法雅亲近。

二、事情败露之后,心怀不满怨恨朝廷,说国家拥有天下,是由他所谋划的。

三、妖人说他有天分,他隐瞒不上报。

四、暗中杀人灭口。

随后,唐太宗对大臣们说:"朕不是没有杀他的理由,但参议的人多建议流放发配,朕就听从众人的意见吧。"于是将裴寂贬到静州(今四川旺苍)。

不久,唐太宗又罢免了支持自己的陈叔达、萧瑀和宇文士及。这3个人一直支持李世民,为什么还会遭到罢免呢?原因只有一个,他们没有与时俱进,思想守旧,已然跟不上唐太宗大力发展唐王朝的思想。

陈叔达、萧瑀和宇文士及分别出身于陈朝皇族、梁朝皇族和北周皇族。武德九年(626年),出身于隋朝宗室的中书令杨恭仁被罢免,其职位由宇文士及顶替。同时,萧瑀被任命为尚书左仆射,封德彝被任命为尚书右仆射。同年十月,萧瑀和封德彝发生矛盾,心里很生气,不久又和陈叔达当着太宗的面发生激烈争吵,于是,萧瑀和陈叔达都被冠以对皇上不恭敬的罪名,被罢官免职。

贞观元年(627年),封德彝去世,太子少师①萧瑀被升为尚书左仆射。九月,中书令宇文士及被罢为殿中监。十二月,尚书左仆射萧瑀因事犯罪被免职。总的来说,萧瑀、陈叔达、宇文士及之所以被罢免,都是因为他们不能适应新形势的发展需要,无法再胜任宰相的职务。

唐太宗虽然罢免了这些旧臣的职务,但仍然对他们礼遇有加。比如他经常慰劳陈叔达,重温过去的情谊;宇文士及生了重病,唐太宗亲自去慰问,流着眼泪安慰他,死后让他陪葬昭陵;唐太宗称颂萧瑀"守道

---

① 太子少师:官职名,表示恩宠而无实职。——编者注

耿介"，后来将他的画像安置于凌烟阁，拜为太子太保。唐太宗对这些旧臣的安置，有利于封建统治集团内部的团结一致。

在罢免一些旧臣的同时，唐太宗还提拔了一部分人到重要岗位上，包括从东宫争取过来的优秀人才。

当初，李世民被李渊立为皇太子后，便挑选秦王府旧属组建了自己的人才班底。其中，宇文士及为太子詹事，杜如晦、长孙无忌为太子左庶子①，房玄龄、高士廉为太子右庶子，尉迟敬德和程知节为左、右卫率，虞世南为中舍人，褚亮为舍人，姚思廉为太子洗马。这些人名义上只是太子府属僚，但因为李渊已经宣布国家各种事务都由皇太子全权处理，这就意味着李渊的辅政班子已经被架空，太子府的官员已经开始掌握国家政权。

武德九年（626年）七月，即将登基的李世民开始着手改革中央机构和官制，调整朝廷三省六部、禁卫军将领和御史台长官。尉迟敬德、程知节、秦叔宝等一批秦王府武将被任命为禁军十二府将领。接着，他又以朝廷的名义任命房玄龄为中书令，高士廉为侍中，萧瑀、封德彝为尚书左右仆射，颜师古②、刘林甫为中书侍郎，杜如晦为兵部尚书，长孙无忌为吏部尚书，侯君集为左卫将军，薛万彻为右领军将军，段志玄为骁卫将军，张公谨为左武候将军，李客师为左领军将军，长孙安业为右监门将军。贞观二年（628年）正月，长孙无忌主动请辞。随后，杜如晦任侍中，摄吏部尚书；李靖任中书令。十二月，唐太宗又提拔原东宫旧属王珪为守侍中。贞观三年（629年）二月，唐太宗任命房玄龄为尚书左仆射，杜如晦为尚书右仆射，李靖为兵部尚书，魏徵守秘书监，参与朝政。

经过几年的调整，唐太宗终于完成了唐王朝最高决策层的改组工作。

---

① 太子左庶子：官职名，北魏始置，职如侍中。——编者注
② 颜师古：雍州万年（今陕西西安）人，祖籍琅琊临沂（今山东临沂）。唐初儒家学者，经学家、训诂学家、历史学家，名儒颜之推之孙、颜思鲁之子。唐时历任中书舍人、中书侍郎，累官秘书监、弘文馆学士。

六、改革官制

完成了朝廷官员的改组后,唐太宗又开始革除旧弊,改革官制。

自东汉末年以来,中国社会经历了几百年的动乱,其间三国、两晋、南北朝等无数政权更迭,但都没有实现真正的大治。隋文帝杨坚建立隋朝后,任用贤能,在政治、军事、经济、文化、法律等领域进行了一系列改革,从此国内开始由战乱走向太平。隋文帝统治的开皇时期被称为"开皇之治",倍受史家称赞。遗憾的是,隋文帝没有把这种改革作为一种治国方针长期坚持下去,否则隋朝也不会二世而亡。隋炀帝继位后,隋文帝的改革成果不断遭到破坏,隋朝的政治、经济乃至文化等均陷入混乱状态,隋朝的灭亡也是顺应了这种历史规律。

李世民登上皇帝宝座后,深刻总结了隋朝灭亡的经验教训,认识到隋朝灭亡的原因,一是因为君主昏庸,二是因为政治体制中存在着种种弊端。为了让李唐王朝能够长治久安,他开始探索顺应社会发展实际需要的改革方针。

首先,在沿用自魏晋以来形成的三省制度的同时,又对这一制度进行了适当的改革。他设立了对中国封建社会影响深远的新的宰相制度,重新对三省的职权及其相互制约关系做出了明确规定,从而使君权得到进一步加强,各部门之间互相监督、互相促进的制度更加完善。这种新的宰相制度经过日益完善,使国家权力机关的不少弊端得以有效革除。

重新确立的三省制度包括尚书省、中书省和门下省。其中,尚书省是行使国家权力的最高行政机关,最高长官为尚书左、右仆射,下辖吏、户、礼、兵、刑、工六部。在唐太宗组建的最初班底中,尚书省由素有"房谋杜断"之称的房玄龄、杜如晦二人分任尚书左、右仆射。这二人当时深受唐太宗信任,而他们对唐太宗也非常忠诚,这就有力地保证了唐太宗的旨意能顺利传达下去,有利于政令的推广和实施。

中书省主要负责领受皇帝旨意,制定国家大政方针,即所谓的"中书出诏令"。中书省的最高长官为中书令,下属中书舍人数名,主要负责草拟诏敕策命,进奉章表供皇帝审阅。由于皇帝不可能考虑到每一项政策的细节问题,中书省在制定国家大政方针时就起到非常重要的作用,尤其是新颁布的政策是否顺应人心。因此,中书令往往由德贤兼备者担任,温彦博[①]就曾担任中书令一职。

门下省属于监督机关,主管封驳审议中书省所拟定的诏敕。侍中是门下省的最高长官,下属由若干名给事中组成。门下省有权对中书省制定的诏敕提出不同意见,甚至有对皇帝诏书奏还的权力,所以称"门下掌封驳"。三省之中,中书省与门下省既相互配合又相互制约,因此被唐太宗称为"机要之司"。

经唐太宗改革后,尚书左右仆射、中书令和侍中均为宰相。为防止大臣专权,保证政策的公平合理,唐太宗还主张通过增加宰相人数来达到集思广益、分散权力的目的,由多人组成的宰相集团在议事时往往会各抒己见,这样便很难在讨论国家大事时达成一致,最终只能形成多种意见,上报皇帝裁决。这样既保证了国家大事的决定权牢牢控制在皇帝手中,又打消了朝政取裁私家的顾虑,保证了决策的全面性和正确性。如此一来,讨论、封驳、执行官员各司其职,有效地减少了决策的失误。唐太宗的中央官制改革,不仅保证了贞观时期很少有明显的错误政策出现,还巧妙地解决了君权与相权的争端问题。

为了让自己的各项政令得到执行,唐太宗在重新调整三省六部的职能时,从贞观元年(627年)开始对三省六部官员进行大规模调整,把长孙无忌、房玄龄、杜如晦、王珪、温彦博、魏徵、戴胄、侯君集等自己信得过的人,依照才能提升到新的宰相位置。而武德年间的老臣萧

---

① 温彦博:唐朝并州祁县(今山西祁县)人。隋末为幽州司马,后升为总管府长史、中书舍人、中书侍郎、中书令,死后陪葬于昭陵。

瑀、陈叔达等被相继罢免。随着自己的人才班底逐渐进入宰相集团的序列，唐太宗的集权统治才真正做到游刃有余。尽管唐太宗的改革在很大程度上是为了维护自己的统治，但这些改革对国家的繁荣发展也起到了重要而积极的作用。

贞观时期之所以出现人才济济的局面，与当时宰相集团的鼎盛有着密切的关系。

贞观年间，在一次宴会上，唐太宗当着众宰相的面问王珪："卿识鉴精通，复善谈论。玄龄以下，卿宜悉加品藻，且自谓与数子如何？"

王珪曾在门下省担任黄门侍郎、侍中等职，对朝中大臣的情况非常了解。唐太宗在宴会中让他评价包括自己在内的朝中重臣，他沉思片刻后，对包括自己在内的朝中重臣一一做出了中肯的评价。唐太宗听了不禁拍手称绝，认为王珪对众人及其本人的评价精当至极，恰到好处。其他大臣对王珪的评价也感到佩服。有如此多的贤臣在朝中任职，使唐太宗进一步增强了推行改革的信心。

为了提高各级官员的办事效率，唐太宗对烦冗的官僚机构进行了精简。唐太宗即位之初，认为朝中官员如果能精干高效，数量即使减少，处理起政务来也能够游刃有余。因此他反复向主管吏治的官员强调，任用官员时要以才能和政务为最高标准。后来，为了确定中央各部门的官员定额，唐太宗还特意命令房玄龄重新核实官员数量，确定真正需要的官员人数，最后把朝中文武官员总数定为640人。他对这个官员数量感到很满意，自信地说："朝中有这么多的贤才，足以辅佐朕开创一个繁荣的大唐了。"

唐朝初年，各级官员都认为到京城当官很有面子，对于地方上的基层官员则很轻视，称之为"土帽官"。对于这种不正常的现象，御史马周认为不妥，向唐太宗上疏称："在治理天下的过程中，应坚持以人为本，百姓人数众多，是天下稳定的基石，而百姓能否安居乐业很大程度上要看刺史、县令等地方官员是否优秀。因此，朝廷选才不能只重视对内臣的考核，而轻视对地方刺史、县令等官员的选拔。"

唐太宗看了马周的上疏，为改变地方刺史、县令人非其才的局面，下令县令由五品以上京官举荐，各州刺史则由他亲自选任。随着唐太宗对地方吏治的调整，基层官员感受到了朝廷的重视，工作更加积极勤奋，地方百姓的生活也有所好转。

同时，唐太宗对各地的郡县也进行了相应的改革，因为旧的郡县设置对他的统治相当不利。

在隋炀帝时期，全国各地的行政区划从州、郡、县三级制改为州、县二级制，这样做可以改变南北朝时期"十羊九牧"、吏多民少的非正常现象。然而，到了隋朝末年，天下大乱，"豪杰并起，拥众据地，自相雄长"。唐初，各地豪杰纷纷归降，为了安抚他们，统治者便设置州县来安置这些人，如此一来，全国各地的州县数量远远超过了隋朝时期。到贞观时期，政局稳定，这种设置显然已经不合时宜，唐太宗根据实情，采取大加并省的措施，下令省并州县，地方只设州、县二级，取消郡一级。到贞观十三年（639年），全国共有358个州府、1551个县，比武德时期的郡县数量少了很多。唐太宗采取的并县措施，增加了每个州县的辖区和人口数量，同时减少了官吏人数，大大减少了朝廷行政开支，提高了地方官府的工作效率，同时也减轻了百姓负担。

与此同时，唐太宗还根据山川形势将全国划分为10道，以此加强朝廷对地方的控制。这10道分别是关内、河南、河东、河北、山南、陇右、淮南、江南、剑南、岭南。朝廷会经常派出黜陟大使①、风俗使②、观察使③去各地巡察，以考察地方官员的政绩得失。

---

① 黜陟大使：唐朝官名，指对地方官吏进行考察、将其政绩情况上报更高一级的部门，并提出推荐或贬黜的建议，以便朝廷对官吏的职务进行升迁或贬黜的长官。
② 风俗使：唐朝官名，指巡察各地，了解政情民风得失的官员。
③ 观察使：唐朝官名，由中央不定期派出的监察州县的官员，名称临时确定，并无定规。

七、静民重农

民、粮、兵自古以来就是国家根本。国家再富裕,如果没有足够的人口,财富便犹如草芥毫无用处;粮食是民生的根本,国无粮则不稳;兵是国家稳定安全的守护者,但也可能会成为国家的负担和灾难。在和平时期,如何处理民、粮、兵三者关系,成为贞观初年唐太宗需要思考的重要问题。

即位之初,为了使国家长治久安,唐太宗提出了"国家未安,百姓未抚,且当静以抚之"的政治思想。为此,他制定了一系列的抚民政策,还采取了多方面的发展生产、恢复经济的安民措施,这些重农措施,充分显示了一代明君深邃的智慧与谋略。

人是生产活动中最重要的因素,在隋朝最兴盛的时期,全国人口达4600多万,户数达900万。但在隋末大乱中,因连年战争,人口大量死亡、逃亡或被掳掠,武德初年全国仅剩200多万户,减少达六成之多。当时生产最发达的黄河下游地区,竟出现千里无人烟的惨状,就连当时人口最集中的关中地区,户数减少也将近一半。

社会劳动力是发展农业生产的保障,贞观初期稀少的人口对粮食生产是非常不利的。为了增加人口数量,唐太宗即位后采取了几项切实可行的措施。

贞观元年(627年),唐太宗首先颁布了《令有司劝勉民间嫁娶诏》,奖励婚嫁,鼓励生育。诏令规定法定的婚配年龄为男子20岁,女子15岁。对于丧期已过的寡妇及失去妻子的鳏夫,朝廷鼓励他们再次婚嫁。对于达到法定年龄但因经济困难无法成婚的男女,亲属、邻居以及当地富裕人家都有对其资助的义务。为达到增加人口的目的,唐太宗甚至规定把户口增加和婚嫁是否及时,作为考核地方官员政绩的一项指标,对于能促使婚配及时、鳏寡数少、户口增加的官员,考核时列为上等。他还对生育男丁的家庭进行奖励。贞观三年(629年),唐太宗又颁布《赐孝义高年粟帛诏》，诏令中规定，如果妇女生男孩，赐粟一石。

除了采用鼓励生育的办法来增加人口之外，唐太宗还采取鼓励外流人口返乡及以金帛赎买被掠人口的办法，从周边少数民族地区招回了大量人口。贞观三年（629年），据户部上奏的资料来看，人口增加了120多万，这些增加的人口大多是从塞外归来的中原百姓，数量几乎占当时总人口的十分之一。这些人和突厥前后内附的人口以及屡次征讨中被征服的各少数民族一起，由政府在边境地区新设州县进行安置，并让他们从事农业生产。贞观四年（630年），唐太宗又用重金赎回当初因隋末大乱而流落突厥的8万人，让他们回家团圆，后又陆陆续续从薛延陀部、乌罗护部等部族中赎回了不少被掠去的中原人口，同时积极争取周边各少数民族内附。

唐太宗即位时，长安和洛阳宫中的宫女数量众多，他曾在武德九年（626年）八月释放了3000多人出宫，然后又在贞观二年（628年）九月派遣戴胄、杜正伦等在掖庭西门再次释放宫女，这两次共释放人数5000人左右。释放宫女，让她们自由婚配，对人口的增长和节约费用起到了非常积极的作用。

此外，唐朝于贞观年间还采取了很多增殖人口的办法，比如提倡僧尼还俗参与嫁娶，鼓励逃户还乡，这些措施有力地增加了国家的劳动人口数量。当年越王勾践曾发出"只要越国能在10年之内人口数量突飞猛进，然后再通过10年的教育，20年后越国肯定可以灭掉吴国"的豪言壮语。唐太宗在贞观年间施行的人口政策，应该说有着当年勾践的气概。

这种积极增加人口数量的政策实施20年后，取得了比较明显的效果。到贞观二十三年（649年），全国在册户籍数已有380万户，虽然比不上隋朝兴盛时期的数量，但也比武德时期增加了约180万户。

唐太宗在《赐孝义高年粟帛诏》中还提到："自从朕登基以来，从来没有发生过横征暴敛的现象，只要给人民休养的机会，国家今后肯定能从中受益。"从这些诏令可以看出唐太宗非常注意贯彻"静为农本"的治国思想。唐太宗不但制定了以"静民"为特征的施政方针，而且采取具体措施加以落实。贞观以来，唐太宗在大力增加劳动人口数量的同时，为确保农户足田授予，增加土地产量，又积极推行并改革了均田制和拓殖垦荒政策。唐太宗非常清楚，要想抚民以静，首先要让百姓有田可种，有足够耕种的农田之后才能解决百姓的衣食问题。

隋末大乱带来的人口锐减，使得耕种土地的壮年劳动力十分稀缺，到处都是荒芜的土地。这种悲惨的状况，给刚刚成立的唐王朝征收赋税带来了不小的困难，但也为实行均田制提供了条件。武德七年（624年）四月，朝廷根据人地之间的比例提出了宽乡和狭乡的概念，规定凡是耕地可以满足给田定额的地方称为宽乡，反之则为狭乡。为解决这种不均衡的现象，李渊颁行新律令，积极鼓励狭乡人口迁往宽乡居住、耕种。为了配合这种政策实施，律令中还包括了均田令，规定国家分配给每位男丁耕田一顷，这一顷田有十分之二的产权归个人所有，其余十分之八为口分①。男丁死后，他所拥有的十分之二的产权可以让家人继承，而其余口分则重新归国家所有，再由官府分给其他人耕种。

这种按人口数量分配土地的做法，不但限制了士族、豪强对土地的垄断和兼并，而且保证了迁往宽乡的农民有田可耕。武德田令虽然非常符合当时的形势需要，但由于李渊封赏太滥，产生了官职田过多的现象，导致百姓往往授田不足或根本没有授田，加上武德后期皇室内讧激烈，所以均田令颁布后并未真正施行起来。

唐太宗即位之后，朝廷内乱逐渐消失，朝中大臣又一次提出推行均田制、抑制土地兼并的建议，唐太宗当即准许，并要求必须真正落实均田令。贞观初年，泽州（今山西晋城）刺史张士贵因侵占田地而遭到唐太宗的严厉处置，其所侵占的肥沃土地被充公，再由官府分给缺田少地的贫户。为了防止施行均田令后重新出现无田可耕的农民，唐太宗还

---

① 口分：指按人口分田，唐代实行均田制时的一种分田法，每口人应分得之田。

下令禁止民间私自大量倒卖耕地。这些措施不仅保证了农民有田可耕，而且可以减少因土地向大户集中给国家财政带来的损害。为奖励百姓拓殖垦荒，扩大均田范围，唐太宗还以身作则，多次主动废弃皇家苑囿，把这些土地分给当地百姓耕种。比如贞观十一年（637年），唐太宗下令明德宫和飞山宫的玄圃院从此禁止使用，闲置下来的土地分给遭遇水灾的农民耕种。

贞观二年（628年），唐太宗在诏令中规定，无论是灾民、流民，还是那些有少量耕田但又不够耕种的百姓，在迁居宽乡之后，地方官必须妥善进行安置，并把安置情况作为政绩考核的一项内容记录在档案中，作为今后升迁或降职的依据。

贞观十一年（637年），重新修订颁布的《唐律》明文规定：凡是移民垦荒，可以得到减免租税的优待。宽乡占田超过限制者，可以不按违反律令处理。同时规定，如果官员不按赋役令执行，就要受到《唐律》规定的"徒二年"的刑律处分。这些措施充分显示了唐太宗对均田令的重视及实现"耕者有其田"的决心。

均田令切实得到实施以后，隋末以来大量闲置的荒地得到了开垦，均田面积不断扩大，人口数量也不断增多，为唐朝国力的上升奠定了良好的基础。

唐太宗在注重百姓农业生产的同时，还非常重视屯田工作。所谓屯田，就是为了让军队获取充足的给养和税粮，在和平时期利用士兵或农民耕种荒废田地的制度。这种制度并非唐朝的创举，但在贞观年间却施行得很好，当时并州、代州（今山西代县）、朔州等地为保证边境地区的军粮供应，都有大面积的屯田。

唐初施行的增殖人口政策和均田令，不但有利于解决百姓的衣食问题，而且对唐朝的赋役有着重要作用。"赋"就是税收，而"役"则是劳役、徭役、兵役等的总称，赋役政策是封建国家政治制度形成的重要来源。唐朝初年的赋役标准是在武德二年（619年）制定的，称为租庸调制，由于在实施中存在许多不太合理的地方，李渊在武德七年（624

年)四月下令重新修订。租庸调制的意思是赋役分为租、庸、调 3 种，租就是地租，规定课户每丁每年交纳两石粟；庸是指各种类的役，当时规定每丁每年必须服够 20 日的役（不管是何种徭役），如果有特殊情况不愿服役的，可以按每天交纳 3 尺丝绸代替服役；调是指每丁每年必须向国家交纳 3 两丝绵和 2 丈丝绸，不产丝绸的地方可以改为交纳 2 丈 5 尺麻布和 3 斤麻。

唐太宗即位后，认为与隋代相比，武德年间农民的赋役数量已大为减轻，他虽然沿用了武德时期的租庸调制，但在执行的过程中加大了贯彻力度，使法令下达到最底层。当时，唐太宗积极推行抚民以静的政策，很少做那些劳民伤财又不利于发展经济的事情，不再轻易大动干戈，战争减少，相对的也就很少再征徭役。为了发展生产，唐太宗放宽了直接生产者服徭役的年龄，而且规定可以用物资抵徭役，这样就从法律方面鼓励了农业的发展。

唐太宗亲身经历了隋朝灭亡的整个过程，亲眼看到隋朝因为横征暴敛、苛政于民导致国家分崩离析，因此他在继位后采取了轻徭薄赋的政策，这些政策主要体现在防止滥征民力，反对劳役无时上。唐太宗本人也以身作则，强调去奢省费，注重节俭，不但不在农业生产的农忙时节抽调农户服役，而且如果没有特殊需要，不再兴建大型工程。这一做法让农户有更多时间在土地上劳动，为国家经济的恢复和发展提供了必要条件。唐太宗还在《贞观律》[①] 中明文规定：凡是因为国家建设而必须征用人力的行为，必须依照《营缮令》中的规定，提前做出征用人数的预算，然后上报尚书省批复同意才能征役。如果没有上报，私自征役或者在人数上弄虚作假，官员和贪污受贿同等获罪。这样就从法律角度约束了地方官吏任意役使民工的违法行为，保证了唐王朝服役政策的上下一致性。

---

① 《贞观律》：鉴于《武德律》已不能适应当时形势需要，李世民一即位就命令修订新的法典，于贞观十一年（637 年）完成，颁行天下。——编者注

实际上，唐初经历了多年的战争，物质条件并不充裕，国库也十分空虚，国家要正常运转就需要大量的粮食和财物，因此当时能够减免的租赋是很有限的，但统治者通过言语、行为及法律等各个方面让百姓感到了朝廷重农的决心，而且在防止滥征民力、反对影响农时的劳役方面的确做出了很多努力，民力得到了充分休息，百姓进行农业生产的积极性因此得到很大提高。

隋朝时，统治者无限制地征用徭役，以满足一己私利，结果导致百姓苦不堪言，疲于奔命，最后纷纷揭竿而起。历史大都有相似之处，就在隋朝统治者哀叹秦朝是个短命的王朝时，自己很快就步上了秦王朝的后尘，随即灰飞烟灭。唐太宗作为痴迷读史的皇帝，对历史的教训熟记于心，力求避免唐朝重蹈秦隋的老路。

为了减少徭役，唐太宗首先对自己做出了严格要求。贞观元年（627年），他对大臣说："自古帝王要想让国家稳定富强，必须顺民心合民意。"贞观四年（630年），他又提出帝王如果一味满足自己的各种欲望，那么危亡之期马上就会到来，因此他下令："自王公以下，无论是宅地、车马、服装甚至婚丧嫁娶，都必须按照朝廷制定的标准。如果有超过标准者，必须停止，否则依法处置。"朝廷徭役的减少意味着农民在自己土地上劳动的时间相对增多，势必会提高生产的积极性。唐太宗在贞观年间始终保持这种作风，使得社会风气淳朴，国力随之增强。

在和侍臣讨论君王滥征徭役对农业生产的影响时，唐太宗说道："凡事必须务本。百姓是国家的根本，而衣食是百姓的根本，要想让百姓衣食根本充足，就坚决不能耽误农时，如若不想耽误农时，君主必须抚民以静。假如国家频频发动战争，大兴土木，想不耽误农时是不太可能的事情。因此国家绝不能轻易大动干戈。"唐太宗采取的这些限制徭役方面的措施，目的是防止滥用人力，尽可能不占用百姓的农业生产时间，以便他们可以专心从事农业生产，从而促进国家经济的发展。

贞观二年（628年），关中发生大旱，唐太宗看到农田中的庄稼几近干枯，不由心急如焚。为鼓励农民抗旱救灾，他带上农具，亲自参加了引渭水灌溉农田的生产大劳动。然而，祸不单行，旷日持久的旱情又引发了遮天蔽日的蝗灾，百姓苦不堪言。唐太宗得知蝗灾导致庄稼颗粒无收，又亲自来到田间视察禾苗的受灾情况，看到田里的庄稼已经被蝗虫吃得所剩无几，他心痛不已，随手捉住一只蝗虫，对着蝗虫祝告道："百姓辛苦种田，就是为了收取这些稻谷，但现在这些稻谷都被你们吃了，你们这不是坑害百姓、要百姓的性命吗？百姓有什么过错？假如真有过错就让我一人来承担吧！你们如果有灵性，哪怕来吃我的心都行，但不要再坑害百姓了。"说完，他把这只蝗虫往自己嘴里送，随行的大臣见状，慌忙劝阻说："陛下不要吃，吃了恐怕会生病。"唐太宗反驳道："朕最希望的就是百姓的灾难能转移到朕的身上，只要能换回百姓粮食，朕生病又有什么关系呢？"说着把蝗虫吞入腹中。唐太宗的忧民举动，让随行大臣无不感动得潸然泪下。

为了提倡农耕，唐太宗曾特意下诏惩治那些游手好闲、不事生产的人。贞观四年（630年），他对诸州考察使说："国以民为本，人以食为命，假如国家的粮食生产无法保证，便不可能富庶起来。"为了激励百姓从事农业生产，唐太宗在园苑里种了几亩庄稼，经常亲自到田间锄草，这使从未参加过农业劳动的他体会到了田间劳作的辛苦。有一次，他在田间锄草，直至非常劳累才停止，于是让侍卫丈量锄过的土地面积，结果连半亩还不到，为此他发自内心地感叹道："由此可以想象，老百姓要耕种那么多的田地是多么辛苦呀！"从此，每当他派人到各州县去体察民情时，总会嘱咐被派之人："你们到地方视察，应该深入到田间地头了解实情，鼓励百姓耕种，坚决不能为讲排场而让地方迎来送往，耽误百姓农时，这样劝农耕桑怎么可能达到目的？还不如不去。"

农业生产非常讲究时令，农时一失只能等第二年了。为此，唐太宗经常强调任何事都要以农时为主，坚决不违农时，其他事情如非情况特殊，可以酌情挪到别的时间去做。比如贞观五年（631年），唐太宗准备册封皇太子，当时的阴阳家认为按照黄历推算，皇太子在二月举行冠礼是最吉利的，于是上表请求在二月举行。但唐太宗认为二月正是春耕大忙季节，如果皇太子在那时举行冠礼肯定会影响春耕，于是下令把太子举行冠礼的时间改在秋收结束的十月。如此重大的事件竟因耽误农时而更改时间，可见唐太宗对农时的重视程度。

为了保证农业生产能够按照农时顺利进行，唐太宗还从法律上保证这项措施的贯彻。当时颁布的《唐律》中有这么一条规定："诸非法兴造及杂徭役，十庸以上坐赃论。"强调如果各级官员违反农时兴建工程，属于违法行为，将受到法律的制裁。这项法令也体现了唐太宗针对农业生产"不夺农时"和"与民休息"的积极思想。

贞观二年（628年）发生的旱灾让唐太宗深刻体会到，要想发展农业，兴修水利是当务之急，只有重视水利工程建设，才能实现粮食的丰产丰收。在唐朝的政府机构中，工部下设有水部司，专门管理水利。这个机构的主要负责人称水部司郎中与员外郎。水部司掌管全国江河治理与疏通、船运、灌溉等诸多事宜。而且在京师还设有都水使者，专门负责京师一带的河道疏通与农业灌溉等。

为了以法律手段保护江河与堤防的合理使用，保证有关水利的各项工作落实到位，唐朝还专门制定了水利与水运的法律——《水部式》。唐太宗规定，凡违反《水部式》的规定，必须严肃、从重处理各级失职官员。贞观十八年（644年）发生了一起违反《水部式》的案件。当时太常卿韦挺①负责把粮食从水路运到辽东，由于他事先没有视察河道，结果早已淤塞的河道阻住了船只前进，导致600余艘粮船停在半道上，延误了交付粮食的时机。唐太宗知道这件事后，在第二年正月以"不先行视漕渠"的罪名逮捕了韦挺，最后将韦挺削职为民。

尽管唐太宗对水利工程的建设非常重视，但水旱灾害仍然不时发生，每次遇到这些灾害，唐太宗都自责没有尽力兴修水利。贞观十一年（637年），洛水在汛期来临之时暴涨，致使很多人溺死在水中，无数农

---

① 韦挺：唐朝名臣。唐初为陇西公府祭酒，贞观年间历任尚书右丞、吏部侍郎、黄门侍郎，进而拜御史大夫等职，后因延误军事被贬象州刺史。

田被淹没。唐太宗接到奏报后，下诏说："国家出现大面积的灾难，朕静下心来考虑，可能跟朕平时犯的错误太多有关，所以朕感到非常害怕和自责。"同年九月，黄河又出现险情，导致很多地方遭受水灾，大灾过后，大面积的良田成了无法耕种的沙滩。

面对不断发生的险情，唐太宗亲自督促和倡导各地兴修水利。当时的沧州（今河北沧州东南）刺史薛大鼎①，积极组织群众疏通治内的无棣渠、长芦河、漳河和衡河，河道疏通之后，不但庄稼能得到及时灌溉，而且去除了沧州一带的水害威胁，同时因水上交通也得到治理，从各地运来的粮食在此可以顺利转运。扬州大都督府长史李袭誉②带领大家修筑池塘，引雷陂（今江苏扬州市西北）水，最终也实现了灌溉良田800余顷的目标，无数百姓因此获利。与此同时，全国各地也为农业灌溉修建了很多渠塘，如陕州丘行恭修建了利人渠，元伯武修建了弘农渠，龙门县县令长孙恕修建了十石墟渠，刺史薛万彻修建了涞水渠，文水县修建了栅城渠，太原长史李勣修建了晋渠等。泉州莆田县（今福建莆田）的水利发展尤为迅速，仅在贞观时期就接连修建沥浔塘、诸泉塘、永丰塘、颉洋塘、横塘、回清塘等多处水利工程，为贞观年间的农业发展打下了坚实的基础。

《荀子·天论》云："天行有常，不以尧存，不以桀亡。"说明大自然规律是客观存在的，统治者要想实现天下稳定，必须顺应自然规律，厚积薄发。在无粮不稳的年代，设置义仓是保证粮食稳定供应的一项重要措施，这种取之于民、用之于民的仓储制度，是由官府在丰年征收粮食，等灾年到了再赈济灾民，还可以贷给贫民当作种子，秋收之后归还。这种方法历史上早有先例，隋文帝时就曾在全国设置许多义仓，以

---

① 薛大鼎：唐蒲州汾阴（治今山西万荣西南）人，隋末为大将军府察非掾，唐建立后历任山南道（即荆襄地区）副大使、地方刺史。在沧州（治今河北沧州东南）刺史任内政绩最为显著，与当时的瀛洲刺史郑穗本、冀州刺史贾敦颐并称为"铛脚刺史"。

② 李袭誉：唐金州安康（今陕西安康）人，隋时任冠军府司兵，唐建立后历任太府少卿、安康郡公、潞州总管、扬州大都督府长史、江南巡察大使、太府卿、凉州都督、同州刺史等职。

备不时之需。

毫无疑问，设置义仓的出发点非常正确，但如果在执行过程中出现问题，那同样达不到预定目标。隋文帝虽然为防备灾荒广设义仓，但到灾荒之年却舍不得赈济灾民，结果大批灾民只得背井离乡，四处逃难，隋文帝积累的财富成了隋炀帝挥霍的资本。由于当时的国库根本无法承受隋炀帝的无度挥霍，他就使用义仓的储备作为挥霍之资，最后义仓之粮不但没有发挥储粮赈灾的作用，反而让隋炀帝产生了国家财富挥霍不尽的错觉，最终导致国家灭亡。

当然，出现这种情况并不是设置义仓本身之错，客观地说，设置义仓在灾年的确能够起到稳定民心的作用。唐朝建立以后，李渊有心设仓储粮，但当时政局不稳，根本无力恢复这种制度。唐太宗登基后，贞观二年（628年），大臣戴胄建议："国家经历长期战乱之后，人口大量减少，百姓上交的粮食仅仅能够维持平衡，这样一来，国家仓库很难有余粮，一旦遇到灾荒之年，将没有粮食可用。"他提出效仿隋文帝的做法兴办社仓，每年秋收时根据田亩，抽取一定数量的粮食，储存在社仓之中。遇到灾荒之年，再由所在州县下发，用以救济灾民。

唐太宗认为戴胄的建议非常可行，于是在这年（628年）四月下诏在每州每县都设置义仓，对于耕田之农，按照每亩每年征收义粮两升的办法征收义粮，储存于义仓之内。遇到歉收之年，由官府进行评估，减产达到四成的只需交纳一升，减产七成或者是下下户及少数民族人家则可免除。而对那些不用直接耕种的商人或没有田地的人，先由政府对其资产进行评估，分成9个等级，等级最高者交纳五石粮食，最低者交粮五斗。为防止地方官员随意挪用义仓之粮，朝廷还规定如果把义仓之粮充作其他方面的费用，将受到法律的制裁。后来唐朝的义仓征收演变成了地税，这种做法违背了设置义仓的本意，与唐太宗的初衷是相悖的。

为了抑制物价上涨，唐太宗还在武德九年（626年）九月尝试设置常平仓。贞观十三年（639年），唐太宗专门下诏在洺、相、幽、徐、齐、并、秦、蒲等州广设常平仓。常平仓设置以后，每逢物价上涨，官府就把常平仓储备的物品抛售出去,反之,当丰年物价下跌,官府又大量收购过剩物品,使物价基本保持稳定。常平仓设置有常平监官,专管调节物价。当时常平仓的主要作用是平衡粮价,以免粮价产生太大波动而伤害农民种粮的积极性。

经过几年的治理,唐太宗抚民重民的措施取得了明显效果。

贞观初始,因自然灾害和国家局势还没有完全稳定,市场上每斗米竟可以换取一匹绢,百姓生活非常艰难。到贞观四年(630年),随着流散的人口纷纷归家,粮食大面积丰收,市场上的米价回归到了三四钱每斗的正常价位。当时全国上下,几乎达到了道不拾遗、夜不闭户的理想状况,粮食充足,马牛遍野。贞观时期,百姓因衣食无忧都遵纪守法,官吏因律法严明多清正廉洁,使得唐朝的监狱中经常出现没有犯人的情况。而且当时在全国各地,只要有客人经过,无论认识与否,都能得到很好的招待,临走时甚至还会被赠送礼物,可见当时社会风气的淳朴。国之将兴,天必佑之,唐朝自贞观六年(632年)始,连续多年实现大丰收。及至贞观十五年(641年),由于家家几乎都有余粮,每斗米价仅两个铜钱,唐太宗担心米贱伤农,硬性规定米价为每斗五个铜钱,但因供大于求,仍有地方的米卖两个铜钱一斗。

总的来说,唐太宗推行的静民、重农政策,为贞观之治奠定了坚实的物质基础。

八、兴办学校

发展经济的同时,唐太宗也非常重视人才的培养。贞观年间办学之风颇为盛行,使唐朝的学校教育逐渐走向完备。贞观元年(627年),唐太宗下令将国子学从太常寺中独立出来,改为"国子监",主要负责为国家培养人才。国子监号称三监之首,是全国的最高学府,其下又设6种学校,分别为国子学、太学、四门学、律学、书学、算学。这些学校招收的名额差别很大,分别为300、500、1300、50、30、30个。能进入前3种学校的学生分别是三品、五品、七品以上的官员子弟，后三种学校虽然名额不多，但招收八品以下官吏的子弟入学。同时，朝廷还在门下省设置弘文馆，在东宫设置崇文馆，专门招收皇亲国戚及朝中重臣的子弟入学。

为了让学校有序发展，唐太宗为学校建立了健全的制度。其中，国子监设祭酒1人、司业2人，掌管全国各种教育政策，是教育部门的最高官员。其他6种学校为保证教学活动能真正实施，均设有博士、助教多人。在国子学、太学、四门学的教学中，主要讲读儒家经典，其中《孝经》《论语》是必修课，还设有大经2种、中经3种、小经4种，分别为《礼记》《周礼》《仪礼》《周易》《尚书》《毛诗》《左传》《公羊传》《穀梁传》，即所谓的"九经"。

在地方学校中，还有京都、都督府、州、县等级别区分，国家主要设立州学和县学。如果学生在县学成绩优良，就可由地方保送参加常举考试。如果经州学考试合格，则直接送到中央参加常举考试，俗称"乡贡"。只要在"乡贡"中合格，就可获得候补做官的资格。

为了促进医学发展，唐太宗在贞观三年（629年）还下令在各州均置医学，并设从九品医学博士一人，主要负责管理民间医疗工作，培养学生。

贞观初年确定考试制度之后，唐太宗曾亲自查看考进士的情况。到了发榜之日，他悄悄带领几名内侍来到端门前，只见新考取的进士有秩序地排成长队鱼贯而出，不由得高兴地对身边的内侍说："照这样下去，天下英才会逐渐为国家所用呀！"

贞观五年（631年）之后，随着国家渐渐稳定，唐太宗在闲暇之余，多次到国子监参加每年春秋的祭礼大典——"释奠"，并亲自听讲经义。贞观十四年（640年），唐太宗在国子监参加大典时，特意邀请国子监祭酒孔颖达讲解《孝经》。孔颖达为唐太宗敬献《释奠颂》，得到了唐太宗的称赞。

为了提高学校的影响力，唐太宗任命众多名儒担任学官。比如经学大师孔颖达，先被召为国子监司业，后又被拜为国子监祭酒，成为国子监的最高学官，掌教长达10年之久；经学家马嘉远，先被任为太学博士，后又升为国子博士；名儒王恭最初只是著名的乡村教师，唐太宗听说他的名声后，于贞观初年将他召为太学博士；经学家马才章通过房玄龄的推荐，被任命为国子助教。

贞观时期，为解除师生无本可依、无所适从的尴尬局面，唐太宗下令把《五经定本》和《五经正义》定为全国统一教材，免费在国学内使用。贞观五年（631年），国学、太学、四门学的学生不断增加，据统计，当时这3个学校的学生共有3260人。唐太宗得知因学生激增，宿舍需要扩建，当即下令增修学生宿舍1200间。

在唐太宗的重视下，儒学得到空前的发展，当时长安城内不仅有数目庞大的唐朝学生，还有高丽、百济、新罗、日本等国派来的留学生共8000多人。

整个贞观时期，学风大盛，四方贤才云集京师，文治勃兴。

九、健全科举

在中国人才的选拔与考试制度中，科举制度源远流长。正是看到前朝时期人才的选用主要依据血缘关系和战功，没有成熟而又固定的制度，随意性很大，所以汉武帝在位时设立了博学宏词科，部分人才采用考试的方法选拔，从而开辟了中国科举制的先河，诸如儒学大家董仲舒、名臣公孙弘等就是汉武帝在科举中发现的人才。不过，汉武帝时期的科举只是选拔人才的一种途径，要想走仕途，还有很多门路可寻，尤其到东汉末年，卖官鬻爵风气盛行，考试制度名存实亡。

在后来的三国两晋南北朝时期，尽管每个统治者都表现出求贤若渴的姿态，人才的选拔途径也花样繁多，或讲究声望，或讲究门第，或讲究出身，但都没有通过考试获得职位的方式。隋朝建立以后，隋文帝于开皇七年（587年）规定，各州每年可选送华美文章若干，从中选拔3

名贡士,由州保荐应秀才科,接受特别考试进入仕途。开皇十九年(599年),隋文帝又命令五品以上文官、地方总管刺史举荐德才兼备之人入朝为官。令人意想不到的是,真正的科举考试开始于残暴的隋炀帝时期,大业三年(607年),隋炀帝下令按照十科举荐人才,其中一项即为"文才秀美"一科,也就是所谓的进士科,从此影响深远的科举制度正式登上历史舞台。

唐太宗时期,为了网罗天下人才,在兴盛儒学的同时,又根据前朝经验开始实行科举制度。从此,科举制度逐渐代替门阀制度,成为选拔人才的唯一标准。

唐代科举制在隋代的基础上加以改革,分为常举和制举两种。常举每年举行一次,除进士科以外,还设置秀才、明经、明法、明字、明算等多种。不在学的儒生可自行向州县报考,学馆的生徒则可以直接报考,经州县选拔合格后再送中央参加考试。常举的应试者通常为进士、明经两科,进士考试内容着重诗赋和时务策论,明经考试则侧重儒家经典的记诵。贞观八年(634年),唐太宗下诏要求进士加试"读经史一部",说明在诸科中,进士科的地位开始突出。制举主要是试策,考题通常由皇帝临时决定。

科举制名目繁多,有直言极谏科、文辞清丽科、贤良方正科、武足安边科、博学通艺科、军谋越众科等,这种考试可以网罗非常人才,任何人都可以参加。一旦考中,未入仕的由吏部授予官职,原是官吏的则可立即升迁。

唐太宗采取科举考试选拔人才后,为了广泛筛选人才,补充官缺,他改革了隋朝的考试时间制度,采取四季均开科考的办法。不过,一年四季都考试过于劳苦,贞观十九年(645年),马周建议仿照隋朝科举,将考试时间定为每年冬天十一月开始,第二年三月结束。唐太宗同意了马周的建议,并且在洛阳设考点,为关东士子就近考试提供方便。

贞观年间是进士科发展的重要时期,到贞观后期,唐太宗又提高了进士的晋身之阶,并增加了进士科入选名额,这些措施对唐朝前中期的科举制度起了重要的推动作用。进士科成了当时的热门科目。虽然进士录取很严格,录取率仅百分之一二,而考上明经的占百分之一二十,但人们仍踊跃参加进士的角逐。由于参加考试的人数很多,而录取比例较低,人们把考进士比作"登龙门"。当时学子中流行着"三十老明经,五十少进士"的说法,意思是在考上明经学子的人中,30岁已经显得很老了,而对于进士来说,50岁在被录取的人中还算是年轻的,可见考取进士的难度之高。从少年考到白头,终生未中,老死科场的大有人在。

为了顺利考取进士,当时有"求知己"和"行卷"的做法。所谓"求知己",就是在考前或者考试期间四处拜访公卿,以便得到这些公卿王侯的赏识,让他们向主考官推荐自己,但这些公卿王侯不是谁想见就能见的,为此,那些没有熟人的考生就干脆跑到官僚的车马前跪献文章。"行卷"则是考生把自己的文章制成精美画轴,然后献给名流学者或达官贵人,让他们通过各种途径向主考官推荐自己。

"行卷"的做法在当时很管用,因此飞黄腾达的大有人在。唐朝著名诗人白居易到长安应考时,就曾向著名诗人顾况"行卷"。据说当时顾况根本没有听说过白居易的名字,打开画轴时,他看到白居易的姓名,开玩笑地说:"米价方贵,长安居大不易。"然而,当顾况看到白居易行卷第一篇《赋得古原草送别》时,感到非常吃惊,尤其读到"野火烧不尽,春风吹又生"一句时,情不自禁地称赞道:"能做出如此锦绣诗篇,'居'长安也是非常'易'的事情呀!"从此,他四处赞扬白居易的才华。"行卷"的做法虽有徇私舞弊的嫌疑,但不可否认,这种做法只有靠考生努力创作高水平的作品才能生效,所以能够提高部分读书人的文学修养,对唐代文学的发展起到了积极的推动作用。

考中了进士,叫"及第",第一名叫状元,第二名叫榜眼,第三名叫探花。当然,考取进士并不能真正做官,在唐朝考中进士只能说明你取得了做官的资格,要想真正走入仕途还需要经过吏部的考试,即"选试"。选试的内容有四项:首先是五官端正,身材挺拔;其次必须言词清楚，条理分明；再次文字要美观，书写必须流畅；最后还要求见解独到，能力出众。选试合格的进士，才有资格呈请皇帝授予官职。

进士考试主要考察考生的文章诗赋，但考取进士后须经复试，如果考生不通经史，也会被考官淘汰，不能成为朝廷官员。相对于进士科来说，明经考的内容比较简单，考试时，考官先把经书中的一些字句遮住，然后让考生填空，只要填对就能录取。

贞观二十二年（648年），进士张昌龄、王公瑾等参加复试，此次考试由吏部考功司员外郎王师旦主持。张昌龄、王公瑾在当时名气很大，甚至连唐太宗都知道他们。出人意料的是，他们却因答不上经史的题目而被淘汰。唐太宗特意询问王师旦他们的落榜原因，王师旦说："他们虽然善写诗赋，但文笔轻薄浮艳，今后肯定成不了大才，如果录取他们，后面的考生将争相仿效，这样就会改变陛下提倡的朴实文风。"

科举制度虽然有许多弊端，但这种选拔人才的机制因普及性强，相对公平，对读书人来说算是有了奋斗的目标。许多出身贫寒的人通过科举制度，得到了高官厚禄，还有机会担任尚书、宰相之类的显赫职务，这就改变了魏晋以来国家选才由贵族垄断的做法，由中央掌握选才任才的所有权，对统一国家以才选官的制度非常有利。唐太宗在隋代科举制度的基础上继续改革和发扬，使天下贤才皆为唐朝效力，又一次巩固了中央集权的统一帝国。

从贞观时期开始，唐代出身寒门的宰相人数增加。贞观后期的宰相李义府便出身贫寒，他因为担心由于自己的出身无法参与政事，曾写诗说："上林许多树，不借一枝栖。"唐太宗听说他这首诗后，回答他说："我愿意把整棵树都借给你，权力哪里只是一枝啊！"后来，李义府果然通过科举考试，逐步成为宰相，进入了国家权力中心。另外，通过科举考试脱颖而出，但未担任宰相的寒门学子更是不胜枚举。

唐太宗通过考试选才的方法，使大批出身中下层的读书人有机会进入国家权力中心，结束了隋唐以前形成的"上品无寒门，下品无士族"

局面，因此影响特别大，很快科举出身成了人人追求的目标，也是官员值得炫耀的资本。那些位极人臣的高门贵族，如果不是进士出身，反而会觉得脸上无光，当然也会在社会上遭到人们的白眼。

唐太宗晚年对科举选拔人才的制度更为重视，贞观二十三年（649年）录取进士205人。由于唐太宗这种不拘一格任用人才的做法，无论关陇贵族还是草莽英雄，无论山东贵族还是民间寒门，都有了施展自身才华的机会，从而使贞观年间国势大盛。

第六章　知人善任，兼听纳下

一、任人唯贤

作为一代明君，唐太宗不仅大力发展经济、改革选官制度，引人注目的地方还在于他的用人观。他不仅善于识人，更善于用人，他那"不以卑而不用，不以辱而不尊"的用人思想，为唐王朝招揽了无数贤才名士，创造了闪耀千年的"贞观之治"。

人才乃是治国安邦的根本，唐太宗对此有着深刻的认识，因而求贤若渴。据《贞观政要》记载，唐太宗曾对魏徵说："王者需（须）为官择人，不可造次即用，用一君子，则君子皆至；用一小人，则小人竟进矣。故为君者用人当须谨慎。"

无论在知人还是用人上，唐太宗都具有辩证思想，正如他自己所说："己之所谓贤，未必尽善；众之所谓毁，未必全恶。"意思是说，知人不能固执己见，自己可能有失察之处；另外不能尽听众言，即使众口一词也可能有片面之词。他深知人无完人的道理，因而在用人过程中努力做到避其所短，用其所长。比如，房玄龄、杜如晦二人的短处是不善于理狱与处理杂务琐事，优势在于多谋善断，于是唐太宗扬长避短，充分发挥他们的相才。戴胄的短处是学识不深、不通经史，长处是为人忠直、秉公办事，于是唐太宗便不让他担任学馆儒林的职务，而让他担任大理少卿。由于戴胄处事干练，案无滞留，敢于犯颜执法，能挽救唐太宗量刑的过失，所以唐太宗称赞他说："法有所失，公能正之，朕何忧也！"

唐太宗认为，知人善任不仅要知其短，用其长，还要在使用过程中通过考察加深对人才的了解。因为他认为人总是善于伪装惑人，制造贤人的假象，这就给知人带来了困难。他还认为，人有才能，就得举用；举用之后，如果发现有劣迹，必须斥退，切不可姑息。据说唐太宗即位之初，曾令尚书右仆射封德彝荐举贤才，但好几个月过去了，封德彝竟没有选荐一个人。唐太宗责问其原因，封德彝答道："不是我不尽心竭力，而是现在没有奇才！"太宗驳斥道："君子用人如用器物，各取其长处。古时候国家达到大治的，难道是从别的时代去借人才吗？应当怪自己不能识别人才，怎么能诋诬同时代的人呢？"在他看来，世上不是没有人才，只是没有用心挖掘而已。如果不去发掘人才，当然无法发现人才。

唐太宗晚年曾这样总结自己的用人经验："用人之道，尤为未易。己之所谓贤，未必尽善；众之所谓毁，未必全恶。知能不举，则为失材；知恶不黜，则为祸始。又人才有长短，不必兼通。是以公绰优于大国之老，子产善为小邦之相。绛侯木讷，卒安刘氏之宗；啬夫利口，不任上林之令。舍短取长，然后为美。"

为了给唐王朝招揽更多的优秀人才，唐太宗广开才路，不拘一格地选取人才，具体措施如下。

第一，士庶并举。

自魏晋以来，君主多选用士族地主，一度形成了士族垄断政权的现象，严重阻碍了人才的发掘与选拔。唐太宗深刻认识到前朝用人的弊端，采取了士、庶并举的方针。他在藩府时就注意物色有才能的庶族地主，如房玄龄、张亮等人。同时，他对有才华的士族地主也极为信任，如高士廉、长孙无忌、杜如晦等。当上皇帝后，他又招纳了大量士、庶地主出身的有才之士，如王珪、韦挺、魏徵、马周等。同时唐太宗还进一步完善科举制，让更多有才能的庶族地主得以走上仕途。

第二，官民同申。

自古以来，很多帝王通常是从官中选官，而唐太宗则把招揽人才的目光投向民间。唐太宗曾下诏说："白屋之内，闾阎之人，但有文武材能，灼然可取；或言行忠信，堪理时务……亦录名状，与官人同申。"这方面最经典的例子当属对马周的选拔使用。

贞观三年（629年），唐太宗下诏让大臣们讨论国家政事得失，并提出建议。中郎将常何是个武将，不善文辞，当时马周恰好在他家中做客，常何便请他帮忙写了20条建议。唐太宗看了常何的奏章，很是满意，同时内心也产生了疑惑，因为他知道常何识字不多，不通文墨，这样的人怎么可能写出如此精彩的奏章呢？便问常何究竟是怎么回事。常何也不隐瞒，如实说出事情的原委。唐太宗认为马周是一个有才之士，马上宣旨召见。马周一时未到，唐太宗竟然坐立不安，"四度遣使催促"。接见交谈后，唐太宗深感满意，立即任命马周为监察御史，后来又任命他做了中书令，主持朝廷大政。后来的事实证明，马周乃一代奇才，他既无裙带关系，也没有资荫关系，能走上仕途，入朝为官，全凭唐太宗那颗求贤若渴的心和那双善于识人的慧眼。

第三，新故同进。

用人唯贤是唐太宗一直以来的用人标准，只要是贤才，无论故旧还是新进，他都会同等对待，倍加器重。他不仅信任原秦王府的房玄龄、杜如晦、高士廉等心腹，对原太子李建成的属下臣僚也加以重用，比如冯立、薛万彻等。唐太宗重用"昔仇"魏徵更是被后人传为美谈。魏徵早年落魄，隋末时是李密的手下，后又成了窦建德的舍人。唐朝初立时，他成了太子李建成的幕僚，曾献计早日除掉秦王李世民。玄武门事件中，李建成失败身死，魏徵成了阶下囚。唐太宗非常赏识魏徵的才华，于是不计前嫌，不报私怨，从大局出发，对魏徵委以重任。后来，唐太宗越来越信任魏徵，多次让他进入内室询问政治得失，起初任命他为谏议大夫，后来又提拔为侍中、秘书监，位极人臣。魏徵在辅佐朝政的过程中充分发挥自身的才华，多次向唐太宗提出谏言，劝其从善，不许为非。唐太宗赞扬魏徵："随时谏正，多中朕失，如明镜鉴形，美恶必见。"

对亲人故交，唐太宗同样以贤能为标准，绝不用那些庸才低能之人。他常说:"君主一定要大公无私,才能使天下人心服。官员不论大小,都应当选用贤才。不应按关系的远近、资格的深浅,来决定官职的大小。"有人提议对原秦王府的庸才们也授以武职,宿卫宫廷。唐太宗却不同意,他说:"朕以天下为家,不能私于一物,惟有才行是任,岂以新旧为差?"这句话充分说明了他不以新旧划线,唯才是举的用人主张。

第四,汉夷并用。

自古以来,很多帝王都是重汉而轻夷,唐太宗则摒弃了这一用人思想,不仅重视汉族的能臣名将,对夷族名将同样倾心信用。他根据夷将的才能,对他们或任命为朝廷高级将领,或委以地方都督之职。比如突厥族的阿史那社尔[①]智勇双全,深受唐太宗器重。贞观十四年(640年),阿史那社尔出征高昌,唐太宗任命他为交河道行军总管。战后,唐太宗夸奖他廉正,赐给他从高昌得来的宝马和各色彩绸1000丈。铁勒族酋长契苾何力臣服大唐后,唐太宗任命他为左领军将军。贞观九年(635年),在平吐谷浑的赤水源(今青海兴海东南)之战中,唐朝汉将被围,契苾何力率数百骑前去救援,奋力厮杀,救出汉将。战后,唐太宗提拔契苾何力为北门宿卫。

唐朝贞观时期可谓人才济济,在朝廷为官者多为贤人,而这主要源于唐太宗正确的用人观。形象绘于凌烟阁的24位功臣,就是众多贤能之士中的佼佼者,包括长孙无忌、房玄龄、杜如晦、魏徵、尉迟敬德、李孝恭、高士廉、李靖、萧瑀、段志玄、刘弘基、屈突通、殷开山、柴绍、长孙顺德、张亮、侯君集、张公谨、程知节、虞世南、刘政会、唐俭、李勣、秦叔宝。此外,深受唐太宗器重的还有著名的文学之士,如姚思廉、陆德明、孔颖达、颜师古等;卓越的书法家和画家,如欧阳

---

① 阿史那社尔:突厥人,唐初名将。——编者注

询、褚遂良①、阎立德、阎立本等。这些贤能之士都在"贞观之治"中贡献了自己的力量。

二、君臣合力

作为历史上少有的文武双全的皇帝之一，唐太宗不但武功卓越，而且文采超群。但他并不像另外两位同样文武双全的商纣王、隋炀帝那样刚愎自用、一意孤行；相反，他强调君臣同心、合力治世。

唐太宗广招人才，就是为了致治，因为"致安之本，惟在得人"。君臣合力治世是唐太宗的制胜之道，大家心往一处想，劲往一处使，众志成城，才能达到理想的效果。

唐朝建立于隋朝的废墟之上，唐太宗曾与大臣们就如何治理天下进行了激烈的讨论。有一次，魏徵说起隋炀帝下令抓捕"盗贼"一事，一天之内竟杀死2000多人。唐太宗认为如此滥杀无辜，不仅是隋炀帝无道，还与臣下失职有关，他痛心地说："作为臣下，应当匡正谏诤，不怕有杀身之祸，怎能一味谄媚奉迎，不讲原则地去讨皇上的欢心和称赞？隋朝君臣如此，怎么能不失败呢？"唐太宗认为，就算君主再贤明，如果臣下不能进谏直言，国家照样会陷入危险之中。所以他说："只有正直的君主和忠直的大臣相处共事，如鱼得水，天下才可以平安无事。我不算是个明君，幸亏你们多次匡正补救过失，希望凭借你们的直言谏议，能实现天下太平。"

唐太宗经常召集群臣论治，指出君主必须有良臣相辅助，并要求"君臣上下，各尽至公，共相切磋，以成治道"。他认为"治道"仅靠君主一人是不行的，必须依靠臣下，集思广益。他曾对魏徵说："美玉往往隐藏在石头当中，如果不经过良工的雕琢，跟瓦砾没有什么区别。

---

① 褚遂良：唐杭州钱塘人，著名政治家、书法家。历任谏议大夫、中书令、尚书右仆射，封河南郡公。工于书法，与欧阳询、虞世南、薛稷并称"初唐四大家"，传世墨迹有《孟法师碑》《雁塔圣教序》等。

如果经过良工的精心雕琢，去掉石、瑕，就能够成为无价之宝。朕算不上美玉，但也需要你们这些良工来精心琢磨。"他还曾对王珪说："朕是没有经过冶炼的金矿，而卿则是善于冶铸的良工。"

唐太宗非常重视君臣之间的同心协力，认为君臣同心协力主要表现在大臣对君主的"极言无隐"。贞观前夕，魏徵指出："圣哲施化，上下同心。"后来又多次陈述："由欲致化，必在上下相亲，朝廷辑睦。"唐太宗深以为然，他对大臣们说："既然君臣是一个整体，就应该同心协力，事情有不稳妥的地方，应该极力陈述而不隐瞒。倘若君臣互相猜疑，不能完全说出肺腑之言，将成为治理国家的大害！"

唐太宗深知，要想实现君臣合力治世的目的，必须虚心接受他人的建议。比如有一次，宰相房玄龄、高士廉偶遇少府监窦德素，便问他最近在忙什么。窦德素没有作答，因为当时他正在皇宫里主持一个大工程，自认为这事不归宰相管，故没有告之。后来，窦德素将这件事告诉唐太宗。唐太宗闻言很恼火，觉得房、高二人管得太宽了，他们作为宰相，只需管好朝廷大事，宫中的事情与他们没有任何关系，于是将二人召来呵斥了一顿。

房、高二人被唐太宗训得一声也不敢吭，只能叩头谢罪。魏徵得知此事后，马上上奏："臣不明白陛下为什么要斥责房、高二位大人，他们有什么罪过呢？我更不明白他们为什么要叩头谢罪。他们二人既然是宰相，就是陛下的辅臣，有什么事情不能让他们知道呢？作为臣子，就应当侍奉君主。他们怎么不能了解营建工程的相关事宜呢？臣实在想不通陛下为何要斥责他们。房、高二人本没有错，但他们却谢了罪，这可能是因为陛下不识大臣之职吧。"

唐太宗听了，哑口无言。他呵斥房、高二人的做法，确实与他平日所强调的君臣合力、共治天下的主张不符。听完魏徵的话，他意识到自己做得确实不妥，于是向房、高二人表达了自己的歉意。

唐太宗这种知过能改的态度，恰恰反映了他那君臣合力共治天下的思想。清代史学家赵翼对他这一思想进行了分析："唐太宗目睹了隋炀帝的刚愎自用、猜忌、妄自尊大，导致众叛亲离还不自知，盗贼四起而没有人相告，最后国家灭亡，身遭杀戮，并为后人所诉。所以，他深知一个人的耳目是有限的，思虑难免不周详，必须集思广益才能有效治理天下。"

唐太宗以在石之玉、在山之金来比喻自己，以良工来比喻辅佐自己的大臣，这样打比方，等于公开承认了自己的缺点与不足，并深切希望臣下能帮助自己改正，使自己成为美玉良器。这两种形象的比喻，充分表达了他希望通过君臣合力将大唐王朝治理好的美好愿望。

三、广开言路

在世人心目中，唐太宗兼听纳下，在唐王朝形成谏诤之风，可以算是他最突出的特点之一。

唐朝建立初期，唐太宗勤勉谨慎，一心扑在朝政上。有一次，他问大臣魏徵，君主怎样才能"明"，怎样才是"暗"？魏徵回答说："兼听则明，偏信则暗。"唐太宗对这一说法极为赞同，因为他知道自己并非无所不知、无所不能，只有善于"纳谏"才能把国家治理好。他曾对大臣萧瑀说："朕少年时就喜爱弓箭，曾得到几十张好弓，一度以为再也不会有更好的弓了。不久前，朕把这些弓拿给制弓的师傅看，他们却说这些都不是好弓。朕问什么缘故，他们说，木心不直，自然脉理都邪，弓虽然硬，发箭却不能直。朕才知道自己过去鉴别技术不精。朕以弓箭定天下，却还不能真正识别弓箭的好坏，何况天下的事情，我怎么能都懂得呢？"

唐朝时，朝廷中有一个非常奇特的官职——谏议大夫，主要负责给皇帝提意见。这个职位看起来无关紧要，却对明君非常重要，因为明君时刻需要谏臣对自己的工作提出合理化建议，从而实现天下大治的目的。唐太宗非常希望自己能做一个如尧、舜般的有道明君，所以他对这一职位非常重视。在众多大臣中，他认为魏徵既精通文史，又敢于直言进谏，非常适合这一职位，于是任命魏徵为谏议大夫。对于这个任命，客观地说，既成全了魏徵名垂千古的名声，又保障了贞观盛世能顺利实现，可谓意义非凡。

为了集中众人智慧治理好庞大的国家，唐太宗执掌朝政后，诏令朝中官员不分官职大小，都有直接向朝廷提出治理国家的意见和建议的权利。这一诏令激发了无数人的治国热忱，很快，各地奏章如雪片般飞到京城。同年（627年）八月，唐太宗正式即位后，他精选其中合理的意见和建议贴在墙上，一有时间就孜孜不倦地阅读，分析这些建议实施的结果，有时到半夜仍不能安睡。

唐太宗的做法其实就是虚心求谏，他知道要想让臣下直谏，必须对进谏之人从多方面进行鼓励，于是以重赏最先提意见的人的做法鼓励大臣直谏。有一次，唐太宗在盛怒之下要判处一个名叫元律师的人死刑，但法官孙伏伽直言进谏，认为按照法律规定，元律师罪不至死。唐太宗了解详情后，当即宣布自己的命令作废，重新按照司法程序对元律师进行审理。唐太宗认为自己刚刚即位，大臣还不敢像孙伏伽那样提出反对意见，为了鼓励其他人积极进谏，他当众对孙伏伽直言极谏的勇气大加赞赏，并重赏孙伏伽。这一举动大大提高了大臣直言进谏的积极性。

大臣王珪曾对唐太宗说："我听说木头用墨线弹过才能锯直，君主听取不同的意见才能成为圣明君主。古代的圣明君主必须有几个敢于和国君争执的大臣，如果国君不听，他们就会以死相谏。陛下圣明，虚心采纳臣下的意见，我有幸生在这个没有忌讳的时代，愿尽愚力。"唐太宗对王珪之言非常认同，当即下令从今往后，凡商议军国大事，必须有谏臣参加，如有好的规谏，必须虚心采纳。

对于进谏之人，唐太宗不但采纳其建议，而且重加赏赐，即使是不正确的建议也不加以责难。在他虚怀若谷、纳谏如流的气度感染下，许多对进谏持观望态度的人开始积极进谏，甚至那些平日以明哲保身作为为官之道的老臣也开始积极言事。裴矩便是其中变化最大、最有代表性的一位。

作为隋朝旧臣，裴矩在隋朝历任民部侍郎、黄门侍郎等职，隋炀帝视其为心腹大臣。隋炀帝好大喜功，裴矩作为重臣不但没有积极规谏，反而投其所好，极尽穷奢极欲之能事，进献给隋炀帝《西域图记》3卷，鼓励隋炀帝四处巡游，并建议隋炀帝在公开场合夸耀富有，鼓励隋炀帝广耗民财、连年征战以满足他好大喜功的心理。然而，这么一位前朝佞臣，到了贞观时期却发生了惊人的变化，不但不再进谗言，反而逐渐关心国事，积极上书为朝廷献计献策。

唐太宗对官员贪污受贿的现象深恶痛绝，但官员们大多都有收受贿赂的行为，尽管朝廷制定了严格的法律惩处这一丑陋现象，但由于搜集证据困难，往往达不到真正的效果。为此，唐太宗密令身边的人去贿赂官吏以试贪廉，当时刑部一名小吏不知道这是唐太宗故意试探官员的行动，结果收了一匹绢。手下人汇报后，唐太宗大怒，当即下令刑部司处死这名小吏。裴矩当时在朝中任民部尚书，了解此事经过后，他感觉唐太宗处置不当，于是进谏道："官吏受贿，按大唐律应该处死，但这件事的起因是陛下派人贿赂，这是故意诱使人犯法，与孔子所说的'道之以德，齐之以礼'的说教大相径庭，所以臣认为这件事处理得不够妥当。"唐太宗听到裴矩的谏言后喜出望外，专门召集朝中重臣说："连裴矩都能向朕当面劝谏，国家还愁不能治理好吗？"唐太宗这些话，一方面是为了表彰裴矩积极谏言的行为，另一方面也是想通过此事鼓励众臣直言谏诤。

裴矩先后辅佐隋、唐几位帝王，但其表现前后截然不同，这种现象引起了后世史学家的关注和深思。宋代著名史学家司马光评论道："君主英明则大臣自然正直，裴矩在隋朝和唐朝表现得判若两人，并不是其本性发生了变化，而是因为环境发生了变化。如果君主讨厌别人直言劝谏，那么忠臣为了保全自己也会转变为佞臣；反过来，如果君主从谏如流，那么佞臣也会顺应环境，积极上谏。所以，君主是把标尺，而大臣就是其影子，标尺动肯定会导致影子跟随。"在君权至高无上的封建专制时代，帝王的素质决定了一个时代的政治风貌，裴矩的表现就是最好的证明。

或许有人认为唐太宗虚心纳谏是为了让自己的统治能够长久,因此他的这种美德肯定只表现在治国安邦的大事上,其实不然,唐太宗在个人生活中也能虚心听取大臣的意见。贞观初年,庐江郡王李瑗反叛,后被唐太宗平定。庐江王的爱姬也因此事被罚没入宫。在一次宴会上,唐太宗指着一直在身边服侍的美人对黄门侍郎王珪说:"庐江王无道,杀害她原来的丈夫而把她占为己有。像庐江王这样暴虐到极点的人,怎能不灭亡呢?"

王珪看了一眼对唐太宗百依百顺的美人,问道:"陛下认为庐江王做得对不对?"唐太宗觉得王珪的话非常奇怪,问道:"杀了人还要强娶其妻,天下哪有这样的道理?你怎么还问我对不对,这是什么意思?"

王珪回答说:"微臣听说《管子》里记载了这样一件事,齐桓公曾问郭国百姓:'郭国为什么会灭亡?'百姓们都说是因为郭国的国君喜欢善良之人而讨厌邪恶之人。齐桓公惊奇地说:'这样的国君是明君呀,怎么还会灭亡呢?'百姓们说:'郭国国君虽然喜欢善良之人却不任用,讨厌邪恶之人却离不开这样的人,久而久之就导致了灭亡。'现在看到这个妇人在陛下身边服侍,微臣还以为陛下觉得庐江王当初杀人夺妻的行为是正确的,所以才问陛下对与不对。如果陛下也认为庐江王做得不对,那就是知道邪恶而不能改正了。"唐太宗认为王珪说得很有道理,于是马上把这个美人送还给她的亲人。

有一次,唐太宗对身边的大臣们说:"明智的君主能对自己的过失时刻做出反省,反省之后还会不断加以改进;昏庸的君主却总是极力掩饰自己的缺点,以达到蒙蔽视听的效果。昔日自以为是的隋炀帝就对自己的缺点视而不见,而且还拒绝接受大臣的谏言,长此以往,再也没有人敢直言上谏了。因此,大臣虞世基①没有尽到直言上谏的职责,也不能说他犯了大罪过。商代的箕子为了保全自己竟装疯卖傻,孔子却认为

---

① 虞世基:隋朝大臣,书法家虞世南的哥哥,遇害于江都宫变。——编者注

他仁义。隋炀帝被杀之后，难道虞世基就该一同去死吗？"

大臣杜如晦听了对唐太宗说："天子身边如果有敢于指出天子缺点的诤臣，即使无道也不至于失去天下。虞世基作为隋帝近臣，明知隋炀帝无道却不敢直言劝谏，身居重位而苟且偷生，他这种做法和箕子装疯是有本质区别的。像虞世基那样备受帝王恩宠而无一句谏言者，处死是非常恰当的。"

由于唐太宗广开言路，虚心纳谏，使得大臣们都有机会充分发表自己的意见，揭示的问题不但深刻，而且涵盖面很广。这样一来，每件事都能按国家的需要来处理，因此国家一片盛世清明的景象。

在唐太宗多项开明政策的治理之下，国家经济逐渐恢复过来。贞观四年（630年），唐太宗为了巡狩，以东都洛阳的宫殿太过陈旧为由，下诏修复乾元殿。侍中张玄素听说后，立即上书提出"五不可"，请求停止工程。他在上书中说道："当初隋朝在建造乾元殿时，所耗费的人力物力是难以想象的，建造大殿需要用非常粗的柱子，但洛阳附近没有这么粗的树木，于是就去豫章（今江西南昌）采买。运输这么大的柱子，必须在柱子下面放置无数铁轮子，然后每2000人为一组一起拽才能拖动。粗略计算，一根柱子就要使用数十万人，可以想象建造这座大殿的耗费有多大。结果，乾元殿完工不久，隋朝就灭亡了。陛下可以想想，如果重修大殿，如此大的耗费，会不会让百姓把陛下与隋炀帝相提并论呢？"

张玄素在奏折中，把唐太宗和隋炀帝相提并论，唐太宗为此非常气愤，反问张玄素说："爱卿认为朕和桀、纣相比，会怎么样呢？"张玄素没有因唐太宗生气而停止进谏，仍然据理力争道："假如重修乾元殿的工程开始，天下肯定会重新陷入动乱。"

尽管张玄素的回答丝毫不留情面，让唐太宗下不来台，但他也知道张玄素的话是对的。为了减轻百姓负担，唐太宗立即下令暂停修复乾元殿，并赞扬张玄素劝谏有功。如果张玄素劝谏的不是深谋远虑、虚心纳谏的唐太宗，而是其他帝王，他的建议不仅不会起到作用，还有可能招来杀身之祸。因此，作为一个封建专制的帝王，唐太宗能依理行事是非常难得的。

唐太宗深知作为帝王的不易，但作为大臣也很艰难，尤其做个合格的谏臣更是难上加难。因此，贞观六年（632年），韦挺、杜正伦、虞世南、姚思廉等人上书提出批评意见后，唐太宗不但不记恨，反而认为有这样的大臣辅助，天下才能够大治，于是赏赐给他们很多东西以示鼓励。他多次对大臣说："朝中大臣因为不顺从皇帝的意思而被杀的现象屡屡发生，其实这都是皇帝的过错。你们能够为了国家和社稷，不怕触怒朕，尽忠职守，指出朕的错误，这不但是朕之福，也是大唐之幸呀！望诸位能坚持为国贡献自己的力量。"

贞观七年（633年）初夏，散骑常侍姚思廉听说唐太宗准备巡幸九成宫，当即言辞恳切地进谏道："陛下高居帝位，救济百姓，安定天下，应该使自己的欲望服从百姓，而不能让百姓来服从自己的欲望。离宫游幸，根本不是尧、舜、禹、汤等有道之君的行为。"唐太宗听了，向姚思廉解释说："朕有气病，天气一热病情就会加重，所以朕离宫巡幸并不是为了游玩，但朕对你的诚意非常赞赏。"随即下令赐姚思廉帛50段。

桂州（今广西桂林）都督李弘节在当时以清廉闻名朝野，唐太宗曾多次下诏表彰。贞观八年（634年），李弘节去世后，有大臣上奏说李弘节死后，他的家人在集市上变卖珠宝。清廉官员家中居然有珠宝可卖，唐太宗知道后对大臣们说："都说李弘节清廉，可是听说他家人竟然在变卖珠宝，这样的欺世盗名之辈怎么能称得上清廉？推荐他的人肯定也有责任。"唐太宗的这番话从某个角度来看似乎有道理，但未经调查研究，仅凭道听途说便否定一个人的名声，而且还要牵连推荐人，这不管是对死者还是推荐者都极不公平，而且也不符合法律程序。

大臣魏徵认为唐太宗的说法有失偏颇，于是立刻上奏说："陛下只听说李弘节为官清廉公正，并没有听说他贪污受贿之事，这就说明他声望俱佳。他的家人变卖珠宝与他本人为官清廉并不矛盾，难道清廉的官员家中就不能有珠宝吗？陛下若因此事处分推荐李弘节的人，天下正直之士都会感到心寒。大唐开国以来，屈突通、张道源二人在为国尽忠、清正廉明、始终不渝方面最为出名。屈突通的3个儿子进京赶考，仅有一匹瘦马供3人共骑；张道源的儿子始终生活贫困，这些情况陛下都很清楚，但并没有见到陛下去帮助他们。李弘节屡立功勋，陛下也曾多次嘉奖赏赐，他去世后妻儿变卖珠宝以度日，能算有罪吗？如今地方都在传颂他的清廉公正，为他的死叹息扼腕，而陛下作为天下之主，明知他为官清廉，不但没有慰问，反而因为一点儿小事便怀疑他是贪官，甚至连推荐的人都要处理，真是让人无法理解。臣理解陛下憎恨贪奸之人的心理，但如果不经调查研究就乱下结论，臣以为非常不妥。"

听了魏徵之言，唐太宗拍手称赞道："爱卿真是见解独到，议论精辟，朕在没有仔细调查的情况下就随便下结论，的确是朕之过失。朕立即下诏，现授予屈突通、张道源的儿子每人一个合适的职位，李弘节的事情也不再追究了。"

在君主集权制度下，帝王掌握着生杀大权，大臣们为了自保或为了得到高官厚禄，事事都要猜测揣摸皇帝的心理，看皇帝的眼色行事。正所谓"伴君如伴虎"，在皇帝面前稍有不慎，还可能会有性命之忧，因此大臣在皇帝面前一般会谨言慎行。唐太宗天生相貌堂堂，仪表威武，大臣们最初面对他的时候，更是感觉手足无措。唐太宗知道这种情况后，为了让大臣办事不再畏首畏尾，经常和颜悦色地主动找臣下交谈，以取得大臣的信任，渐渐地在大臣心目中树立了和蔼可亲的形象。

唐太宗主动接近大臣的做法，增进了他和大臣之间的感情。他曾感慨道："明镜可以正衣冠，而忠臣可以察帝王得失。君臣关系犹如唇齿，没有忠臣辅佐的帝王，是没有办法坐稳江山的，而一旦帝王失国，大臣也不能保家。隋炀帝暴虐无道，听不到忠臣谏言，看不到自己的得失，最终亡国，而那些只知自保、不敢直谏的重臣虞世基等人，在国家灭亡后也难免一死。前事不忘，后事之师，无论出于何种考虑，大臣都必须直言规谏，才能让君臣共享安定。"

贞观十一年（637年），唐太宗去怀州（今河南沁阳一带）围猎，有大臣上奏说："对于现在的徭役负担，百姓的确可以承受；但陛下频繁出外狩猎，会加重百姓负担。以前隋炀帝经常去怀、洛以东狩猎，导致百姓苦不堪言、怨声载道，如今陛下竟不吸取隋朝教训，频繁去怀州狩猎，这是骄淫之主的表现呀！"唐太宗对此非常生气，对大臣说："四时围猎，是帝王的常礼。朕去怀州围猎，虽然兴师动众，但对百姓却是秋毫无犯。朕提出大臣上书谏正，是希望大臣能正确指出朕的缺点，使朕更好地治理国家，但像这样的上书，简直是诽谤和咒骂。"

魏徵听了唐太宗的抱怨，劝解道："上书的人特别多，才说明国家广开言路的政策起到了效果。而陛下亲自批阅上书，就是希望其中有好的谏言。当然有人在进谏中会因表达方式的问题让陛下感到厌恶，臣劝陛下在评价谏言时言语要委婉、恰到好处，以免伤害了直谏者的积极性。"唐太宗听后才消了怒火。

魏徵曾对唐太宗说："只要陛下励精图治，那么三皇则可变四皇，五帝则可变六帝，即使夏、商、周、汉也不足道也。"魏徵把唐太宗和古代的圣明君主相提并论，鼓励其虚心纳谏。当然，如果唐太宗没有虚怀若谷的态度，根本不会听从这些逆耳忠言。

在唐太宗的大力倡导之下，贞观时期无论朝野还是后宫，到处都可以听到直言进谏的声音，这在封建社会是非常少见的，显示了唐太宗集众人智慧治理国家的决心，对于形成天下大治的局面有着积极的作用。

第七章　贤臣良将，济济一堂

一、谏臣魏徵

贞观年间人才辈出，其中比较出名的除了前文所说的刘文静、房玄龄、杜如晦外，最为后人津津乐道的当属谏臣魏徵。

魏徵，字玄成，生于巨鹿郡（今河北巨鹿），素有大志，通贯书史。魏徵本来效命于隐太子李建成，玄武门之变后，唐太宗爱惜其才能，又认为他是一个正直的人，于是"弃怨用才"，对魏徵委以重用。

魏徵量雅，性格耿直，又有经世之才，辅佐唐太宗后，可谓殚精竭虑，知无不言。唐太宗有时会因思想观念不同而责难魏徵，但魏徵每次都不屈不挠，诚恳进谏，几乎每次的谏言唐太宗都能欣然接受。唐太宗曾称赞魏徵说："爱卿谏言，前后二百余事，爱卿如果不是真心为国为民，怎么会这么辛劳呢？"

魏徵在贞观初年升任尚书右丞①后，有人告发他结党营私。御史大夫温彦博受命调查此事，最终确认纯属诬告，查无此事。不过，温彦博向唐太宗上奏时提出："魏徵遭到别人诽谤虽然是因为他处事公正无私，得罪了小人；但他本人也有不足，比如他身为朝廷大臣，却常常行迹不明，这怎能不让那些小人找到诽谤的机会呢？"唐太宗认为温彦博说得很有道理，于是让他给魏徵传话："从今以后不得行迹不明。"

---

① 尚书右丞：古代官名，汉代置，隋、唐时官至四品。——编者注

魏徵收到唐太宗转告的口谕后立即入朝，对唐太宗说："臣听说只有君臣之间形成默契，道义才能同归一体，国家才能兴旺发达。如果为君者整天怀疑大臣行迹是否可疑，君臣又怎能同心呢？长此以往，国家能不能兴盛就很难预料了。"唐太宗略一沉思，面带愧疚地说："我不该这么做啊！"魏徵再次向唐太宗行礼，说："希望陛下成全臣成为良臣，而不是忠臣。"唐太宗不解地问道："忠臣与良臣有什么不同吗？"魏徵回答说："良臣不但自己青史留名，而且还能辅佐君王使国家强盛，皋陶就是这样的良臣；而忠臣自己虽然因忠诚身受诛灭，但同时也让君王染上恶名，最终家国沦丧，比干就是这种大臣的代表。因此，良臣和忠臣的差别非常大。"唐太宗听了深表赞许，特意赐给魏徵五百匹绢以示奖励。

贞观三年（629 年），唐太宗为了让魏徵入禁内参与朝政，特意升他为秘书监①。魏徵到任后发现，经过乱世，各种典章书籍混杂不堪，于是经过奏报唐太宗同意，招徕学者进行修订。在他的努力下，几年后，朝廷藏书最终删并为 4 部 47 类，冠以经、史、子、集之名，编成《隋书·经籍志》，皇家秘府书库蔚然可观。

贞观三年（629 年），高昌王麴文泰准备入京朝见唐太宗，西域各国有感于大唐的威名，都想借麴文泰入朝的机会派使者向唐太宗进献方物。唐太宗命令麴文泰的使臣迎接西域各国的使者。当时魏徵以秘书监的身份参与朝政，他知道这件事后，对唐太宗说："以前麴文泰入京朝见，由于民力所限，他所经过的地方为了给他提供物资，只得向百姓伸手，许多百姓因无法完成摊派而获罪。如今再加上其他国家的使者，沿途由于供应不上物资而致罪的人将会很多。其实，西域和中原自古就有交往，如果他们以商贾身份前来，边境百姓会因与他们互通有无而受益；如果他们作为宾客前来，大唐就会因此消耗大量资财，于国于民都不太好。"因此，魏徵建议唐太宗效仿当年东汉建武年间光武帝的经验，

---

① 秘书监：古代官名，东汉始置，掌国家藏书与编校工作。——编者注

不准西域各国大规模前来朝拜，但可以进行友好的贸易往来。唐太宗认为魏徵很有远见，马上派人追回了刚刚发布的诏令。

贞观七年（633年），魏徵接替王珪担任侍中一职。当时唐太宗对尚书省的工作不太满意，命令魏徵秉公处理那些久拖不决的诉讼案件。魏徵作为谏臣，并不精通律法，但他做事能根据实际情况抓住原则进行处理，所以大家对他处理的案件都很佩服。不久，唐太宗又因魏徵顺利修成《隋书·经籍志》，封魏徵为左光禄大夫、郑国公。此时魏徵体弱多病，且侍中一职事务繁杂，于是上表请求辞职。唐太宗以金属和工匠作比，对魏徵说："自己就是金属，而魏徵就是工匠，自己长期纳谏好比是擅长冶炼金属的工匠磨砺金属成物，时间越久、功夫越深就会使金属越精美。现在魏卿虽然身体不好，但还未到衰老之年，因而不准魏徵辞官。"对于唐太宗的挽留，魏徵再次恳切请求，态度十分坚决。唐太宗无奈，只得改命魏徵为特进①，仍负责门下省事务，俸禄、属吏、卫士都与侍中相同，此后国家的制度和朝廷的规章，须由魏徵参议得失方可。魏徵在任期间连续上书4篇论时政得失，唐太宗看后都深以为然。

贞观十年（636年），由于魏徵修订五礼有功，按规定可以封一个儿子为县男②。魏徵上表请求改封自己兄长的孤儿叔慈。唐太宗大为感动，答应了他的请求，并赞赏道："魏徵这一举动足可以劝导世人伸张孝悌之义啊！"

有一天，唐太宗巡幸洛阳，途中住在昭仁宫，由于对物资供奉不满意，他多次批评负责供应的官吏。魏徵劝谏道："当初隋朝就是因为奢靡无度才导致灭亡。陛下谦虚谨慎，严于律己，体恤民力，上天才给了陛下取代隋朝的机会，如今怎么能因为不奢侈而发怒呢？"唐太宗听了非常惭愧，马上停止了这种行为，并真诚地对魏徵说："如果没有爱卿，朕根本不可能听到这样的话。"

---

① 特进：古代官名，西汉后期始设，位同三公，非正式官名，时间长了便成了加官，常赐予列侯中有特殊地位的人。

② 县男：爵名。唐始置，从五品，金、元沿置，明废。又作"县伯"。

有一次，唐太宗问魏徵："近来国家的政治状况怎么样？"魏徵知道国家长期太平，唐太宗在思想上肯定会有所倦怠，于是回答说："陛下在贞观初年时尽力引导臣下进谏，3年以内还能高兴地听从谏言，然而最近一两年，陛下虽然勉强还能接受进谏，却时刻表现出愤慨不满。"唐太宗吃惊地说："我真不知道你为何这样说，有什么事例可以证明吗？"魏徵说："陛下刚即位时，为引导大臣劝谏，故意赐给兰陵公主价值100万钱的别墅，于是引得大臣谏曰'赏赐过厚'；在判决元律师时，按律不应处死却重判其死刑，引得大臣孙伏伽进谏。这些事，陛下在听到谏言后都及时改过，从此纳谏之风盛行。后来的柳雄一案，由于他在汇报隋朝做官资历时作假，受到知情官吏的弹劾，陛下判处他死刑。戴胄认为柳雄有罪但罪不至死，坚持进谏四五次后，陛下才改判柳雄为徒刑。这是陛下尚能高兴地听从谏言的时候。近时皇甫德参上书说修建洛阳宫让百姓受累，向百姓收取地租是滥征捐税；民间好梳高髻，是受到宫中影响。结果陛下大发雷霆，怒斥皇甫德参胡乱发言。最后还是臣向陛下劝谏，说大臣有大臣的苦衷，如果谏言激切就近于毁谤，但不激切又不能动君主之心。陛下才平息怒火，没有治皇甫德参的罪，反而赏给他丝织物。不过，大臣们都知道陛下心中始终愤慨不满，这就是不大容易接受进谏的时候。"太宗听了恍然大悟，说："人往往缺乏对自己的了解，若不是爱卿在，不会有人说出这样的话。"

魏徵进谏往往是从国家的利益出发，有时甚至在唐太宗发怒时也绝不妥协。唐朝时，只要年满18周岁就要服兵役，很多人因不愿服兵役而谎报年龄。有一年，大臣建议征兵时只要身材高大，即使不满18岁的男子也应征召入伍。唐太宗认为很有道理，但等诏书下发后，魏徵却扣住不发。唐太宗大怒，召来魏徵训斥道："朕发布此诏，是为了打击那些故意隐瞒年龄逃避征兵的人，你为什么扣住诏书？"

魏徵并没有因唐太宗发怒而顺从，他神色坦然地说："臣听说如果竭泽而渔，虽然可以得到鱼，但来年就无鱼可捕；如果焚林而猎，肯定能捉到野兽，但来年就无兽可捉。现在把那些身强力壮、不满18岁的男子都征来当兵，与竭泽而渔、焚林而猎有何区别？今后还从哪里征兵呢？国家的租税杂役又由谁来负担呢？"唐太宗顿时哑口无言，不知如何辩驳，但内心对魏徵的说法很不服气。

魏徵见唐太宗不愿接受谏言，接着说道："陛下的诏书明明白白地写着18岁以上的男子须应征入伍，现在如果连不到18岁的男子也得应征，这就是不讲信用啊！陛下一向崇尚诚信待人，此时却无缘无故怀疑百姓作假，这能算讲信用吗？"魏徵的话把唐太宗辩得无话可说。唐太宗沉默许久，最后说："朕过去听爱卿进谏总以为是爱卿固执、不通情达理，今天听爱卿对国家大事的议论，才知道是朕自己存在很大的过错啊！"为了改正错误，唐太宗重新下诏，废除征召不满18岁男子的政策，同时提拔魏徵为太子太师，从此对他更加信任。

在唐朝君臣的共同努力下，至贞观中期，唐朝经济繁荣，政治安定，迎来了太平盛世；但魏徵始终保持着清醒的头脑，居安思危。有一次他给唐太宗上了一道奏章，为了提醒太宗保持贞观初年的好作风，一下子指出他的10个缺点。唐太宗看后，诚恳地对魏徵说："经过爱卿的提醒，朕了解了自己的过错，朕也愿意改正，要不然朕没有脸面再和爱卿相见了。"唐太宗早晚阅读引以为鉴，甚至把这些缺点特意写在屏风上，以时时提醒自己。

由于魏徵处处为国家利益着想，批评起皇帝来毫不客气，唐太宗对他既尊敬又畏惧。有一次，唐太宗退朝回到宫中，怒气冲冲地说："总有一天，我要杀了这个乡巴佬！"长孙皇后忙追问怎么回事。唐太宗说："魏徵常常当众顶撞我，使我下不了台，真可恶！"长孙皇后闻言退了出去。过了一会儿，只见她穿着礼服，恭恭敬敬地向唐太宗道贺。唐太宗很奇怪，问她贺什么。长孙皇后说："我听说君主圣明，臣子才敢直言进谏。今天魏徵敢于直言，就是因为陛下圣明，我怎么能不向陛下道贺呢？"唐太宗听了皇后委婉的批评，内心释然了。

还有一次，魏徵来到内宫，当时唐太宗正在逗弄一只小鹞，因为害怕魏徵责怪自己玩物丧志，他慌忙把小鹞藏在怀中。魏徵早已看到唐太宗的行为，但是装作没有看见，滔滔不绝地汇报国家大事，故意拖延时间。等魏徵离开后，小鹞已经闷死在唐太宗怀中了。

唐太宗善于听取谏言的行为，给国家发展带来了难得的机遇，但也给某些善于钻营的小人提供了可乘之机。这些人摸准了唐太宗从谏如流的脾气，不但对太子阿谀奉承，而且整日摆出直言不讳的样子，以向唐太宗劝谏为名进谗言。大臣权万纪、李仁发就是这类无耻政客的代表人物，他们靠假装进谏骗取唐太宗的信任，从而达到打击异己的目的。朝中大臣明知他们蒙哄唐太宗，但没人敢与唐太宗争论，一时朝廷内外惶恐不安。

面对这种不正常的现象，魏徵毫不畏惧地向唐太宗上书，直言不讳地表示，权万纪、李仁发大奸似忠、附上罔下，自身多行不义却冒充谏臣骗取皇上信任，是奸邪小人之流。他在上书中说："他们整日以排除异己为目的，在陛下面前搬弄是非，其实凡是被他们指责的大都没有罪。他们的阴谋之所以得逞，全因陛下掩其所短，听信谗言。比如他们曾经诬陷房玄龄，诽谤张亮，没有起到一点儿整肃激励的作用，却白白地损害了陛下的圣明。此事朝廷内外议论纷纷。我想陛下的本意定是想利用他们的无所避忌来警戒群臣，然而陛下却不知他们二人并非深谋远虑的栋梁之材，重用他们反而会出现用小人谋害忠臣的效果，长此以往会使群臣离心离德。像房玄龄、张亮这样的重臣尚且不敢申辩，其他职位低、关系远的人更是整天害怕被他们诬陷，严重影响国家政事的开展。陛下即使没有选择贤臣发扬圣德，也不能任用奸臣损害自己的形象！陛下请思考，自从陛下重用二人以来，他们哪里为国家办过一件好事？"

魏徵恳切的言辞，一下子把权万纪、李仁发的卑鄙伎俩揭发出来，同时也毫不客气地指出了唐太宗用人不当的错误。唐太宗听后，对他们二人大奸似忠的丑陋面目有了了解，并接受魏徵的意见，对权万纪和李仁发进行严肃处理，最后李仁发被罢官，权万纪则被贬为连州司马。为表扬魏徵勇于进谏的行为，唐太宗再次赏赐他500匹绢。

贞观中后期，大唐已趋于大治，群臣为称颂唐太宗的功德，纷纷上书请唐太宗到泰山封禅。唐太宗在一片歌功颂德声中也心醉神迷，准备前行。这时又是魏徵犯颜直谏，坚持认为去泰山封禅不太合适。唐太宗不解地问道："为什么不行，是朕的功绩不够大，德行不够厚，天下没有治理好，还是五谷没有丰登？"魏徵回答道："陛下功德居伟，德行深厚，而今天下也已实现大治，民间五谷丰登，百姓安居乐业，四海无不威服。这都是天下皆知的事情。"

"那为什么不能封禅呢？"唐太宗疑惑地问道。

魏徵从容不迫地说："陛下功德虽高，但百姓仍没有记住您的恩惠；德行虽厚，然而恩泽却没有普施天下。如今天下虽大治，但去泰山封禅，百姓就要负担封禅费用，便是加重了生活负担；外族虽仰慕，但仍未达到四海归心；吉兆虽现，但天下仍需施用刑罚治理；近年虽五谷丰登，但国家的粮仓还很空虚。因此，我认为此时封禅不太合适。现在国家就像一位长期患病的人，虽然经过精心治疗，疾病痊愈，但毕竟伤了元气，如果让他每天背一石米走100里路，身体肯定受不了。在经历隋末战乱多年后，陛下通过仁德使百姓得到休养，但战乱给国家带来的危害至今仍未完全消除，国力仍不充实。况且陛下若到泰山封禅，各国肯定都会派遣大量使者来参加，四海宾客云集，必然加重百姓的赋税，这样一来，多年精心治理的国家很快就会重现战后虚弱不堪的景象。即使事后再免除百姓赋税，也不能补偿他们的劳苦。况且，如果碰到对国家政权心生邪念的人，后悔也来不及了。"唐太宗耐心听完魏徵的见解，当场称赞魏徵言之有理，最后放弃了泰山封禅的劳民伤财之举。

贞观十年（636年），一代贤后长孙皇后去世，葬于昭陵。唐太宗和她感情很深，在她死后特意在宫苑中修筑高台以便遥望昭陵。有一次，唐太宗带魏徵一起登台朝昭陵方向远望。魏徵顺着唐太宗的方向看了很久，说："臣老眼昏花，怎么看不见？那是昭陵吗？"唐太宗回答说正是昭陵。魏徵说："臣以为陛下让臣遥望先帝的献陵呢，其实昭陵我早就看见了。"唐太宗顿时明白魏徵是想借此机会告诉他只思念皇后而不思念先帝的举动不妥。他痛哭一场后,命人拆毁了高台。

贞观后期,立储之事成了唐太宗的一大心事,他很早就立了李承乾为皇太子,但李承乾不修德业,魏王李泰更合他的心意,因而日渐受宠,朝廷内外都认为唐太宗有改立太子之意。为释众人之疑,唐太宗在朝会中对大臣说:"满朝大臣,没有人比得上魏徵的忠心,现在我让魏徵辅佐太子,从而让众人不再怀疑朕立承乾为太子的决心。"贞观十六年(642年),唐太宗拜魏徵为太子太师,但仍参知门下省事务,魏徵以身体有病为由,坚决推辞了这个新任命。

贞观十七年(643年),魏徵病重,卧床不起。唐太宗知道魏徵家里没有正厅,于是停止宫中建设,用宫中材料仅花5天时间就为魏徵盖了一个正厅,又赐给他素褥布被,以表彰其节俭作风。为了随时了解魏徵的情况,唐太宗特派中郎将进驻魏府,随时汇报魏徵的病情、药物、膳食等情况,当时路上向唐太宗传递消息的使者来往不断。听到魏徵病情加重的消息后,唐太宗亲临魏府探视,他在魏徵病榻前,抚摸着魏徵的面颊痛哭流涕,询问魏徵临终之言。不久,魏徵病故,时年64岁。

魏徵病故之后,唐太宗下诏废朝5日,追封魏徵为司空①、相州都督,谥号文贞,并亲自前往魏府吊唁。魏徵安葬时,唐太宗悲恸至极,诏令百官送丧至郊外,他本人则登苑西楼望丧痛哭。为了表达对魏徵的哀思,唐太宗还亲自为他撰写碑文。

纵观魏徵一生,少年不得志,连投数主均无法施展自身才华。后来虽然成了太宗政敌,但太宗以超乎常人的胸襟接受他,而且一再提拔重用,终成大唐名臣,还为贞观之治立下了不朽功勋。

在唐太宗凌烟阁论定功臣后,魏徵的画像被挂于凌烟阁内。唐太宗曾专门去凌烟阁看魏徵的画像,他望着画像思绪万千,当即吟道:

---

① 司空:古代官名,掌水利、营建之事。西周始置,位次三公,与六卿相当,与司马、司寇、司士、司徒并称五官。

"劲条逢霜摧美质,台星失位夭良臣。唯当掩泣云台上,空对余形无复人。"他曾在朝堂上对大臣们说:"以铜为镜,可以正衣冠;以古为镜,可以知兴替;以人为镜,可以明得失。魏徵去世,朕失去了一面镜子呀!"

二、长孙无忌

长孙无忌,河南洛阳人,字辅机。他与唐太宗之间可以说是亦亲亦友的关系。长孙无忌最初姓拓跋,其祖先为北魏皇族旁支,居宗室之长而又功勋卓著,被皇帝赐姓长孙。长孙无忌的父亲长孙晟是隋朝的传奇将领,曾任右骁卫将军。

长孙无忌的妹妹长孙氏从小与李世民定亲,因为妹妹的缘故,他很早就和李世民交好。长孙无忌出身高贵而又博古通今,精通谋略且极擅权变。李渊在太原起兵之后,长孙无忌以会亲为由,前往长春宫拜谒李世民,被李渊授予渭北道行典签一职。长孙无忌从此开始跟随李世民南征北讨,平定天下之后被李渊封为上党县公,任唐朝兵部郎中。

武德九年(626年),长孙无忌得知太子李建成、齐王李元吉密谋想要杀害李世民,于是马上向李世民报告并请求抢先下手,争取主动。得到李世民同意后,他秘密召集房玄龄、杜如晦回秦王府一起谋划此事。玄武门事变当天,长孙无忌与尉迟敬德、张公瑾、侯君集、公孙武达、刘师立、杜君绰、独孤彦云、郑仁泰、李孟尝等人一起埋伏在玄武门内,齐心协力取得了最后的胜利。李世民被立为皇太子后,任命长孙无忌为太子左庶子。李世民即位后,长孙无忌官拜左武候大将军。

由于本身是长孙氏的哥哥,又在玄武门事变中立下大功,长孙无忌和房玄龄等人一起被称为一等功臣。武德九年(626年),唐太宗任命长孙无忌为吏部尚书,封为齐国公,食邑1300户。唐太宗对长孙无忌礼遇有加,甚至特许他出入内宫。次年(627年)七月,唐太宗再次提拔长孙无忌为尚书右仆射。

为了稳定局势，唐太宗刚即位时曾与突厥结盟。这一时期，突厥内部突然出现分裂，呈现出颓败之势，许多唐朝大臣建议趁机派兵攻打突厥。唐太宗认为，如果趁突厥势力衰弱的时候出兵，会破坏昔日的盟约，背上不义之名，但如果遵守盟约按兵不动，肯定会失去削弱突厥力量的最好机会。他一时犹豫不定，遂召萧瑀和长孙无忌问计。萧瑀认为对势弱力微的国家进行征伐是很正常的事情，现在出兵攻打突厥是上上之策。但长孙无忌却不同意，他说："如果突厥主动攻打大唐，我们可以举全国之力进行反击。但目前突厥的势力遭到削弱，主动攻击大唐已无可能，如果我军孤军深入攻打突厥，胜败很难预料。我认为目前不宜轻易用兵，而应息兵罢役，与民休息。况且如果我大唐没有乘人之危攻击突厥，大唐的信义肯定会天下皆知。"唐太宗经过仔细斟酌，最后听从了长孙无忌的建议，没有出兵。

唐太宗一直对长孙无忌非常信任。贞观年间，有人嫉妒长孙无忌，向唐太宗密奏他恃宠专权。唐太宗出于对长孙无忌的信任，不但没有怀疑他，反而把这个密奏直接拿给他看，并直言相告："真正的信任来自坦诚相待，你我君臣交于患难，朕不会对爱卿有任何猜疑。"并召集百官说："人世间最真诚的信任莫过于父亲对儿子的信任，长孙无忌对大唐立有大功，朕对他委以重任，肯定会像父亲信任儿子一样，没有人可以离间得了。有些人以疏远离间亲密，以新朋离间故旧，实在可耻，朕根本不会听信这些谗言和诬告。"其实，长孙无忌知道这些密奏并非完全捕风捉影，自己的确有自大的缺点，唐太宗的表态让他感到无地自容而又心存感激。于是他当即自省，并请求辞去机密事务。长孙皇后知道后也屡次劝说唐太宗同意其兄长辞职。唐太宗无奈，只得同意长孙无忌辞去尚书右仆射之职，重新任命他为开府仪同三司。

贞观七年（633年），唐太宗册封长孙无忌为司空，长孙无忌对此坚决推辞，但唐太宗没有准许。对于唐太宗的无上恩宠，长孙无忌深感惶恐。过了一段时间，他又向唐太宗上表奏道："臣居外戚之位已感三生有幸，现在虽然位居高官，但我终日惶恐，生怕别人认为我是因为外戚的原因才得到皇上重用。现臣以死请求辞去一切官职，以掩众人之口。"

对于长孙无忌拼死请辞，唐太宗下诏回答："黄帝因为力牧的辅佐才成为五帝始祖，夏禹能成为三王先辈是由于得到了咎繇的辅佐，齐桓公得到管仲的辅佐之后成了春秋五霸之首。当初我做藩王之时，你就是我的心腹谋士。如今我之所以能君临天下，与你当初的支持有很大关系。我授予你司空之职并不是因为你是外戚，而是因为你的功绩才望堪当这一重任，所以你不必谦让。"

贞观十一年（637年），为奖励有功之臣，唐太宗诏令长孙无忌、房玄龄等功臣世袭刺史。长孙无忌上书说："如今天下太平，臣等甘愿在京城替陛下分忧，而不愿世代居于边州永享太平。"房玄龄等人也推辞不受，不愿赴任刺史。唐太宗只好作罢。贞观十七年（643年），唐太宗诏命把长孙无忌画像挂在凌烟阁第一功臣之位。

太子李承乾谋反被废之后，唐太宗曾与长孙无忌商议立储之事，长孙无忌坚决支持立晋王李治为储，得到了同意。之后，长孙无忌被唐太宗加授为太子太师。晋王李治被立为太子之后，唐太宗对他的某些做法深感不满，于是又想废掉李治，改立吴王李恪为储。长孙无忌知道后，密见唐太宗为晋王李治说情，最后在他的劝说下，唐太宗终不再提起改立吴王李恪的事情了。

贞观中期，唐太宗曾借聊天的机会，让长孙无忌评价其得失。长孙无忌说："陛下的文治武功古今罕见，政策法令都很合适，因而臣下实在找不出陛下有何过失。"唐太宗对此很不满意，当即批评长孙无忌"曲相谀悦"，并当场对很多大臣做出了客观的评价。长孙无忌反应机敏、善于远避嫌疑，但对军事毫无心得；高士廉博闻强识、知识渊博，为人正直聪敏，但不敢耿直纳谏；杨师道没有什么过失，但性格怯懦，难堪大任；唐俭口才出众、善解人意，但为人过于谨慎；刘洎①性情坚贞，但太重情义，容易耽误大事。之后，唐太宗对长孙无忌说："人无完人，只有认真看到每个人的得与失，才能因人施用，为大唐效力。"

贞观十九年（645年），唐太宗亲征高丽时，任命长孙无忌为侍中，等到唐太宗班师回朝，长孙无忌坚决辞去太子太师之位。贞观二十三年（649年），在唐太宗病危之际，长孙无忌和中书令褚遂良一起书写太宗遗令，并被唐太宗任命为顾命大臣。唐太宗弥留之际，对褚遂良说："我能得到天下，跟长孙无忌的帮助有很大关系。长孙无忌是忠臣，你们二人辅政之后，你绝不能听信谗言做出对长孙无忌不利的事情。否则，你就不是朕的臣子。"

晋王李治即位后，拜长孙无忌为太尉，位居辅政大臣之首。永徽年间，为遵从唐太宗的遗愿，在长孙无忌的谏言下，唐高宗李治继续采取贞观时期的执政路线。令人遗憾的是，与贞观年间的其他重臣相比，长孙无忌的晚景较为凄惨。显庆四年（659年），许敬宗等人诬告长孙无忌谋反，结果，长孙无忌被高宗削去官爵，流放黔州（治所在今重庆彭水），3个月后被许敬宗逼迫自杀。

作为大唐的一代忠臣，长孙无忌在太宗时期受到了无上恩宠，但最终仍没有逃脱泰极生否的规律，惨死在宫廷争斗之中。

三、尉迟敬德

尉迟敬德，山西朔州善阳人，他武艺高强、英勇善战，是唐太宗手下的一员猛将，而他曾经也是唐太宗的一个对手。大业末年，尉迟敬德在高阳当兵，后跟随刘武周起义。武德年间，李世民征讨刘武周时，双方一度在柏壁（今山西新绛西南）相持不下。为了打败李世民，刘武

---

① 刘洎（jì）：唐朝宰相，出身南阳刘氏，后因与褚遂良不和，遭其诬陷，被赐死。——编者注

周命尉迟敬德与宋金刚率兵在介休阻截唐军。后来，刘武周部大败，宋金刚逃往突厥，尉迟敬德趁机收编了宋金刚余部，坚守介休。

李世民早就听说尉迟敬德是个不可多得的骑兵将领，作战非常勇猛，于是派任城王李道宗、宇文士及前往介休城，对尉迟敬德表明刘武周大势已去，介休孤城难守，而秦王有意招降。尉迟敬德权衡利弊，与寻相率领8000骑兵归降李世民。李世民大喜过望，直接任命尉迟敬德为右一府统军，并设宴款待他和寻相。对于李世民的礼遇，出身草莽、极重义气的尉迟敬德深为感动，从此成了李世民的忠实部下。在大唐一统天下的过程中，他始终和李世民并肩作战，并在危急时刻3次挽救李世民的性命。

武德三年（620年），李世民奉命率军平定王世充，尉迟敬德跟随出征。王世充在走投无路之际联络窦建德领河北兵援助，唐军面临两面夹击的困境，士气非常低迷，与尉迟敬德一起归降的寻相也趁机网罗了一批刘武周的老部下逃跑。唐军诸将怀疑尉迟敬德也会叛变，于是用绳把他捆起来；屈突通、殷开山也认为留下他必为祸患，应该果断杀掉。这时，李世民向诸将表示自己对尉迟敬德深信不疑，并力排众议，仍命他为将。尉迟敬德非常感动，当即表示此生即使赴汤蹈火也要跟定李世民。

无巧不成书，就在李世民释放尉迟敬德当天，李世民带领尉迟敬德等人出去打猎，恰好遇见王世充的大队人马。王世充手下大将单雄信一马当先直向李世民奔来，幸亏尉迟敬德拼命护卫，李世民才得以平安突围。随后李世民返回与王世充交战，竟俘虏千余人，并活捉王世充的部将陈智略。李世民回大营后，赐尉迟敬德黄金一筐，从此对他更加信任。

后来，尉迟敬德在讨伐窦建德、刘黑闼等的战争中屡立战功。在与窦建德决战时，李世民在安排了李勣、程知节、秦叔宝等沿途设伏的情况下，亲执大羽箭和手持重槊的尉迟敬德带领轻骑直接来到窦建德营前叫阵。敌人出战后，他且战且退，很快就把敌人引入了埋伏圈。随后，李世民和尉迟敬德又率军返回，与李勣前后夹击，很快便大败窦建德军。

在洺州（治所在今河北邯郸）与刘黑闼决战时，李勣失利，差点被刘黑闼击破。为了救援李勣，李世民亲自领兵包抄敌后解围，不料却被刘黑闼再次包围。危急关头，尉迟敬德组织敢死之士突入重围，救出李世民和江夏王李道宗。后来，尉迟敬德又随军攻打徐圆朗，立下无数战功，被任命为秦王府左二副护军。

为了帮助李世民夺取帝位，尉迟敬德在玄武门事变中忠实地执行李世民的命令，对事变成功起到了极其重要的作用。玄武门事变之前，李建成和李元吉曾赠送给尉迟敬德一马车金银器物，希望能拉拢他，但他毫不犹豫地拒绝了。事后，尉迟敬德把此事告诉李世民，李世民说："你的忠诚我从未怀疑过，但此次你没有收下钱财，可能会有大麻烦，因此今后你行事一定要小心谨慎。"果然，李建成见尉迟敬德不能为己所用，便让李元吉派刺客刺杀他，谁知刺客忌惮尉迟敬德武艺高强，始终不敢下手。李元吉见刺杀没有成功，便在高祖李渊面前诬告尉迟敬德怀有异心。偏听偏信的李渊下诏逮捕尉迟敬德，准备杀掉他。李世民得到消息后，在李渊面前极力争取，才保住尉迟敬德的性命。玄武门事变中，亲手杀死李元吉、逼李渊下诏立李世民为太子的人就是尉迟敬德。李世民被立为太子后，任命尉迟敬德为太子左卫成。

尉迟敬德不但作战勇猛，而且能坚持正义，不妄杀无辜。玄武门事变后，他极力劝说李世民饶恕东宫余党，为李世民争取了许多原来忠于东宫的有用之才。李世民登基后，尉迟敬德和长孙无忌论功排名并列第一，同时，李世民把齐王府府第及全部财产赐给尉迟敬德。贞观元年（627年），唐太宗封尉迟敬德为吴国公，授右武候大将军与长孙无忌、房玄龄、杜如晦4人各得食邑1300户。

由于尉迟敬德性格耿直率真，根本无法应对复杂的政治纷争，贞观十一年（637年），唐太宗封尉迟敬德为宣州世袭刺史，徙爵鄂国公，后来又命他为鄘、夏二州都督。贞观十七年（643年），尉迟敬德上表唐太宗，请求辞职，授开府仪同三司。

凌烟阁建成后，尉迟敬德与长孙无忌等24人的画像一起挂于凌烟阁。唐太宗晚年时欲东征高丽，尉迟敬德认为不可，遂上表劝谏，但未被采纳。晚年的尉迟敬德沉迷道教，奏清商乐自悦，16年不与外人交往。显庆三年（658年），尉迟敬德病故，享年74岁。

四、勇悍秦琼

秦琼，齐州历城人（今山东济南历城区），字叔宝，少时从军。他最初曾在隋左翊卫大将军来护儿帐下当兵，因武艺高强，作战勇猛，深得来护儿器重。

秦琼的母亲去世时，来护儿亲自派人前去吊唁。来护儿的手下将领都感到非常奇怪，议论纷纷："士兵亲人的丧事，将军从来没有过问过，怎么独独来祭拜秦叔宝之母呢？"来护儿说："秦叔宝有武艺、有才能、有节操、有志向，此人肯定不会久居人下。"

不久，卢明月起兵反隋，秦琼跟随通守张须陀到下邳（今江苏睢宁古邳镇）迎战，但此时张军的实力和卢明月军悬殊，想退兵又怕被敌军追赶。张须陀认为，只有派精锐之士偷袭敌军营寨，才能战败敌军。秦琼和罗士信自告奋勇，向张须陀请命率军前去劫营。果然，卢明月大军因遭到偷袭而陷入慌乱之中，张须陀趁机与秦琼、罗士信二人前后夹击，大败卢明月部。此战后，秦琼因功被升为建节尉。不久，秦琼又跟随张须陀攻打李密的瓦岗军，因张须陀不幸败亡，秦琼跟随大将裴仁基投降了李密。李密得到秦琼这样威武的大将，非常高兴，当即任命他为帐内骠骑。

李密兵败降唐后，秦琼最初选择归降王世充，担任龙骧大将军。在王世充军中一段时间后，秦琼对一同归降的程知节说："王世充为人狡诈，从他多次与部下赌咒发誓就可以看出他根本没有帝王之相，不如另投明主。"于是二人相约西去，王世充知道后立即追赶，秦琼在马上对王世充说:"自顾不能奉事,告辞了。"王世充慑于秦琼武艺高强,不敢硬逼。最后,秦琼来到长安投奔李渊,被安排在秦王府,李世民对他礼遇有加。

李世民入主长春宫时,秦琼跟随镇守,担任马军总管。在美良川(今山西闻喜南),秦琼大败尉迟敬德,唐高祖李渊赐给他黄金瓶加以慰劳;在介休率兵大败宋金刚后,秦琼又被任命为上柱国;李世民征讨王世充、窦建德、刘黑闼期间,秦琼在阵前都勇敢冲锋。每当敌人有骁勇之将在阵前炫耀,李世民就会派秦琼迎战。由于秦琼作战勇猛,功勋卓著,被唐太宗奖励千万金帛,授左武卫大将军,并封为翼国公。

贞观十二年(638年),秦琼因病去世,被追赠为徐州都督,陪葬昭陵。唐太宗特意下令在秦琼墓前造石人马,以彰显秦琼的战功。贞观十三年(639年),唐太宗改封他为胡国公。贞观十七年(643年),唐太宗命阎立本画秦琼等24名功臣的画像挂入凌烟阁,以供自己怀念、后人景仰。

五、战神李靖

李靖是唐太宗手下最具传奇色彩的一员大将,在《说唐》①等文学作品的演绎与传唱下,他成了民间耳熟能详的唐朝将领的代表,神话故事中还为他安排了托塔天王的角色,可见他在民间的知名度之高。不过,由于他拒绝参加玄武门事变,在唐太宗最初封赏的功臣中并没有他的位置。政局稳定之后,知人善用的唐太宗知道李靖在军事和政治方面的才能,又多次重用李靖,使李靖的才能得以充分发挥。

尽管文学作品中的李靖十分神勇,但真实的李靖前半生都是在压抑中度过的。李靖是京兆三原(今陕西三原东北)人,身材伟岸,容貌

---

① 《说唐》,一般指《说唐演义全传》,清代长篇章回体英雄传奇小说,共68回,成书于清雍正、乾隆年间。——编者注

英武，从小志向高远，文韬武略样样精通，而且为人谨慎。他经常对亲朋好友说："大丈夫如果遇到值得效命的主公，一定会竭尽全力为他效力，以自己的努力谋求富贵。"

由于才华出众，李靖经常得到别人的赞誉。隋朝名将韩擒虎是李靖的舅舅，闲暇之余经常与李靖谈论兵法，对李靖非常赞赏，他认为周围的人中，只有李靖可以和自己讨论孙武、吴起兵法。李靖成年后，先任隋朝长安县功曹，后被任命为吏部员外郎。左仆射杨素很看重他的才华，兼任隋朝殿内直长的吏部尚书牛弘说李靖有王佐之才，左仆射杨素甚至对李靖说："总有一天你会坐在我这个位置上。"

大业末年，李靖在马邑担任郡臣。他通过多种途径敏锐地察觉到，正在塞外抗击突厥的李渊有不臣之心，但当时战局纷乱，这个消息无法送出，他决定亲自去江都告发李渊。为了能顺利到达江都，他让手下把自己化装成囚犯押送。等他赶到长安，恰巧遇到李渊围城。由于前往江都的道路已被阻隔，李靖无奈，只好在长安城停留。李渊攻克长安之后，得知李靖此行的目的，便派人抓捕李靖，准备杀掉他。生死关头，李靖大声叫道："明公兴义兵的目的是除暴安良，难道你仅因私怨就斩杀壮士，不想成就大事吗？"李渊听了感到非常惊讶。李世民久慕李靖大名，也不断为李靖求情，于是李靖得释。很快，李世民把李靖召入秦王府，封他为秦府三卫。平定王世充后，李靖因军功授任开府，从此在李唐王朝开始崭露头角。在南下协助李孝恭平定江南和岭南时，李靖一度被高祖李渊误解，差点被杀掉，但在后来的战役中又立下赫赫战功，李渊称赞他道："任用有功之人不如任用有过之人，李靖就是明证啊！以朕之见，前朝韩信、白起、卫青、霍去病都不如李靖啊！"

武德四年（621年），李孝恭和李靖合围江陵城。第二天，萧铣派使者到唐军营中请降。唐军进入江陵城后，号令严肃，秋毫无犯。李靖又派人安抚萧铣旧部，很快，萧铣的旧地官员纷纷归附大唐。李渊知道后非常高兴，封李靖为永康县公，授予上柱国，并赐以无数物质奖励。

就在李靖平定萧铣还没有返回长安时，李渊封他永康县公，任命他为检校荆州刺史，后又授予他岭南道抚慰大使之职，检校桂州总管，前往桂州安抚岭南各部。李靖在没有动用干戈的情况下，先后招抚96州、60余万户，岭南一带势力较大的冯盎、李光度、宁真长等纷纷派人前往桂州谒见，李靖均按制为他们加官晋爵。

武德六年（623年），辅公祏在丹阳起兵反唐，李靖、李孝恭临危受命，率李勣、任瑰、张镇州等七总管兵前去讨伐。在攻打辅公祏手下将领冯惠亮、陈正通时，众人都认为应首先攻打丹阳，断掉敌军后路才能取胜。但李靖力排众议，认为辅公祏率领水陆军队驻守长江之险，就是想用拖延的办法搞垮唐军。面对敌人的阴谋，他坚持应出其不意攻击敌人自以为坚固的城栅，这样才能一举歼灭敌军。最后，唐军依李靖之计果然大败敌军，杀敌一万余人。在李靖等人的步步紧逼之下，辅公祏在吴郡被唐军俘虏，江南至此平定。李渊收到胜利的消息后，在江南建立东南道行台，任命李靖为行台兵部尚书，并赏赐无数。很快，在李靖的安抚政策下，吴楚等地慢慢安定了下来。

李渊对李靖评价很高，很大一部分原因是李靖在对突厥的屡次战斗中有着出色的表现。武德八年（625年），面对突厥气势汹汹的入侵，李渊任命李靖为行军总管，率万余江淮兵据守大谷。在其他将领不敌突厥骑兵的情况下，李靖的军队仍然保持完整，而且略有小胜。战后，李靖被李渊任命为检校安州大都督。武德九年（626年），突厥莫贺咄设侵犯边境，为阻止突厥入侵，李渊再次委李靖以重任，调任他为灵州道行军总管。颉利可汗果然引兵攻打泾阳，李靖没有应战，而是另辟蹊径，率兵疾行至豳州，切断颉利可汗的归路，直到后来突厥与唐和亲，李靖才撤兵。

唐太宗刚刚登基不久，颉利可汗趁唐朝内部政局不稳之时，亲率十余万大军南下，一路势如破竹，竟直接抵达离长安不远的渭水北岸。当时长安城防务空虚，唐太宗不得不率中书令房玄龄、侍中高士廉等六人来到渭水，签订了每年给颉利可汗纳贡的"渭水之盟"，突厥大军这才撤离长安。唐太宗认为这是大唐的耻辱，一直耿耿于怀，称这件事为

"渭水之耻"。

对于突厥这个心腹大患，唐太宗时时挂在心上。经过3年的休养生息，他决定任命李靖为定襄道行军总管，并全权节制另外四路总管，从五路进击突厥，以雪昔日之耻。

贞观四年（630年）正月，李靖率领3000名精骑从马邑（今山西朔县）出发，急驰至距突厥都城定襄（即大利城，在今内蒙古清水河境内）仅有数里之遥的恶阳岭（今内蒙古和林格尔南），寻找机会与突厥作战。他一改过去唐朝与突厥作战时以防守为主的策略，如此神速地孤军深入，让颉利可汗非常震惊。不明就里的颉利对部下说："李靖敢于孤军深入，肯定是唐王朝倾全国之兵而来，我们不可轻举妄动。"李靖没有给颉利可汗喘息之机，趁颉利可汗还在刺探军情之时，立即发动铁骑猛攻定襄。措手不及的颉利可汗无法抵挡，只得狼狈出逃。李靖以区区3000名骑兵成功攻占定襄的消息很快传遍了大唐内外。

颉利可汗兵败后逃往铁山（今内蒙古境内阴山之北）。时值严冬，颉利可汗极为窘迫，连衣食供应都难以为继。无奈之下，他只好派遣使者到长安向唐太宗求和，愿意举国归附。

唐太宗与突厥打过多年交道，深知突厥向来不讲信用，求和只是颉利可汗的缓兵之计，意在拖延时间，一旦春天到来，草青马肥之后，他肯定会重新与唐朝开战。不过，唐太宗仍然答应了突厥求和的请求，并派鸿胪卿唐俭任安抚使，到铁山抚慰突厥部众。唐俭路过白道（今内蒙古默特左旗）时，对驻扎于此的李靖说明了唐太宗的意思。送走唐俭之后，李靖认为颉利可汗虽然暂时失败，但其军事实力依然强大，一旦他渡过难关，联合回纥、薛延陀等族众，再想消灭他就非常难了。现在唐太宗答应议和，突厥在军事方面肯定没有防备，不如趁此机会一举灭掉突厥。于是，他传令从军中挑选一万精兵，带上20天的口粮，立即出发去攻打颉利可汗。

李靖的部下对他的做法有些疑虑，纷纷劝他不要冒此风险，皇上已经答应议和，且派出了安抚使，如果突然对颉利可汗开战，唐俭肯定性命不保。更重要的是，突袭突厥显然与诏令相悖，弄不好会得个抗旨之罪，到时麻烦可就大了。李靖跟随唐太宗多年，对其非常了解，他告诉部下将领，诏令中只是提到议和，并没有明令大军暂停进攻，所以根本不会有抗旨之忧。如果这次能彻底消灭突厥，为了国家安宁，舍弃一个唐俭并不可惜。将在外，君命有所不受，优秀的大将就应该根据战场形势决定攻守事宜。

兵贵神速，说服部下后，李靖亲自率领一万精兵北进。他们疾驰至阴山附近时，碰到了一队突厥巡逻骑兵，但被李靖围歼了，所以当他们靠近颉利的牙帐时，突厥将士竟浑然不知。此时颉利正在为自己成功骗过唐太宗而沾沾自喜，万万没想到唐军从天而降，顿时军心涣散，慌乱之中，突厥士兵无法集合，根本形不成战斗力。颉利可汗知道大势已去，只得孤身一人骑马逃跑。几天之后，山穷水尽的颉利被唐军俘虏。李靖这次乘敌不备发动突然袭击，一举消灭了敌人的有生力量，与当年韩信袭齐如出一辙。

此战唐军获得了从阴山至大漠的广大疆土，并俘获人口15万、牲畜数10万头。

消息传到长安后，唐太宗大喜过望，封李靖为代国公，并对身边的大臣们说："昔日李陵带领5000名士兵进攻匈奴，虽然在万般无奈之下投降匈奴，但仍名垂千古。如今我大唐李靖亲率精骑，蹀血虏庭，更是功盖天下、古今罕见，终于可以一雪渭水之耻了。"李渊听说此事后也高兴地说："当初汉高祖遭白登之围，最终也没能报此大仇，现在大唐能平定突厥，说明我大唐用人得当，从此无忧了。"

李靖立此不世之功，为唐朝去除了突厥之患，从此唐朝没有了后顾之忧，得以集中精力发展经济，有力保障了贞观年间繁荣盛世的开创。在历史上，汉族与北方民族交战，很少出现如此重大的胜利，李靖通过此战确立了他在唐朝军事将领中的领袖地位。

李靖平定突厥之后，接着又率军击败了吐谷浑的袭击，唐太宗改封他为卫国公。御史大夫萧瑀担心李靖功高震主，祸及朝政，于是以李靖带兵目无纲纪，纵容属下强掳突厥的财宝据为己有为由，向唐太宗上奏弹劾。唐太宗看到萧瑀的上奏后当众斥责了李靖，李靖没有辩驳，算是默认了。很久以后，唐太宗才知道萧瑀弹劾李靖的目的，于是对李靖说："朕已经知道前事是因为有人诋毁你，你不要再放在心上。隋朝时，史万岁大败达头可汗，隋文帝不但没有对他封赏，反而因罪杀了他，大臣为此感到心寒。朕一定吸取隋文帝的教训，你立下的大功朕会铭记在心，对于你的过错朕会既往不咎。"时隔不久，唐太宗又任命李靖为尚书右仆射，但李靖在政事中很少发表自己的意见。

贞观八年（634年），64岁的李靖以足疾为由，言语诚恳地向唐太宗请求退休。唐太宗不允，派中书侍郎岑文本告诉李靖："朕发现从古至今，不论是谁，都很难做到身居富贵后非常知足。朕不同意你退休养病，想让你打破这个规律，成为一代楷模。你虽有足疾，但并不影响任职，希望你能顾全大局，继续留任。"考虑到李靖确实患有足疾，唐太宗特许他在府中休养，只需每隔3日前往中书门下平章政事即可，俸禄依旧，并赐李靖良马两匹、布匹千段，又赐给他灵寿杖帮助他走路。

贞观九年（635年），吐谷浑兴兵大举进犯。唐太宗再次想到李靖，便对侍臣说："假如任命李靖为帅征讨，朕就非常放心了！"侍臣把唐太宗的意思转达给李靖，李靖听说后直接去找房玄龄，说："我虽然年纪已经很大了，但仍能征战沙场。"唐太宗为此大喜过望，立即下诏任命李靖为西海道行军大总管，率领侯君集、李道宗、李大亮诸部前往边疆征伐吐谷浑。吐谷浑听到唐军到达伏俟城的消息后，为抗拒唐军，烧尽原中野草，退保大非川（今青海共和西南的切吉旷原）。当时春草还未长出，吐谷浑又烧掉了野草，李靖军中马匹缺少草料，唐军将士非常恐慌，认为军马过于瘦弱，不宜出击。但李靖坚决要求大军继续前进，越过积石山，深入敌境，其间和吐谷浑发生了几十次大战，吐谷浑伤亡惨重。在唐军咄咄逼人的攻势下，吐谷浑慕容伏允可汗自缢而死，李靖上奏唐太宗，册立与唐朝关系密切的慕容顺为吐谷浑可汗。至此，征讨圆满结束，李靖率军返回。

大军返回途中，发生了一件出乎李靖意料的事情——有人诬告他谋反。原来，利州刺史高甑生在担任盐泽道行军总管时，因为延误军机差点儿被李靖就地正法，从此他一直对李靖怀恨在心。这次高甑生勾结广州都督府长史唐奉义，共同上奏唐太宗诬告李靖谋反。唐太宗当即下令刑部严查，调查结果显示二人列举的证据纯属子虚乌有，高甑生以诬陷被判刑。但此事对李靖的心理打击很大，从此他心灰意冷，在家闭门谢客，甚至亲朋好友都不能见上一面。

贞观十七年（643年），为表彰李靖的丰功伟绩，他的画像被唐太宗悬挂于凌烟阁。贞观十八年（644年），唐太宗亲往李靖府中看望长期闭门不出的李靖，当场下令改封他为卫国公、开府仪同三司，并赏赐绢500匹。

贞观后期，唐太宗欲亲征辽东，出发之前召李靖入宫，询问道："爱卿一生南征北战，西定吐谷浑，南平吴会，北清沙漠，遗憾的是，东边的高丽尚未臣服，朕准备亲自征讨高丽，你觉得怎么样？"李靖说："我以前的功劳，都是依仗陛下天威才得到的。如今我已年迈，但陛下如不嫌弃，我仍希望能跟随陛下东征。"最后，唐太宗考虑到李靖的身体状况，没有让他跟随东征。

贞观二十三年（649年），79岁的李靖在家中病故，结束了自己辉煌的一生。唐太宗赐李靖谥号景武，陪葬昭陵，又册赠他为司徒、并州都督，给班剑①四十人。李靖一生功高盖世，但颇为坎坷，每次大胜之后总会有莫名其妙的诬告缠绕，虽处处小心谨慎，但仍多次遭到政敌的攻击。或许这跟他当初没有坚定地支持唐太宗发动玄武门事变，唐太宗内心深处对他的忠心有所怀疑有很大关系。不过，从另一个角度来说，李靖又是幸运的，他在每次大战之前都能得到唐太宗坚定的支持，作为一代名将，他能在战场上立下不朽战功，可以说是个人才华的极致展现。

---

① 班剑：古时一种作仪仗使用的木剑，剑身有花纹等装饰。也用来指仪仗队伍中佩持班剑的武士。

六、名将李勣

李勣是从瓦岗走出来的英雄,是小说《说唐》中瓦岗军军师徐茂公的原型。他本姓徐,名世勣,字懋功,出生于曹州离狐(今山东菏泽牡丹区李庄集),归降唐朝后,被赐姓李。为避李世民的名讳,史书中均称他为李勣。

李勣少时家道殷实,与父亲同属乐善好施之人,经常扶危济困,而且向来不问亲疏。隋朝末年,天下英豪纷纷起事,年仅17岁的李勣也加入了瓦岗军,成为翟让的部下。投奔翟让不久后,李勣向翟让建议道:"我们现在虽然占据一方,但这里是我们的亲朋好友世代居住的地方,兔子尚且有不吃窝边草的习惯,在此处我们无法强加侵掠,因此经济上难以自给。我观察宋、郑两郡地理位置优越,商旅往来不断,如果攻占这两个地方,我们在经济上就能实现自给自足。"正为钱粮发愁的翟让对李勣之言非常赞同,于是采纳他的建议,攻取宋、郑两地,劫取河中舟船上的财物作为军队资金,从此兵威大振。

大业年间,李密加入瓦岗军,很快在瓦岗军中建立了很高的威信。李勣对李密的才能诚心佩服,认为李密才能领导瓦岗军成就大业,于是就和王伯当一起劝说翟让让贤,李密从此成为瓦岗军首领。隋炀帝听说李密建置魏公府后,立即派王世充率军前去讨伐。李勣在洛水迎战王世充,最后巧施妙计大败王世充,为瓦岗军解除了这场危机。战后,李勣因功被拜为东海郡公。

当时天下本来就纷乱不止,河南、山东又暴发洪水,中原各地遍布流民,隋炀帝虽然下令让饥民到黎阳仓[①]就食,但地方官吏根本不发放粮食,导致每日饿死者数以万计。李勣一方面为百姓遭此大难心痛不已,另一方面又感到这是瓦岗军扩充实力的绝佳机会,于是对李密说:

---

① 黎阳仓:粮仓名,建于隋文帝时期,沿用至宋代,位于今河南浚县。——编者注

"如今百姓手中无粮导致天下大乱,如果能趁乱攻下黎阳仓,只要获得仓中的粮食,招募士兵易如反掌,这样一来大事必成。"李密表示同意,当即派李勣率5000名士兵从武济河突袭黎阳仓,很快便得手了。随后,李勣下令开仓放粮,正如他所料,短短一月之内,竟募得士兵20余万人。为增强战斗力,李勣受李密之命,日夜加紧训练这些新募之兵。由于瓦岗军渐成气候,隋将宇文化及受诏率兵北上攻击黎阳。李勣自知凭实力很难与宇文化及对抗,但又不甘心丢掉所辖民众和土地,于是就在黎阳城周围挖壕堑自卫。等宇文化及进攻之时,李勣又出其不意地让士兵挖地道攻击宇文化及,宇文化及大败而回。

李密被王世充打败之后,于武德二年(619年)率瓦岗余部归顺李渊,此时李勣仍占据东至于海、南至于江、西至汝州、北至魏郡的大片疆域。他没有因李密降唐而向李渊献出这片土地,认为这片土地归魏国李密所有,如果他直接上表献给李渊,会让别人认为自己是在李渊面前邀功,从而突出魏公的败绩。他不愿以这种方法谋取富贵,于是对长史郭孝恪说:"我应当将所属各州县及甲兵户数登记在册,先交给魏公,然后让他做出决定,这样才能显示魏公的功劳,而我也无愧于自己曾经的主公。"

郭孝恪深感李勣的忠心,于是协助李勣把属地情况一一登记,然后,李勣派使者前往长安把郡县户口交给李密。李渊听说李勣派人直接去拜见李密,感到非常奇怪,然而当听到使者把李勣之意转达给李渊时,李渊对李勣的忠心由衷赞叹,高兴地说:"徐世勣感恩推功,实在是纯臣啊!"当即下令赐其李姓,授黎阳总管,统领山东、河南全境兵力抵抗王世充。

几个月后,降唐之后一直郁郁不得志的李密秘密组织反唐,最后兵败被杀。李渊知道李勣对李密忠心不二,为试探李勣对李密之死的态度,特意派使者向他通报消息。李勣知道情况后当即上表请求收葬李密的尸骨,李渊准许。李密出殡之日,葬礼非常隆重,李勣身着重孝,和瓦岗军旧部一起将李密安葬于黎山(位于江西新干)之南。李勣对旧主李密的情义令世人深感敬佩，从此他也被李世民另眼看待。

然而，世事往往变化无常，窦建德打败宇文化及后，又兴兵南下攻取黎阳，时任黎阳总管的李勣自感不是窦建德大军的对手，鉴于当时的形势，他决定向窦建德投降。之后，窦建德仍让李勣据守黎阳，但把李勣的父亲留在自己军中作为人质。武德三年（620年），李勣独自从黎阳逃出，到长安后被李世民收入麾下，正式成为李世民的部属。李勣跟随李世民在武德年间东征西讨，威震敌胆，声名赫赫，为唐朝一统天下立下了汗马功劳。在攻打东都洛阳的战役中，李勣先后攻破虎牢，收降郑州司马沈悦，俘虏窦建德和王世充。在平定刘黑闼、徐圆朗之战中，李勣跟随李世民也取得了无数战绩，而且在徐圆朗归降复反后，李勣又率军平定了徐圆朗。李勣先后被任命为左监门大将军、河南道大总管。

李勣虽然深受李世民的信任，但在玄武门事变前，李世民询问李勣的态度，李勣以沉默作回答。李世民即位后，李勣和李靖一样，没有被列入首批班底的名单。但唐太宗深知李勣的实力，在贞观三年（629年），任命李勣为通漠道行军总管，出兵云中（今内蒙古托克托县）大战突厥。最后，突厥部众被李勣赶跑。李勣和李靖大军会合后，李勣向李靖献计说："碛口①是军事要塞，一旦颉利可汗顺利度过碛口，再联络其他部落，唐军就很难打败他了。如果我们能抢占此处，切断颉利可汗的联系通道，即使不战也可以让颉利可汗自败。"李靖非常同意李勣的想法，于是连夜率军出发前行，攻占碛口，让李勣跟随断后。果然如李勣所料，颉利可汗从碛江逃走时被李勣大军挡住，颉利可汗见无处可逃，只得率5万大军投降李勣。唐太宗因此封李勣为光禄大夫，任并州大都督府长史。

贞观四年（630年），李勣配合李靖彻底平定突厥，稳定了唐朝北方的局势，随后被改封为英国公。从此，李勣开始了他长达16年治理

---

① 碛口：位于山西吕梁山西麓，黄河之滨，临县之南端。

并州的生涯，在这16年中，他以威肃闻名天下。唐太宗对李勣坚守边疆的作用非常清楚，他曾对群臣说："隋炀帝不知任用良将安抚边境的重要性，只是一味地耗费巨资修筑长城以防御突厥，可真是糊涂啊！如今朕委任李勣守卫并州，突厥人听到他的名字就望风而逃，边境自然安宁，这不比修筑长城好过百倍吗？"

贞观十五年（641年），唐太宗欲召李勣入朝，拜为兵部尚书，但李勣还未动身，薛延陀真珠可汗便派他的长子大度设率8万铁骑入侵唐朝属部李思摩部。唐太宗临时任命李勣为朔方道行军总管，抵抗薛延陀部的进攻。李勣从军中挑选6000名精骑去追击敌人，在青山附近追上薛延陀大军后，趁敌不备冲入敌军中，唐军人数虽少，但个个奋勇作战，最后大败大度设，并俘虏上万人口。李勣回京担任兵部尚书不久，患了重病，唐太宗派御医诊治，当听到御医说须用胡须的灰烬做药引时，唐太宗亲手剪下自己的胡须，燃烧成灰，为李勣入药，可见他对李勣的情义至深。

贞观十七年（643年），唐太宗立晋王李治为太子，同时任命李勣为太子詹事兼太左卫率，同中书门下三品，职权比以前略小。唐太宗怕李勣内心产生想法，特意对他说："爱卿曾经担任过晋王府长史，与晋王感情深厚，如今晋王被立为太子，需要忠诚的人去辅佐他，所以朕选派爱卿担任这些官职，这样难免有所屈就，但愿爱卿理解朕的用意，不要有任何想法。"为表明自己的心意，唐太宗还在一次宴会上对李勣说："爱卿当年能不辜负李密，现在更不会辜负朕！朕做这些安排，就是想找个可靠的托孤大臣，思来想去只有爱卿最为合适。"

贞观十八年（644年），唐太宗御驾亲征高丽，同时授予李勣辽东道行军大总管之职，分兵东征。李勣率领大军一路上连续攻克盖牟（今辽宁抚顺）、辽东（今辽宁辽阳）等几座城池，最后在驻跸山①与太宗

---

① 驻跸山：唐太宗率军东征高丽时，曾驻跸于辽宁辽阳西南的马首山（今称首山）、北镇市西北的医巫闾山及海城市西南的平顶山，故称以上诸山为"驻跸山"。

会师。贞观二十年（646年），唐太宗命令李勣出兵讨伐再次叛乱的薛延陀部。李勣此次仅领200名精骑，然后从突厥部族借兵攻打薛延陀。在乌德鞬山，李勣一战大破薛延陀部，可汗咄摩支逃窜于荒野，部族大首领梯真达官率众归降。战后，唐太宗派通事舍人萧嗣业前去抚慰，至此，漠北一带的军事威胁彻底被解除了。

贞观二十三年（649年），唐太宗身染重病，在病榻上让太子李治将李勣贬出京城任叠州（治所在今甘肃迭部县）都督。李治对此疑惑不解，唐太宗说："你对李勣没有恩德，朕现在贬黜他，是为了让你登基之后重新重用他，这样他定会对你感恩戴德，从而全力扶持你。"李治即位后，听从唐太宗遗训，先提升李勣为洛州（今河南洛阳）刺史，然后又拜他为尚书左仆射，执掌大唐政事。

总章元年（668年），唐高宗李治任命李勣为辽东道行军总管，率两万人马抵达鸭绿江。经过几次大战之后，李勣在平壤附近会合薛仁贵、郝处俊、刘仁轨诸将，攻打平壤城。一个月后，平壤城被攻破。李勣等率军胜利班师，唐朝在高丽设置州县，派驻官员。

总章二年（669年），李勣去世。唐高宗下令辍朝7日，追赠李勣太尉、扬州大都督，赐谥号贞武，并亲自为其主持葬礼，诏令陪葬昭陵。为表彰李勣的功绩，李勣的墓地仿卫青、霍去病的陵墓，被设计为阴山、铁山及乌德鞬山的形状。

李勣的人生可谓传奇，他一生中完成了几次华丽的转变，从富家子弟到瓦岗起义，从此成为义军将领；从据守黎阳不主动邀功，反而以李密的臣子身份降唐，他又一次成为功臣；唐高宗遵从唐太宗遗愿命他入阁辅政，使他再次从将军成为托孤大臣。无论是身处乱世还是面临政治斗争的旋涡，李勣始终保持着清醒的头脑，在为唐朝作出贡献的同时，睿智地坚守着明哲保身之道，因此受到了唐太宗、唐高宗两位君主的重用。

七、贤相马周

前面已经说过,马周是唐太宗在一次阅览奏章中挖掘出来的一位人才,后来唐朝诗人李贺曾作诗《致酒行》称赞过这个故事。

> 零落栖迟一杯酒,主人奉觞客长寿。
> 主父西游困不归,家人折断门前柳。
> 吾闻马周昔作新丰客,无荒地老无人识。
> 空将笺上两行书,直犯龙颜请恩泽。
> 我有迷魂招不得,雄鸡一声天下白。
> 少年心事当挐云,谁念幽寒坐呜呃。

诗中"吾闻马周昔作新丰客,无荒地老无人识。空将笺上两行书,直犯龙颜请恩泽"四句,便是李贺对唐太宗重用马周的称赞。

马周,博州茌平(今山东茌平)人,字宾王,年少时父母双亡,因此家境贫困。但他天资聪颖,勤奋好学,知识渊博,尤其精通《诗经》《左传》。由于性格怪异,生性豪放,马周在地方上经常遭受歧视。武德年间,马周在博州任助教,由于他不好好教习学生,经常饮酒醉卧,多次遭到刺史达奚恕的斥责。马周愤而辞职,周游山东一带,后又遭到浚仪(古县名,治所在今河南开封)令崔贤的侮辱。马周深受刺激,感到在此处无法逗留下去,于是想去京师长安谋发展。他知道唐太宗是一位有雄才大略的明君,如果能有机会得到皇帝的青睐,定能成就一番大事业。

到达京师后,马周举目无亲,根本没有机会面见唐太宗,最后通过各种途径投入中郎将常何家做门客。常何当时的职位并不是很高,但他此前在玄武门事变中镇守玄武门,为李世民提供了在玄武门发动政变的便利条件,所以深得李世民的信任。常何为人正直,没有因马周性格怪异而难为他，反而对他关照有加，非常器重。或许是上天的垂怜，一个偶然的机会，马周看到常何为向唐太宗提建议而愁眉紧锁，于是抱着向常何报恩的心态，帮常何写了一份奏章，没想到正是这份奏章引起了唐太宗的重视，也改变了马周的命运。

得知唐太宗派人召见，正在床上休息的马周慌忙穿衣起床。就在这短短的穿衣过程中，急于求贤的唐太宗竟先后4次派使者前来催促。马周对此甚为感动，隐隐感觉到自己终于遇上了圣明君主，或许自己今后可以尽情施展自身才华了。当唐太宗看到仪表堂堂的马周来到宫中，大喜过望。交谈中，他又发现马周谈吐不俗，话语层次分明，见地异于常人，足见其见识渊博；更为可贵的是，马周完全没有虚狂不实之态，这使唐太宗顿有相见恨晚之意。遇到这样的人才，求贤若渴的唐太宗怎么会放过呢？他下令任命马周为门下省的监察御史。而常何不但没有因找人代写奏章而获罪，反而因举荐人才有功，被唐太宗赏赐300匹上等好绢。马周有感于唐太宗的知遇之恩，后来数次上书讨论政事得失，而且知无不言，言无不尽，深受唐太宗的赞赏。

由于唐太宗的知人善任，马周从一名普通百姓被直接提升为监察御史，这是非常罕见的事情，当时他年仅31岁。马周不仅才识过人，而且处事灵活，善于权变。当时京城各个街道都有专人负责巡逻警示，这些人昼夜不停地游走于大街小巷中，非常辛苦。升任监察御史后，马周向唐太宗上奏，认为只需在街道中放置大鼓，负责巡逻的人只需敲鼓就能起到警示的作用。大家都认为这样非常方便，唐太宗也觉得这个建议非常合适，于是应允，很快马周就因建议有功而被任命为给事中。他所上书的奏事条理分明，往往能够切中要害，常常令唐太宗赞叹不已。

贞观十一年（637年），马周又向唐太宗上书，从以前朝代兴亡谈起，讨论了隋朝灭亡的原因。他认为唐朝之前的几个朝代存在时间长者不过五六十年，短者仅二三十年。这些朝代之所以短命，主要原因在于君王只知挥霍奢侈，不知体恤民力，结果耗费大量财力，国本动摇，导致失去民心，加上这些君王大都缺乏知人善任的能力，忠奸不分，最终导致灭亡。以隋朝为例，隋文帝时，贤才云集朝中，百姓得到休养生息，因此出现了太平盛世，但到隋炀帝时，又重现了前面几个朝代出现的问题，最后人心尽失，隋炀帝被臣下杀死在扬州。马周劝谏唐太宗要以史为鉴，让老百姓安居乐业，这样唐朝的统治才能得到巩固，国家才能实现大治。唐太宗从马周的谏言中看到了马周出色的治国才能，从此更加重用他。

贞观十二年（638年），马周被唐太宗提拔为中书舍人。唐太宗曾对近臣说："朕片刻不见马周就会想他。"

岑文本当时官居宰相，对马周的才能很是敬佩，称赞马周之才堪比汉朝的张良、韩信。岑文本曾对亲朋好友评价马周说："我发现马周每次上奏都会援引古今，切中要害但不啰嗦。仔细研读他的奏书，每篇甚至难以增减一字，他的文字让人看后能忘记疲倦，真是个不可多得之才呀！可惜我感觉马周面有火色，恐怕身体不太好。"

晋王李治被立为太子后，马周再次被提拔为中书侍郎，兼太子右庶子。太子右庶子就是太子的老师，马周在任期间尽职尽责，谆谆教导李治如何治国理政。第二年，马周升任中书令，这一职位相当于宰相，事务繁忙，但仍兼任太子右庶子。马周同时在两宫任职，却仍处事精密、公允，受到了人们的广泛赞扬。

唐太宗亲征辽东之时，命马周等辅佐皇太子在定州监守。唐太宗东征回来后，任命马周为吏部尚书。贞观二十一年（647年），又加封马周为银青光禄大夫。此时马周年纪并不大，但正如岑文本所说，他常年患病，身体一直羸弱。唐太宗体恤马周，特赦在翠微宫附近找一块风水宝地为马周盖一处新居。为了让马周早日康复，唐太宗不仅让皇太子去看望马周，还多次下令寻找名医为马周诊治，并且亲自为他调药，可惜于事无补。病重后，马周自知时日无多，便对身边的人说："当年管仲、晏子等人为了让自己青史留名，甚至不惜用君主的过错来突出自己的忠贤，我坚决不能这么做。"他命人把以前上奏的陈书和表章收集起来，统统付诸一炬。

贞观二十二年（648年），年仅48岁的马周在长安病逝。唐太宗为他举行了规格很高的国葬，并追赠幽州都督，下令葬在昭陵陪伴自己。

马周是唐初十分出色也很有成就的政治家，虽然英年早逝，但他也实现了自己年轻时定下的理想和抱负，辅佐一代明君成就盛世伟业。唐初的经济发展和政治稳定，都有马周的功劳。

唐太宗曾对马周做出过这样的评价："马周为人正直忠诚，对事物有着敏锐的观察力和独到的见解，而且在对人的评价中能够做到客观、公正，这是非常难得的。近年来，马周为朕推荐了很多人才，朕任用后感觉都非常合适。既然马周有如此突出的才能和品行，朕一定要借助他的才能，努力使国家政局康宁。"

第八章　偃武修文，以法治国

一、尊儒崇经

唐太宗即位之初，由于受到多年武力征战思维的影响，每次讨论治国方针时，长期追随唐太宗在外征战的旧臣为炫耀大唐帝国的军威和士气，都纷纷建议应该乘胜利之势，征讨四夷，而以礼仪威服天下的思想则很少被人提起。

面对这种违反治理天下规律的建议，魏徵强烈表示反对。他一针见血地指出，这么多大臣之所以提出征讨四夷，除了有耀武扬威的心态作祟外，更重要的原因是他们对行军打仗更为在行，面对唐朝边境地区出现的少数民族侵扰现象，他们认为只有借助唐朝强大的军队才能使四夷臣服，最终在这种强大的军事威胁下，大唐帝国境内的小股骚乱才能逐渐消停。然而，这种想法根本不是实现天下大治的思想。唐太宗听了他的观点，马上向他请教治国良策。魏徵表示，只有偃武修文，施行礼义教化，才能使国内社会安定下来，连四夷也会主动臣服。他还列举了历史上因偃武修文逐渐实现繁荣昌盛的实例，使唐太宗首次对偃武修文的治国理念产生了兴趣。

隋末天下动荡不堪，经济衰退，百姓痛苦，人们渴望有一个安定的社会环境。后来唐朝建立，但唐初为了一统江山仍征战不断，没有出现百姓期盼的安定局面，这种情况一直持续到武德七年（624年），天下基本平定才结束。唐太宗知道社会发展的需要，清醒地认识到此时人心思定，以文治国肯定比使用武力征伐更能取得明显成效。因此，他不顾其他大臣的反对，同意魏徵偃武修文的政治主张，并积极制定政策，努力推行各项修文方针政策，为实现贞观盛世奠定了基础。

为了推行以文治国的方针，切实做到偃武修文，唐太宗首先推出了"尊儒崇经"的政策。自汉武帝推行"罢黜百家，独尊儒术"以后，由于儒家经典学说符合统治者的统治需要，所以历代帝王无不大力倡导这一治国安民的经典思想。李唐家族出身于关陇集团，对于儒学并不太重视；但出于统治的需要，他们在建立唐朝之后，也逐渐提倡儒学。早在武德二年（619年），高祖李渊就下诏在国子学内立周公、孔子庙，以备四时致祭；武德七年（624年），尊周公为先圣，孔子配享；武德九年（626年），封孔子的后代为褒圣侯。

唐太宗即位后，曾就周公、孔子之道在治理国家中的作用与大臣进行广泛的讨论。有一次，他对大臣们说："孔儒并非只有在纷乱的年代才能施行，而商鞅、韩非倡导的刑法也并不是盛世时使用的法宝，两派的观点既然不同，所以也不能一概而论。"魏徵是当时著名的史学家，对儒学之道也有很深的研究，听了唐太宗的话，他立即回答道："陛下说得非常有道理，商鞅、韩非之道只能在特殊时期使用，只能救于当时，但并不是使天下归心的良法。盛世治理天下，最合适的方法应该是儒家的王者之道！"饱读史书的唐太宗一心想要寻找一种合适的治国思想，在魏徵的反复劝解之下，他最终下定决心，坚持以"尊儒崇经"为指导思想，推行文治的方针。

据《资治通鉴》记载，贞观二年（628年），唐太宗特地发表声明："朕所喜好的，只有尧、舜、周公、孔子之道，这如同鸟长翅膀、鱼得活水，失去它们将要死去，不可片刻没有它们。"九月，唐太宗召集群臣讨论政治，王珪对当时重武轻儒的倾向提出了批评，认为汉朝宰相大都精通一经，以经术治理国家，这样一来，天下人就都懂得礼教，天下也就太平了。唐太宗听了深以为然。

很多人都感到疑惑，为什么中国古代帝王包括唐太宗都非常重视儒学?《旧唐书·儒学传》为我们解开了其中的奥秘："儒学思想出于司徒之官,儒学思想可以让人民正君臣,明贵贱,美教化,移风俗,莫若于此焉。"也就是说,儒学可以维护封建等级、助益风俗教化,对封建统治者有着妙不可言的功用。

正是因为儒学在治理国家时有着重要的作用,贞观初年,唐太宗采取了一系列措施来尊儒崇经。贞观二年(628年),唐太宗下诏在国学内改立孔子庙堂,以孔子为先圣,以颜回为先师,按照旧典仪式进行顶礼膜拜。贞观四年(630年),唐太宗下令,全国各州县都设置孔庙。贞观十一年(637年),他又下令尊孔子为宣父,在兖州(今山东济宁)特设庙殿,专门拨20户人家来维持供养。由此可见,唐太宗对孔子是多么崇敬,远远超过了唐高祖时期,这也进一步反映了贞观盛世的需要。

在推崇孔子的同时,唐太宗还下诏褒扬历代儒学大家,对他们的子孙授予荫官。比如,贞观十四年(640年),唐太宗下诏表示要优赏梁朝的皇侃、褚仲都,北周的熊安生、沈重,陈朝的沈文阿、周弘正、张讥,隋朝的何妥、刘炫等前代名儒,声称这些人对唐初经学影响很大,让官员将这些人的子孙名字呈报上来,朝廷将予以荫官。贞观二十一年(647年),唐太宗再次下诏,左丘明、卜子夏、公羊高、谷梁赤、伏胜等22位先儒配享孔庙,规定"并用其书,垂于国胄,既行其道,理合褒崇"。从这22名儒学家来看,唐太宗尊崇儒经并不囿于儒经派别的门户之见,只要对治理国家有所帮助,不分南派、北派,都"用其书,行其道",各取所长,兼收并蓄。他的这些措施引起了全国学子学习儒家文化的兴趣,很快社会上便出现了"尊儒崇经"的风潮。

设置弘文馆也是唐太宗尊儒崇经的一个重要措施。早在李世民被封为天策上将的武德四年(621年),为吸纳贤才名士,他在秦王府创设了文学馆,并逐渐把文学馆作为自己最重要的政治顾问、决策机构,这一机构在后来的玄武门事变中发挥了重要作用。唐太宗即位后,考虑到文学馆只是秦王府附属机构,而且十八学士中的很多人都已调任他职,人员变动很大，于是在弘文殿左侧设置弘文馆，后馆址又搬到了纳义门西边。关于弘文馆的职责，相关史料是这样记载的："或典校理，或司撰著，或兼训生徒。"但是，作为一位封建君王，唐太宗不可能仅仅把弘文馆看成是一个纯学术机构，也不可能把学士们当成学究，他精选天下文学之士"以本官兼学士，令更日宿直，听朝之隙，引入内殿，进论前言往行，商榷政事，或至夜分乃罢"。当时所选的学士中，虞世南、褚亮、姚思廉、蔡允恭是原文学馆的学士，而欧阳询、萧德言等是新增的学士。尽管弘文馆的地位、职责和作用已经不同于当初的文学馆，但是其"商榷政事"的传统职责被保留了下来。弘文馆的学士可以议定礼仪、律令和朝廷制度，讨论古今，言前王成败的经验教训。

另外，唐太宗对经籍图书的搜集与整理工作也相当重视，这一举措也是他尊儒崇经的一大表现。隋朝末年，农民四处揭竿起义，社会一片混乱，过去的旧经籍典章、先圣的遗训大都毁坏遗失。《旧唐书·太宗本纪》记载，武德四年（621 年），海内渐定后，秦王李世民就锐意经籍，开文学馆以招揽四方之士。第二年，李渊任命令狐德棻①为秘书丞，令狐德棻见经籍多有遗失，便奏请购募遗书，"重加钱帛，增置楷书，令缮写"。几年后，群书大致完备。唐太宗即位后，在弘文殿聚集 4 部书 20 余万卷，作为校刊整理、撰写专著的参考资料。贞观三年（629 年），魏徵担任秘书监后，向唐太宗提出请购天下书籍的建议，并选五品以上官僚的子弟来缮写藏于内库。经过魏徵等人的校订分类，第一为"经"，第二为"史"，第三为"子"，第四为"集"。至此，所谓"经、史、子、集"图书编目的 4 部体制终于确定下来。

贞观年间，唐太宗诏命前中书侍郎颜师古对"五经"进行考订，因为"经籍去圣久远，文字多讹谬"。两年之后修订完成，唐太宗在书

---

① 令狐德棻：唐宜州华原（今陕西铜川）人，史学家、政治家。隋末，授药城县令，唐初历任大丞相府记室、起居舍人、礼部侍郎、国子监祭酒、太常卿、弘文馆和崇贤馆学士等职。主编《周书》，后被封彭阳郡公，死后加金紫光禄大夫。

成之日，专门召集房玄龄等大儒对重新考订的"五经"加以评议，并讨论得失。朝中诸儒因学派观点不同，对《五经定本》提出了各种各样的意见。颜师古一一进行了辩答。贞观十二年（638年），唐太宗命令新任国子祭酒孔颖达主编《五经义疏》，以改变当时儒学门派林立、观点纷杂的纷乱情况。孔颖达等人经过两年多的努力，编成多达180卷的《五经义疏》，并定名为"义赞"。唐太宗非常满意，认为这些典籍综合古今，考订异说，定于一尊，因此视之为不朽著作。但他认为"义赞"这个名称不太确切，于是下诏改名为《五经正义》，并将它交付国子监，作为试用教材。当然，唐太宗极其重视这些典籍的另一个重要原因，在于它们的意旨符合唐王朝的封建统治需要。

《五经正义》成功编纂之后，自汉魏以来纷繁的学说逐步被整合，南北经学开始逐步统一，困扰儒学界多年的宗派门户之见，比如古今文之争、南北学之分、郑王学之辩等学术纷争慢慢销声匿迹，这标志着中国封建社会前期经学的终结。

但是，作为一部官修典籍，《五经正义》出自多人之手，内容难免过于繁杂，存在不少弊病。当时众人采取的修改原则是"疏不破注"，坚持以义疏解释某家注文，不能有半点儿差池，这就导致有些内容过于呆板。学者们在阅览全书后，不难发现内容往往是曲徇注文，彼此相异，疏文失于虚浮。据说当时一个名叫马嘉运的太学博士也参与了义疏的编撰，他对其中的弊病就非常清楚，说："（孔）颖达所撰《正义》颇多繁杂，每掎摭之，诸儒亦称为允当。"贞观十六年（642年），因为多次听到马嘉运讥讽捣毁《五经正义》，唐太宗下诏"更令详定"。遗憾的是，孔颖达已经年迈，无力再主持修订工作。

这样一来，唐太宗最终并没有完成《五经正义》的修订，直到永徽二年（651年），高宗下诏儒臣们继续这项工作，终于在永徽四年（653年）完成，仍以孔颖达署名，正式颁行天下，作为钦定的全国性教科书。

二、以礼相制

政治上的统一必然要求礼仪也趋向统一,因为封建礼仪是维护封建统治秩序的必要工具。隋朝时,隋文帝杨坚曾命太常卿牛弘搜集南北礼学注,制定了内含 130 篇的《五礼》。隋炀帝继位后,在广陵对《五礼》进行修订,使南北礼学达到了统一,后命名为《江都集礼》。

唐高祖李渊在长安建立唐王朝后,见天下刚经历大乱,礼典大都散失,便任命熟悉隋朝礼仪的窦威为大丞相府司录参军,命他沿袭隋朝礼仪,对朝章国典进行修订。修订工作完成后,李渊很满意,称赞窦威为唐代的"叔孙通"。

唐太宗即位之后,标榜以文治世,对隋礼的许多方面逐步进行了改革。贞观二年(628 年),唐太宗命中书令房玄龄兼任礼部尚书,让他召集一批礼官学士,深入考察社会现状,参照隋礼的内容重新制定适合唐朝使用的礼仪制度。因此,这一年被称为唐朝礼仪制定的分水岭。第二年,秘书监魏徵也参与到这项工作中。经过几年的努力,到贞观七年(633 年),一部集合众人智慧的礼仪制度终于完成,被命名为《贞观新礼》。

《贞观新礼》的篇目与《隋礼》大体一致,因为只是初次修订,难免有不完善的地方,很多人发现其中的礼仪制定有很多瑕疵,就连唐太宗本人也不太满意,不久便下诏要求重新修订。这次重修,除了以前参加修订的原班人马外,唐太宗又下诏任命著名的学者孔颖达、颜师古、李百药、令狐德棻等人为修订顾问,以便使这部礼仪书籍尽善尽美。贞观十一年(637 年),《贞观礼》正式修订完成,共有 138 篇,比初稿增加了 8 篇。唐太宗御览之后非常满意。《魏郑公谏录》中记载了唐太宗这样一段话:

昔周公相成王,制礼作乐,久之乃成。逮朕即位,数年之间,成此二乐五礼，双复刊定，未知堪为后代法否？

由此可见，当时唐太宗对《贞观礼》的颁行是颇为得意的。就连一向爱与唐太宗唱反调的魏徵也吹捧唐太宗"拨乱反正，功高百王，自开辟以来，未有如陛下者。更创新乐，兼修大礼，自我作古，万代取法，岂止子孙而已"。魏徵之所以这样说，是因为他非常清楚唐太宗将制礼国策视为实现天下大治的重要标志的良苦用心。

贞观时期不仅官修《五礼》，私人的礼学研究也很盛行，当时出现了许多专门研究"三礼"（即《周礼》《仪礼》《礼记》）的大家。唐初礼学既继承了六朝之礼，又具有统一时期的新内容。比如魏徵针对南北礼学注疏繁杂、章句杂乱的毛病，将戴圣的《礼记》进行了删减，历时数年，编写成《类礼》20篇。因为它具有删繁就简、择善而从的特点，唐太宗阅后非常高兴，下令"赐物一千段，录数本以赐太子及诸王，仍藏之秘府"。

贞观时期，以礼制约各种社会关系，成为唐王朝君臣强调的行为规范。在封建社会，为了表现等级之分、尊卑之别，对各级官员的衣食住行都进行了明确区分。贞观四年（630年），唐太宗就官员服装特意下发诏令，规定除常服没有等级之分外，今后"三品以上官员服紫，五品以上官员服绯，六品、七品官员服绿，八品、九品官员服青，妇人从其夫色"。贞观十二年（638年），唐太宗了解到各路诸侯进京朝拜时因无固定住所，只能租房与各阶层民众混住，而且租的房子条件简陋，仅能安身，他认为没有对各路诸侯尽到大唐接待之礼节，于是亲自选定京城中的空地，命令专门为各州来京的官员建造府第。为表示重视，他在工程完工后又亲自前往视察。

贞观十一年（637年），唐太宗见贞观时期推行的各项措施都得到实施，而且取得了显著的效果，内心十分高兴。为奖赏大臣，他在洛阳宫积翠池大宴群臣，并于酒酣之时当场赋诗一首："日昃玩百篇，临灯披'五典'。夏康既逸豫，商辛亦流湎。恣情昏主多，克己明君鲜。灭身资累恶，成名由积善。"并让在场的大臣吟诗作对。魏徵认真听完后，当即吟咏"终藉叔孙礼，方知皇帝尊"。魏徵在诗中引用了关于汉高祖刘邦的典故。当年刘邦称帝之后，叔孙通为汉朝制定了朝礼，刘邦感到非常满意，高兴地对叔孙通说："到今天，朕才感觉到作为帝王的尊贵呀！"诗中的"叔孙礼"就是指叔孙通制定的朝礼。唐太宗对这一典故非常熟悉，听了魏徵的诗句后称赞道："魏徵非常了解朕，一开口就知道朕准备以礼作为行动的准则。"由此可见，当时的君臣都以礼相约，具有维护封建皇帝尊严的作用。

贞观时期，统治者不仅把礼学作为制定、修订律令的指导思想，还以刑拯礼之失来维护礼学。《唐律》中的大部分内容都是以礼学来制定的，唐太宗还指示房玄龄以礼修改恩不相及、祸俱株连的酷法，将过去因犯"谋逆"而被"兄弟株连"的死刑，改为流刑。这充分说明了唐初礼学与律学相互渗透，以加强儒家礼学对律学的影响。贞观十一年（637年），唐太宗下诏："关于违反或缺失礼数礼制方面的规定（禁令），都要明确地写在刑法典籍中。"他严厉地批评了当时逾越丧礼而进行厚葬的风气。对此，《贞观政要·俭约》记载如下：

富者越法度以相尚，贫者破资产而不逮，徒伤教义，无益泉壤，为害既深，宜为惩革。其王公以下，爰及黎庶，自今以后，送葬之具有不依令式者，仰州府县官明加检察，随状科罪。

这段话证明：在唐朝，失礼者将被绳之以法。

唐太宗不仅注重用礼来约束臣民，而且本人对礼法也非常重视。无论是治国理政还是日常生活，他都时刻约束自己的言行，力求符合礼法规范。比如封建时代与帝王名字冲突者要求避讳，但唐太宗认为周礼规定只有国君死后才要求避讳，周文王和鲁庄公在世时史书中都出现了与他们名字相同的字，可见他们并没有避讳。因此，他规定贞观年间只要"世""民"两字不连读，都不用避讳，以免因用字混乱而产生歧义或错误。后来中书舍人高季辅①上表，认为密王李元晓等人作为王爵，在遇到皇子，接受皇子的下拜之后，还要行回拜之礼的做法有违常规，因为李元晓等人和皇子是叔侄近亲。唐太宗了解情况后下诏："今后李元晓等人，接受吴王李恪、魏王李泰等皇子致礼下拜后，不能答拜。"

唐太宗的女儿南平公主下嫁给礼部尚书王珪的儿子王敬直时，当时社会上有媳妇拜见公婆的礼仪；但由于多年乱世，礼仪荒废，很少有人真正尊礼行事。况且王珪的儿子娶的是公主，因此很多人在婚礼当天劝王珪也不要接受南平公主的拜见。

但王珪却说："《仪礼》规定了媳妇有拜见公婆的礼节，现在皇上提倡一切都按照礼的原则办事。我接受公主的拜见，不是为了抬高自己，而是为了在全国树立崇尚美德的社会风气。皇上圣明，定能理解我用心之良苦。"于是在婚礼中，王珪夫妇端坐高堂之上，按照礼仪规定让公主拿着帕子，行洗手、进食的礼节。唐太宗知道后果然没有怪罪王珪，反而对王珪的行为大加赞赏。至此，唐朝公主下嫁，如果公婆健在，都要行拜见之礼。

唐太宗对礼学极为重视，经常引用礼学规范来教诲自己的子女。贞观十一年（637年），他告诫吴王李恪："父亲疼爱子女，这是人之常情，是不通过教育知道的，儿子能尽忠尽善就对了。若儿子不遵循教诲，废弃礼法，必然自取灭亡，父亲即使疼爱他，那又有什么办法呢？"唐太宗以礼法来训诫诸王，显然是为了防止出现"犯义悖礼，淫荒无度，不遵典宪，僭差越等"的情况，防止皇室内部出现争斗。

唐太宗非常宠爱他与长孙皇后所生的女儿长乐公主②，长乐公主出嫁时，他特意敕令多多准备嫁妆。结果，长乐公主的嫁妆竟比唐太宗的妹妹永嘉公主多出数倍。永嘉公主是长乐公主的姑姑，按照规定，嫁妆

---

① 高季辅：唐德州蓨县（今河北景县）人，历任陟州户曹参军、监察御史、中书舍人、吏部侍郎等职，高宗时官至宰相。

② 长乐公主：名李丽质，唐太宗嫡长女（第五女）。——编者注

多少要按辈分高低而定。唐太宗将爱女的嫁妆加倍，显然不合礼制。魏徵知道后进谏道："当年汉明帝在分封自己的儿子时，特意要求封地只是先帝的儿子楚王与淮阳王封地的一半，被天下传为美谈。如今天子的女儿为公主，天子的姐妹为长公主，应该更为人尊崇才对。尽管人情有厚薄之分，但如果逾越了礼制，难免会让人们产生怨言！"唐太宗和长孙皇后听了，马上修正了自己的行为。

唐太宗不但重视朝中礼仪，而且对普通人在人情世故方面的礼节也非常关注。

贞观四年（630年），唐太宗听说京城的官员和百姓因在父母丧期相信巫书，在辰日那天竟然不哭，还谢绝别人吊唁，他感到十分生气，认为这与儒家思想中的"孝"公然抵触，于是对大臣们说："这种败坏风俗的行为严重违背人伦礼法，诏令州县官员对当事人进行批评教育，并强制按丧礼的规定居丧。"

当时社会上的和尚、尼姑、道士妄自尊大，甚至坐着接受父母行礼下拜，许多儒学之士为此非常愤怒，把这一情况汇报给唐太宗。唐太宗说："所有宗教信仰，都应以积德行善为宗旨，这些和尚、尼姑、道士的做法违背礼法、伤风败俗，应该马上禁止，仍要向父母行下拜之礼。"

贞观十四年（640年），唐太宗对礼官说："同在一起生活的人去世，要为他披麻戴孝，可是叔嫂之间在去世后却不服丧。舅舅和姨妈，亲疏程度是一样的，但在服丧的礼节上却差别很大。朕认为这些都不合礼法，你们应该集合礼官研究一下，制定出合乎礼仪的服丧制度。其他如果还有亲疏相同但服丧礼节较轻的情况，也应该同时上奏。"

礼部尚书和礼官进行认真研究后上奏说："礼是用来断疑惑、决迟疑、明辨是非、区别异同的，礼法不是凭空想象而来，而是根据人情事理推论出来的。九族和睦是人道中最重要的一点，而要想实现九族和睦，就要重视远、近、亲、疏间的礼节差别。亲属因有亲疏差别，所以在丧事的礼数上也应按照亲疏不同而逐渐减少礼节。舅舅和姨妈虽与母亲同族，但舅舅和母亲是一家，而姨妈出嫁之后则须改姓，也就意味着成了别家人,所以他们之间应该有差别,舅舅的确比姨妈重要。昔日周王称齐国是舅甥之国,整天顾念齐国,秦穆公对舅舅重耳时刻不忘,就是这个道理。依照现在的服丧礼仪,为姨妈居丧5个月而仅为舅舅服丧3个月,这样就是亲疏不辨,本末不分,可能是古人没有考虑周全所致,因此应予以更正。请增舅舅和姨妈一样,服丧5个月;以前叔嫂之间无服丧之礼,现改为服丧5个月;作为同等关系,为弟弟的妻子和丈夫的哥哥也应服丧5个月。"

唐朝时期,大臣们写奏章、进谏言也经常引用礼学。贞观十二年(638年),礼部尚书王珪上奏道:"依照礼法,三品以上官员在路上遇到亲王就不再下马行礼,但现在所有官员路遇亲王都要下马行礼,这种做法有违礼法,应予制止。"

唐太宗听了生气地说:"你们是想借贬低朕的儿子而显示自己尊贵吗?"魏徵表示:"自魏晋以来,亲王的礼遇都在三公之下,如今无论三品以上还是六部九卿官员都给亲王下马行礼,这在旧的礼法中没有先例,而且还违反了目前使用的礼法。"

唐太宗辩驳说:"太子是未来的君主,他的地位高低与年龄无关,如果没有太子,就要立太子同母的弟弟为太子。按照你们的说法,不是轻视我的儿子吗?"魏徵回答说:"商代崇尚质实,有兄长去世、弟弟继承的规定。从周代以来,都立长子为继承人,这样做就杜绝了庶子意图篡权夺位、制造混乱的可能性。国君对此更应该审慎。"唐太宗认为王珪和魏徵的话很有道理,于是下令从此以后,三品以上官员见了亲王不再行礼下拜。

魏徵还上奏说帝王对待臣下也要以礼而行。贞观十四年(640年),魏徵上书言称:"虽臣之事君无二志,至于去就之节,当缘恩之厚薄,然则为人主者,安可以无礼于下哉!"他认为要想让臣子忠于君主,君主就必须以礼待臣。他这是把礼作为调整君臣关系的行为准则。唐太宗对此欣然接受,并很快付诸实施,从而形成了君臣共治、上下相亲的和谐局面。

清人赵翼曾说："唐人之究心三礼，考古义以断时政，务为有用之学。"事实正是如此，贞观时期，在唐朝君臣的倡导下，礼学结合时政，很好地协调了君臣之间的关系。

三、乐在人和

唐初"偃武修文"的另一个重要方面是"兴乐"。作为封建国家治乱之形声，礼乐象征着国运的兴衰。贞观时期，唐太宗曾对著名的儒学大师萧德言说："只有在天下太平的时候，才偃武修文、建礼作乐。"简而言之，便是"功成而作乐，治定而制礼"。

唐王朝刚刚建立的时候，军国大事太多，再加上经济急需复苏，没有时间去修改创作音乐，每逢饮宴国宾，就效仿隋朝旧制，奏九部乐（指燕乐、清商乐、西凉乐、扶南乐、高丽乐、龟兹乐、安国乐、疏勒乐、康国乐）。直到武德九年（626年），李渊才令太常九卿祖孝孙修订雅乐。祖孝孙是当时著名的音乐大师，不仅熟习陈、梁、周、齐的旧乐，而且对吴楚之音、胡戎之伎也相当精通。他融合南北各地的音乐风格，参考古今的音乐形式，历时两年半，在经过数次修正后，终于修成《大唐雅乐》。

《大唐雅乐》适应唐朝初期的政治发展需要。南北朝时期，种族和地域的隔阂导致音乐分为南乐和北曲两类。南乐是指"梁、陈之音"，北曲是指"周、齐之音"。现在天下统一，全国没有了南北的界限，音乐也必然要随着地域的统一而统一。唐太宗顺应这个形势，融合南乐北曲，调和吴楚之音和胡戎之声，给音乐赋予了新的时代气息，大大发展和繁荣了中华歌舞艺术。

贞观六年（632年），唐太宗又命褚亮、虞世南、魏徵等人重新制作新乐章，以显现唐朝领地的不断扩大，内外交往的日益频繁。这次制作的新乐，是在隋朝九部乐的基础上修订而成。贞观十四年（640年），唐太宗平定高昌①之后，从高昌得到了一些乐工，唐太宗将他们交给太常，增加了高昌乐，与过去的九部乐合在一起，成为十部乐，这十部乐形象地反映了民族交融的大一统潮流。这十部乐可按曲演奏，也可随声起舞，贞观十六年（642 年）十一月，唐太宗在宴请百官时就演奏了十部乐。

除了谱写代表国家形象的乐章，唐太宗还亲自主持创作了《秦王破阵乐》和《功成庆善乐》。《秦王破阵乐》是武德三年（620 年），河东之战胜利后，由将士庆祝胜利时传唱的曲调改编而来。贞观元年（627 年）正月，唐太宗宴请群臣并在殿堂上演奏此乐。据史料记载，当时他颇为得意地说："朕昔在藩，屡有征讨，世间遂有此乐，岂意今日登于雅乐。然其发扬蹈厉，虽异文容，功业由之，致有今日，所以被于乐章，示不忘于本也。"从这段话可以看出，《秦王破阵乐》是一首颂扬唐太宗显赫战功的赞歌。从此，每逢宴会，必定演奏《秦王破阵乐》。

贞观七年（633 年）正月，唐太宗又亲自设计了一张《破阵舞图》，然后召集 128 名乐工进行排练，并请著名的音乐家吕才作为现场指挥。此舞阵势庞大，舞者都披甲持戟，往来击刺，象征车骑和步兵相间。旁边还有乐队伴奏，歌者唱和。唐太宗还命魏徵、虞世南、褚亮、李百药等人修改歌词，将之改为《七德舞》，意在发扬武功盛德；后来又曾改名为《神功破阵乐》。《七德舞》不仅在国内极为出名，而且迅速传播到海外，就连天竺王尸罗逸多②也听说了这支乐舞。

贞观盛世初步显现后，唐太宗仿照汉高祖和汉光武帝荣归故里的做法，御驾亲临武功旧宅中的庆善宫。此次重游故里，唐太宗触景生情，当场赋诗十韵。随行的音乐大师吕才听到后，把唐太宗的诗配上管弦之乐，命名为《功成庆善乐》。为烘托《功成庆善乐》，表现唐太宗成功

---

① 高昌：指高昌国，公元 460 年至 640 年，以吐鲁番盆地为中心，建立的以汉人为主体居民的地方政权。——编者注

② 尸罗逸多：姓乞利咥，武德中期统一王天竺，自称摩伽陀王，贞观年间遣使朝贡。——编者注

后的喜悦和胜利后对故土的怀念,吕才在演奏过程中让 64 个儿童头戴进德冠,身穿紫袴褶,随着曲调翩翩起舞,并将这个舞蹈命名为《九功舞》。

唐太宗善乐,也非常重视音乐的社会作用,对其有着独到的见解。贞观二年(628 年),他曾与群臣讨论音乐的社会作用。御史大夫杜淹认为前代的兴亡实际上是由音乐造成的,并且举出了实证,比如北齐将亡,然后作《伴侣曲》;陈朝将亡,出现《玉树后庭花》。唐太宗对他的观点极不赞同,认为音乐虽然有感人的效果,但是人所产生的悲欢之情源自人心,并不是由音乐产生的。即将灭亡的王朝,百姓必然生活得很困苦,内心悲苦,听了音乐才会产生悲欢之情。哪里见过哀怨的乐声能使高兴之人悲哀的?魏徵则说:"乐在人和,不由音调。"唐太宗非常赞同魏徵的观点。这一观点反映了贞观时期君臣的民本论思想,也是对音乐艺术的社会作用的独到理解。

据说协律郎①张文收曾建议整理太乐,但唐太宗没有接受这个建议;而是借鉴隋朝灭亡的教训,对张文收说:"音乐本来缘于人,人和,则音乐和。隋炀帝末年,天下大乱,即使修改音律,结果也不会和谐。如果天下无事,百姓安乐,音律自然会和顺,根本不需要更改。"唐太宗在此强调了"乐和"的前提是"人和",只有人和谐了,音律才会和谐。

由此可见,唐太宗不愧是一个杰出的政治家,不论什么时候都保持着清醒的头脑,在音乐歌舞方面也不例外。他注重音律,倡导歌舞,也是以"人和"为目的。贞观七年(633 年)正月,唐太宗在玄武门宴请三品以上的官员。当宴席上演奏《七德舞》时,萧瑀提议让舞蹈尽可能详细地还原擒获刘武周、薛举父子、窦建德、王世充等的具体而真实的情景。但唐太宗不同意,认为现在朝廷中有不少官员是刘、薛、窦、

---

① 协律郎:古代官名。西汉武帝时因李延年善新声而设置此官;晋时改协律校尉;北魏以后称协律郎,属太常寺;唐时为正八品上,清代废除。

王的部下，如果他们再次目睹旧主屈辱的样子，一定会很伤心。萧瑀闻言马上拜谢道："臣愚钝，没有考虑周全。"由此可见，唐太宗确实比萧瑀高明很多，考虑问题相当深刻。如果如萧瑀所说，真实地再现当时的情景，从表面上看的确突出了唐太宗的功绩，但会给君臣之间造成隔阂。这与"乐在人和"的原则不符，而且也不符合唐太宗的用人政策。这件事充分说明唐太宗对音乐和歌舞的社会作用是极为关注的。

四、修订《氏族志》

贞观六年（632年），唐太宗与宰相房玄龄谈及近代士族卖婚弊病，他说："崔、卢、李、郑四姓在过去是山东的名门望族，如今家道衰落，他们还依仗旧望，自称士大夫。据说他们每逢嫁女，都会索取大量财礼，这种行为乱礼法，败坏风俗，而且与他们目前的地位很不相称，必须立即实行改革。"随后，唐太宗下令吏部尚书高士廉、御史大夫韦挺、中书侍郎岑文本、礼部侍郎令狐德棻等大臣修订《氏族志》，以便刊正姓氏。

中国古代所谓氏族，多指士族。在魏晋南北朝时期是指"官有世胄，谱有世官"的身份性的士族，到了唐初则是指非身份性的士族。唐初的士族具有地域性，主要有4个集团：尚婚姻的山东士族、尚人物的江左士族、尚冠冕的关陇士族、尚贵戚的代北士族。隋朝时期关陇集团逐渐解体，因李唐王朝起自关中，唐初关陇集团消失，江左和代北士族也逐渐没落。只有以崔、卢、郑、李、王为首的山东士族根基较深，虽然经过农民战争的打击，但是到唐朝时期仍然有一定的势力。唐初大臣如房玄龄、魏徵等争相与山东士族联姻，导致山东士族的社会地位居高不下。强大的士族势力对皇权是一种极大的威胁，唐太宗怎能容忍？这是他下令高士廉等人刊正姓氏、修撰《氏族志》的主要原因。

隋末唐初，旧族、新官发生升降浮沉，士庶谱牒杂乱无章，为此，唐太宗对《氏族志》的修订做出了具体指示："遍责天下谱牒，质诸史籍，考其真伪，辩其昭穆，第其甲乙，褒进忠贤，贬退奸逆，分为九等。"

魏晋南北朝时期，诸侯割据，南北分裂，各地士族称雄乡里，各自修谱，根本没有条件去"遍责天下谱牒"，唐朝的统一则提供了搜罗天下谱牒的条件，加上唐太宗推行扶植军功地主的政策，出现了一批新贵。既然新贵与旧族发生升降、浮沉，那么统一谱牒、重新修订，就需要进行甄别的工作，剔除一批衰落的宗谱，增加一批新贵。因此，唐朝的《氏族志》虽然是在魏晋族谱的基础上修订的，但二者并不完全一样，唐时的族谱比魏晋时期减少了105个郡姓。

为了能够"遍责天下谱牒"，唐太宗特意选择了对全国各地族姓比较熟悉的士族官员负责这项工作，比如高士廉是山东地区的渤海著姓，出自累世公卿家庭；韦挺为关中首姓甲门；岑文本为江南士族；令狐德棻是代北左姓。这4个人分工合作，极大地便利了唐朝对全国各地的士谱进行统一排比的工作。另外，这一工作组还吸收了熟悉门阀的四方士大夫参与，目的是以统一时期的全国氏族代替分裂的各地士谱，剔除"累叶陵迟"的各地士族，补充"新官之辈"，以甄别盛衰。

为了甄别士庶真伪，唐太宗还责令全国各地士族进呈谱牒。士族谱牒是记录家族门第高贵的凭证。冒牌士族难免趁机弄虚作假，既然修订《氏族志》的一个目的是为地方士族追源溯流，专立门户，那么就务必将那些以假乱真或以伪充真的庶族剔除出去，修订时必须进行一番去伪存真的考订工作，而考订的依据则是"质诸史籍"。

为了维护皇权利益，唐太宗还制定了"褒进忠贤，贬退奸逆"的政治标准。贞观元年（627年）三月，唐太宗下诏褒奖北齐尚书仆射崔季舒、给事黄门侍郎郭遵、尚书右丞封孝琰等，因为他们"名位通显，志存忠谠"；第二年（628年）六月又下诏谴责"亲为乱首"的隋臣裴虔通，将其"除名削爵，迁配驩州"。贞观六年（632年），唐太宗以

"褒进忠贤，贬退奸逆"为修订《氏族志》的标准，正是贯彻了前两次所下诏书的理念。

经过几年的努力，高士廉等人完成了《氏族志》草稿，将之递呈唐太宗御览。唐太宗对此非常重视，仔细审阅后，发现山东士族之冠崔民干仍被高士廉等人列为第一等，他非常生气地说："士大夫应该立德立功，善事君父，忠孝可称，或者道义崇高，学艺宏博。有些人才能低下，却依靠祖宗名望，位列高贵门第而整日悠然自得，朕不知为何社会如此看重地位。崔、卢家族在本朝毫无建树，仅靠夸耀先辈而超越本朝重臣，位列第一等，你们这种做法难道是轻视朕赐予你们的官爵吗？"

于是，为了强调甄别士族盛衰的标准，唐太宗特别加以明示："不须论数世以前，止取今日官爵高下作等级。"并下令重新刊正。

唐太宗这一明示无疑是要求《氏族志》的修订要遵照"尚官"的原则，不应再以"尚姓"为原则。

高士廉遵照这一指示，对《氏族志》重新订正，把皇族立在第一等，外族列为第二等。而当初被列为第一等的崔氏降为第三等。其实，当时崔民干仅在朝中担任侍郎，其品级连第三等都很难列入，但唐太宗为保留修订大臣的颜面，没有再坚持更改。唐太宗同意高士廉降崔民干为第三等，等于"尚官"向"尚姓"原则妥协。贞观十二年（638年），《氏族志》最后定稿，收录了293姓、1651家，姓分9等，共计100卷。随后，唐太宗下令颁行天下。

《氏族志》的主要内容大致分为3个方面：(1) 王妃、主婿都取当世勋贵名臣之家，不再尚山东旧族；(2) "不须论数世以前，止取今日官爵高下作等级"；(3) 颁布"试励氏族婚姻诏"，强调山东氏族和朝臣要明确嫁娶的次序，必须遵照礼仪典章。从这些内容来看，唐太宗是在有意识地限制那些不与朝廷合作的山东旧势力，但只要能为己所用，他还是不论出身委以重任的，比如魏徵之女是高祖李渊之子霍王的妃子,杜如晦之子杜荷娶了城阳公主,而杜如晦就是旧势力的代表。

《氏族志》以官爵来排列门第等级,打破了过去纯粹以郡姓作为门第等差的传统,具有进步意义。它的修订使一部分做官的庶族地主取得了士族身份,而没落的门阀士族则受到了进一步打击,唐太宗扶植庶族地主、压抑门阀士族,从而加强皇权的目的基本达到了。30年后,唐王朝又颁布了《姓氏录》,彻底否定了传统的门阀制度。

五、编修史书

俗话说,盛世修史。编撰史书是一项浩大的文化工程,也只有盛世才能集中如此大的财力、物力和人力来实现修史这一壮举。早在武德四年(621年),高祖李渊就曾下诏撰写梁、陈、齐、周、隋、魏六朝正史,但由于征战不断而未能真正完成。贞观年间,在唐太宗的主持下,唐朝史官共整理修订了《北齐书》《周书》《梁书》《陈书》《晋书》《南史》《北史》《隋书》8部正史,在如此短暂的时间内创造出如此伟大的业绩,实属罕见。

贞观三年(629年),为完成唐高祖没有修完的史书,唐太宗命房玄龄为总监,由李百药修《北齐书》,姚思廉修《梁书》《陈书》,令狐德棻修《周书》,魏徵修《隋书》,后来又在众人的努力之下修创《晋书》。后来,由于房玄龄政务繁忙,唐太宗又令魏徵任主修,最终完成了对梁、陈、齐、周、隋、魏6个朝代的史书修订,其数目占据二十四史的四分之一。当时不但国家积极修史,就连私人修史也非常活跃,最著名的有李延寿修的《南史》和《北史》。

在这些重修的史书中,魏徵主编的《隋书》最令人瞩目,堪称"良史"。在编纂过程中,他对王劭的《隋史》18卷、王胄的《大业起居注》等多种记录隋朝历史的材料开展去伪存真、相互佐证的工作,最终编出了令唐太宗非常满意的隋史。魏徵采用的《大业起居注》一书，由于经历多年战乱，散失很多，为了真实地记录当时的历史，魏徵多次寻访在隋朝生活过的老人，药王孙思邈就是受访者之一。作为隋朝历史的见证者，这些老人回忆起当时的事件都如数家珍，为魏徵提供了最为翔实的资料。同时，魏徵还注重参考名门望族的回忆录、家谱等，然后对比求证，还坚持不以孤证记录在册，只采纳那些通过校订能够印证的内容。

《隋书》于贞观十年（636年）定稿，共85卷。对于《隋书》的编订，孔子的后代、汉代名儒孔安国的直系子孙孔颖达，复圣颜渊的后代、南朝学者颜之推之孙颜师古都作出了巨大的贡献。他们二人博学多才，精通文史且家学渊源深厚，魏徵非常推崇他们，书中许多纪传都出自这两位名儒后代之手。对于他们二人整理的材料，魏徵仔细进行了修改和订正，力求简单明了。在隋史的绪论部分，魏徵更是对隋朝短命的原因以及两代帝王的得失，做出了很有深度的总结。

李百药是当时有名的学者，隋朝开皇年间就官拜礼部员外郎等职，归降唐朝后，唐太宗对他的才华非常佩服，于贞观元年（627年）赐爵安平县男，并拜为中书舍人。第二年，李百药改任礼部侍郎，贞观五年（631年），李百药和孔颖达、于志宁、陆敦信等人受诏在弘教殿讲学，并担任《北齐书》的主编。李百药的父亲李德是齐朝的著名史官，曾修创纪传27卷，在开皇初年又续写38篇。唐太宗命李百药编写《北齐书》后，李百药就以父亲整理的历史为基础，参考包括王劭修创的16卷编年体《齐志》在内的各方资料，最终完成了这部长达50卷的《北齐书》。

同样长达50卷的《周书》的主编是著名的历史学家令狐德棻，他广涉经史，博学多才，接到唐太宗让他修创《周书》的命令后，他依据隋代牛弘的《周纪》、西魏史官柳虬的《北周起居注》等18篇历史记录，又广泛征集资料，最终完成编纂任务。

著名史学家姚思廉是《梁书》《陈书》的主编。在编纂过程中，姚思廉以其父姚察在陈、隋之际编写的梁、陈史遗为基础，参考梁陈朝许亨的《梁史》、谢炅的《梁书》、陆琼的《陈书》、顾野王的《陈朝国史纪传》等史料，完成了《梁书》56卷和《陈书》36卷的修纂。

　　后来，唐太宗感到《周书》《北齐书》《梁书》《隋书》只有纪传而没有志，体例不全，又命李淳风①、于志宁、李延寿、韦安仁等继续修创，但在贞观年间没能完成，最后经过唐高宗任内的几次修订才最终完成，成书后共30卷。

　　晋朝与唐朝之间的时间跨度很大，因此，尽管史料多达20多种，但到唐太宗时期，沈约、郑忠、庾铣所编的史料已经遗失，即使是存世的十几种，质量也很差。唐太宗为了总结晋朝昙花一现的历史经验教训，下诏重修晋史，由房玄龄任总编，参加编写的有令狐德棻、李淳风、李义府、李延寿等18人，后来唐太宗又命褚遂良、许敬宗和房玄龄一起监修。这21人组成的庞大队伍，既采用了东晋干宝的《晋纪》、南朝宋人何法盛的《晋中兴书》等几十部正史，也吸纳了干宝的《搜神记》、伪托陶渊明的《搜神后记》等稗官野史。虽然他们分工明确，寒暑不辍，但由于这部书包含帝纪10卷、志30卷、列传70卷、载记30卷，共140卷，所以历经两年才正式完成。

　　《晋书》完成后，唐太宗还亲自给晋宣帝、晋武帝、陆机、王羲之等人的纪传写出史论。皇帝亲笔书写史论，在史书中有一个专用名词叫"御撰"。这是中国封建历史上唯一一部由皇帝书写史论的史书。

　　这些著作完成之后，唐太宗对修史有功人员颁发嘉奖令，他在嘉奖令中说道："几年的时间内，众爱卿完整修成五代史，朕感到非常满意。"然后对这些人进行封赏升迁，总监魏徵晋爵郑国公，加封光禄大夫，赐绢2000匹；姚思廉加封通直散骑常侍，赐彩绢500匹；李百药

---

① 李淳风：岐州雍县（今陕西岐山）人。道士，道号黄冠子，唐代天文学家、数学家、易学家，精通天文、历算、阴阳、道家之说，是《推背图》的作者之一。

升为散骑常侍，行太子左庶子，赐绢400匹；令狐德棻赐绢400匹。

唐太宗不仅重视修撰前史，而且非常注重当代历史。他规定的当代历史修撰，不仅包括记录当朝历史的国史，而且包括《实录》《起居注》。

唐太宗修撰国史从贞观三年（629年）开始，根据由宰相监修国史的惯例，他设置史馆，任命房玄龄担任首任监修官。为人正直的房玄龄组织了当时有名的历史学家邓世隆、顾胤、李延寿等一起修撰，这些人都是敢于仗义执言之人，对当时的国史做出了客观公正的记录和评价。

唐太宗在读前朝历史时发现，历代帝王根本不读国史，他对这种做法非常不满。贞观十四年（640年），他向房玄龄提出要读国史，房玄龄说：“在国史中，无论善恶都有记载，包括对当代君主也是如此，所以根据前朝惯例，当朝国君不能读当朝国史。”唐太宗却说：“朕和古人的看法不同，朕现在要看国史，是为了明白自己的得失，如果朕做得对，当然就不用再说了；如果朕发现自己有缺点，可以用它作为镜子，促使朕今后改正。因此你们可以呈给朕看。”

按照历史惯例，当朝不修专门记录帝王统治时期的大事实录，但唐初第一部，也是有史以来最详备的实录就修撰于贞观年间。贞观十四年（640年），唐太宗命房玄龄编写实录，因无此先例，房玄龄和众史官遂将国史删减，把唐朝创建到贞观十三年（639年）这段历史写成编年史，修撰唐高祖、唐太宗实录各20卷，并于贞观十七年（643年）呈送唐太宗。唐太宗看后赞不绝口，下诏赏赐房玄龄绢1500匹，同时还赏赐许敬宗绢800匹，并封爵高阳县男。

当然，唐太宗也对实录中不满意的地方提出了修改意见。由于实录要呈给当朝皇帝，许敬宗等史官为防惹祸上身，难免曲笔，比如在玄武门事变的记载中就隐去了事实。但唐太宗认为这么做不太妥当，于是让房玄龄向史官转达谕令：“作为史官，一定要真实记录过去发生的大事,不能刻意隐瞒。玄武门之变和当初周公为安定周室,诛杀管蔡一事的性质不是完全相同吗?这是安社稷、利万民的举动,为何不真实记载呢?"

除了国史和实录外,唐太宗还非常重视起居注的编写。所谓起居注,就是古代史官记载帝王的言行录,朝中有专门负责记录的官员,称为起居郎。贞观初年,唐太宗除设置起居郎之外,还设置"知起居注",兼职做起居注的工作。无论是起居郎还是知起居注,都是唐太宗的亲近侍臣方能担任,由于他们与唐太宗关系密切,所以能翔实记录唐太宗的言行。贞观年间,杜正伦、褚遂良等重臣都曾兼任知起居注,他们尽职尽责,为修撰历史提供了丰富的第一手资料。

杜正伦担任起居注史官时,对唐太宗的言行总是秉笔直书。他曾对唐太宗说:"记录陛下的一言一行,这是我修起居注的职责,我必须尽职尽责。陛下如有一句话违背了道理,不仅有损当今百姓,也关系到千秋圣德。"唐太宗听了非常高兴,当即赐绢200匹。

褚遂良担任知起居注期间,有一次,唐太宗问他:"你是知起居注,应该知道起居注的内容,朕可以看看吗?"褚遂良回答说:"起居注内真实记录了君王的言行善恶,以匡正后来之君,所以不能给皇上看。"唐太宗又问道:"朕的失误之处也如实记录吗?"褚遂良从容地答道:"不敢不记。"素与褚遂良不睦的大臣刘洎此时也正声说道:"即使遂良不记,天下也会记的。"唐太宗听了,再也没有说过要看起居注的话。

唐太宗如此大规模修史实属前所未有,其主要目的是为了借鉴历史。在这些史书中,唐太宗对修撰隋书最为重视,为此他特意安排敢于直言的重臣,同时也是史学家的魏徵担任《隋书》主编,为的就是吸取隋朝仅传二世而亡国的教训,以史为鉴。

六、以史为鉴

人类只有不断总结前人的经验教训,才能发展进步。人是这样,治国更是如此,如果帝王不能吸取前朝的失败教训,就不会正视治国理政的重要性。因此,开明的国君都非常重视从王朝的更迭中吸取教训。《增广贤文》里写道:"观今宜鉴古,无古不成今。"唐太宗认为"以史为镜,可以见兴替",他非常清楚只有注意借鉴历史的经验,才能真正治理好国家。

周武王灭商后,周王室统治天下长达800多年,而秦始皇吞并六国后,秦王朝仅仅存在了十几年。为什么两朝存在的时间有这么大的差别呢?唐太宗曾多次和大臣讨论这个问题,最后得出结论:秦朝之所以如此短命,关键在于秦始皇得到天下后一味地施行欺诈和暴政,魏徵在《隋书》中曾用"隋的得失存亡和秦相似"这样的话总结隋朝灭亡的原因。唐太宗看后对魏徵说:"秦始皇其实也是一位了不起的人物,所以他能统一六国,但仅传位两朝就亡国了,我朝必须吸取这一教训。"

在探究秦朝和隋朝灭亡的原因时,唐太宗认为秦始皇宠信赵高是导致秦朝灭亡的一个重要原因,而隋朝二世而亡,隋文帝也不无过失。

唐太宗常用《晋书》中的例子来教育皇子,让他们牢记晋朝灭亡的教训。对于晋朝晋武帝司马炎,唐太宗肯定了他的功绩,认为他统一了长期分裂的国家,并使统一后的国家稳定富裕。但是,晋武帝居安不思危,分封诸王导致变亲为疏,结果削弱了中央集权,以至纲纪大乱,政局动荡。

最受唐太宗推崇的帝王是汉初的帝王,包括汉高祖、汉文帝和汉景帝。不过,汉高祖得天下后大肆杀戮功臣,汉景帝曾错杀晁错,唐太宗为此对他们颇有微词。真正受到唐太宗肯定的是汉文帝。唐太宗在贞观年间施行的农本思想、君臣一体思想、人道主义思想、民族德化思想、感化思想等治国方针，均借鉴了汉文帝的治国理念。比如贞观初年，大臣建议为避殿中潮湿，应重新修建一座高阁。唐太宗不同意，说："汉文帝要修筑露台，但考虑到一旦修筑露台就会消耗十家之产，于是决定不再修筑。朕的德行虽不如文帝，但应虚心向他学习才是。"贞观十一年（637年），马周讨论施政得失时说："汉朝因文帝、景帝勤俭爱民，武帝才能继承巨额财富，所以武帝虽然穷奢极欲，但国家仍然没有发生大的动乱。假如高祖之后武帝直接继位，估计汉朝也不能长久！"唐太宗对马周的说法深表赞同。

要想实现社会的发展进步，就必须借鉴历史。孔子在《春秋》里的微言大义，表面上看是为了对历史人物和事件做出评价，但实际上也起到了表现儒家历史观的作用。无论是《左传》《公羊传》《穀梁传》，还是《国语》《战国策》等史书，由于受到条件的限制，根本无法还原历史真相，因此这些书大都以《春秋》作为范本，着重于对历史人物和历史事件的褒贬。

在汉武帝创建出真正统一的大帝国后，政局逐渐稳定，国力逐步强盛，这才有条件对中国历史进行总结，作为帝王治国理政的参考。自汉武帝至唐朝几百年的历史中，出现了二十四史中的前四史，其中有被誉为"究天人之际，通古今之变，成一家之言"的历史巨著《太史公记》，将黄帝至汉武帝之间长达3000多年的历史进行了整理和总结。另外，班固兄妹以总结西汉王朝兴衰的经验和教训为主要内容而写的《汉书》，晋人陈寿记录东汉末年至三国时期的《三国志》以及南朝人范晔所作的《后汉书》等，都为唐太宗施政提供了生动的教材。

可以说，唐太宗是个读史成癖的皇帝，常常以史为鉴，阐述今世。贞观之前的史学界非常推崇《史记》，认为《史记》优于《汉书》。但唐太宗却偏爱《汉书》，而且非常重视《汉书》中对前朝诸多帝王的评价，因此贞观年间也特别重视对《汉书》的研究。贞观时期曾出现过汉书热潮，当时秦景通兄弟研究汉书，名气很大，称为"大秦君""小秦君"。唐时研究汉书比较有名的著作有刘伯庄的《汉书音义》，姚察所著的《汉书训纂》，颜师古作注的《汉书》及其叔父颜游秦的《汉书决疑》等，这些著作对《汉书》都有着独到的见解，为当时的史学家所称颂。

唐太宗不仅痴迷读史，而且有着先进的历史观。他虽然借古鉴今，但绝不厚古薄今，一直充分肯定现实的成就，坚持今胜于昔的观点。

历史的经验不但为唐太宗治国提供了借鉴，也为他在处理君臣父子关系上提供了一面镜子。贞观九年（635年），唐太宗对大臣说："朕一直采用无为而治的思想治理天下，如今果然四夷威服，不过这不是我一个人能办到的，主要还是依靠诸位爱卿之力。当思善始善终，让国运永昌，令数百年后读我国史，仍感觉蔚然可观，难道只有隆周、炎汉及建武、永平时期的故事才能够被世人津津乐道吗？"

房玄龄回道："陛下把功劳让给群臣，是陛下谦虚。国家兴盛的根本在于帝王的盛德，只要陛下能有始有终，天下可保永久太平。"

在研究秦隋的教训、晋朝的得失、汉朝经验的同时，唐太宗对其他朝代的历史也进行了总结和研究。

贞观九年（635年），唐太宗对魏徵说："朕反复读周史、齐史之后，深感亡国之君的所作所为基本上是相同的，都存在穷奢极欲、横征暴敛、国库一扫而光的规律，最后导致亡国。朕以为当君主开始赋敛无度，百姓肯定会很快处于水深火热之中，这样国家离灭亡也就不远了。"

唐太宗在饱览史书之后，为吸取历史的教训，特意写了一篇名为《金镜》的文章，文章中提出："多营池观，远求异宝，劳师远征，使民不得耕耘，女不得蚕织，田荒业废，兆庶雕残，见其饥寒不为之哀，睹其劳苦不为之感，苦民之君也，非治民之主也。薄赋轻徭，百姓家给，上无暴敛之征，下有讴歌之咏，屈一身之欲，乐四海之民，忧国之主也，乐民之君也。"

作为一名优秀帝王，必须善于总结和研究各朝代的历史经验，以史为鉴，善于吸取历史的教训，必须要站在历史的高度来看待自己的权力。唐太宗做到了这些，所以他能开创贞观盛世。

七、慎刑宽法

唐太宗即位后，能够在短短十几年内就开创国富民强的理想局面，原因是多方面的。除了重视历史经验、施行崇儒尊礼的施政方针外，还有一个重要原因就是建立、健全了符合社会发展的法律法规，在法律的执行过程中按照"王子犯法，与庶民同罪"的原则，公平对待，这种相对的公平使民众得以安居乐业，国家自然也就实现了大治。可以说，唐太宗施行的法治建设是实现贞观之治的重要保障。

隋文帝时期，为了与民休息，他主张轻徭薄赋，宽刑省法，造就"开皇之治"的繁盛景象。然而继任者隋炀帝不明白刑法的真正意义，在位期间既因不讲信义而失德，又因施行严刑酷法而失民心，最后导致民怨沸腾，天下大乱，身死国灭。唐初统治者亲身经历了这一切，并深刻总结了隋亡的教训，深知严刑酷法对社会的危害，也明白群众的力量。所以，李渊在晋阳起兵时，为了争取人心，就行宽大之令；进入长安后，他效仿汉高祖刘邦，宣布减轻刑法，并与关中百姓约法12条。当时人们正饱受严刑酷法的迫害，因此李渊的这一举动深得民心。武德元年（618年），李渊宣布废除隋朝的《大业律令》，命裴寂、刘文静等依照隋朝《开皇律》重新修订法律。李渊要求删减律令时这样说道："本设法令，使人共解，而往代相承，多为隐语……宜更刊定，务使易知。"武德七年（624年），唐朝正式颁布了新的律令，即《武德律》。

唐太宗即位后曾说："国家大事，必须坚持赏罚分明，奖赏有功之人，无功者自退；惩罚有罪的人，为恶者自然会非常害怕。"这种将法律置于个人之上的思想，远远超越了历代帝王。不过，要真正做到赏罚分明，必须有相应的法律、法规为标准。当然，如果要制定相应的法律，就会涉及立法的原则和基础。当时唐太宗想尽力完善《武德律》，于是命大臣们讨论致治与立法的原则，朝堂之上出现了两种截然不同的主张，有人主张威刑严法，有人认为应以仁政治国。魏徵则是后者的坚定支持者。

魏徵说："仁义是治国之本，刑罚是治国之末，因此在治理国家时应该注重仁义，而谨慎使用刑典。"谏议大夫王珪对魏徵的观点极为赞同，他说："只要能任用公正善良之人为官，增加官员的俸禄，断案的时候肯定能公允恰当，奸伪现象也会停止。"最后，唐太宗采纳魏徵等人的建议，把慎刑宽法作为立法的基本原则，以宽仁治天下。

确定立法原则之后，唐太宗马上着手修订律令。早在贞观元年（627年），他就命长孙无忌、房玄龄等人按照宽平的原则修改法律。历经10年之久，《贞观律》正式颁布全国。此律法内容广泛，结构严密，不仅有法律条文，而且包含道德内容，后来成为五代、宋、元、明、清制定律典的依据。

在修订《贞观律》的同时，唐太宗还修订了一系列的法令，有令、格、式3种类型，与律相辅相成，"律以正刑定罪，令以设范立制，格以禁违止邪，式以规物程事"。凡是违反了令、格、式，都是违法，一律按"律"定刑。可惜的是，令、格、式大多散佚了。

为了保证贞观律令的执行，唐太宗还采取了一系列的重要措施。

贞观元年（627年），唐太宗发现有的官员为了提高办案效率，以达到快速升迁的目的，造成了很多冤案。他非常生气，对大臣们说："人死不能复生，因此施用刑法一定要宽简。古代判案必须要征询三公九卿的意见，这种办法就很好。"他下诏让大臣研究促进公平办案之法，最后确定判处死刑必须由中书省、门下省四品以上的官员集体讨论才能决断，希望以此避免冤案和量刑过度。

吏部尚书长孙无忌等人在制定法令时，为显示刑罚渐减，原本有50种罪应判处绞刑，如今改为断右趾。但唐太宗仍认为太残忍，说：

"肉刑早已废除，应该换一种刑罚。"最后有人建议改为徒刑3年，流放3000里。唐太宗这才同意下诏颁行。

当时有人在选拔官吏的过程中伪造资历，唐太宗知道后大怒，诏令犯事人自首，不自首者处死。很快就有人因犯此罪而被捕，唐太宗下令立即斩首，大理寺少卿戴胄是一名清正廉明的法官，他进谏道："此罪按律应该流放。"唐太宗生气地说："诏令已下，你要因守法而使朕失信吗？"

戴胄从容地说："法律是以国家的名义颁行于天下，而陛下的旨意则是出于一时的喜怒。按律定罪就是忍小愤而存大信呀！"唐太宗听后转怒为喜，称赞戴胄说："由你执法，朕就放心了！"后来，戴胄还用自己的法官身份，多次否定了唐太宗不合法律条文的意见，有理有据地说服了唐太宗。由于戴胄依法办事，从此天下很少再有冤案发生。

对于人命关天的死刑，唐太宗特别重视。相州人李好德一向疯疯癫癫，因说出大逆不道之言被抓进监狱。大理寺丞张蕴古对唐太宗说："李好德的疯病人尽皆知，依照法律，这种人是不能治罪的。"唐太宗最终答应赦免李好德。张蕴古在没有正式宣布李好德无罪之前就把唐太宗的旨意告诉了他。不久，张蕴古又和李好德博戏，遭到权万纪弹劾。唐太宗盛怒之下，下令将张蕴古斩首示众；不过杀掉张蕴古后，唐太宗很快就后悔了。他对房玄龄说："张蕴古身为法官，不仅泄漏朕的旨意，还和囚犯游戏，罪行严重，但依律不应判处死刑。朕下令处死他实属愤怒至极，作为大臣你们竟然没有一个人劝阻，主管部门也在没有回奏的情况下就执行了死刑。食君之禄，忠君之事，事无大小，都应如此，然而朕不问你们，你们就不说，不合理的事也不阻止，如此辅佐有违朕意，这样治国社会怎么会清明呢？"

此后，唐太宗规定，凡判处死刑，必须3日5次回奏。如果违背这一程序，法官将受到严厉的惩罚。如果未经回奏就处决罪犯，处流放两千里，即使奏报得到批准，也必须在3日后方可用刑，否则处以一年徒刑。

唐太宗还下诏健全刑讯制度，规定对罪人不得鞭背①，以免造成死亡。如果出现刑讯逼供现象，对审问者处以"杖六十"的刑罚。对于确需拷讯者，规定拷讯次数不得超过3次，数量共计不超过200下。经拷讯后仍找不到确凿证据的，必须取保释放。如果因拷打致犯人死亡，按过失杀人罪论处。这些规定避免了刑讯拷问、屈打成招的冤案发生。

当时青州曾上报一起"谋逆"事件，地方官员为了尽快找到罪证，逮捕很多人，把这些人带上刑具后严刑拷打，许多人在重刑之下屈打成招。随后，朝廷派崔仁师前往处理，崔仁师下令去掉"犯人"的刑具，并提供食物和沐浴。最后，经崔仁师审问，仅对十几人定罪，余者全部无罪释放。

有些正直之人往往由于公正执法而得罪一些小人，一有机会，这些小人就会诬告，以达到公报私仇的目的。贞观三年（629年），长安行霍、行斌上书诬告秘书监魏徵谋反，唐太宗自然不会相信。贞观九年（635年）八月，岷州（今甘肃岷县）都督、盐泽道行军总管高甑生因贻误军机而遭到李靖处分，一直怀恨在心的高甑生便诬告李靖谋反。后经调查，此事纯属无中生有，高甑生被判死罪，后经减刑改为流放边陲。有大臣对唐太宗说："高甑生在秦王府时就跟随陛下，而且还立有大功，希望陛下看在旧功的分上宽赦他吧。"

听了大臣的建议，唐太宗说："自晋阳起兵以来，功臣很多，如果人人犯法都可以获得宽赦，那还怎么治理国家？高甑生不听李靖指挥，又诬告李靖谋反，这种行为如果得到宽赦，法律还怎么实施？朕不会忘记有功之臣，但为了维护法律的尊严，不能赦免。"

唐太宗立法的本意是使臣民共同守法。总的来说，贞观时期的司法制度非常严格，不过，唐太宗认为用法律制裁百姓实属不得已而为之。他对戴胄说："只要法律完备，百姓就会知道哪些是不能做的事情，自

---

① 鞭背：古代薄刑之一。鞭打背部。

然会奉公守法,当然也不会害怕受到法律的制裁了。"由于具备完善的法律制度,从平民到上层人人都能守法,这正是贞观时期依法治国达到的效果。

经历了长期的法治治理,贞观时期的官吏都非常廉洁,豪门大姓也有所收敛,再没有欺负百姓的劣迹;商人在运输交易的过程中,再也没有被盗和强买强卖的现象,马牛在野外遍地都是;普通百姓晚上睡觉根本不用关闭门户,因为根本就没有偷盗现象。也许为了褒扬唐太宗的英明,史书中有夸大之词,但贞观时期的法律确实实施得比较好,当时吏治清明,执法严格,社会安定是不争的事实。

唐太宗为了推行依法治国的方针,自己带头遵纪守法。他知道天子也是凡人,只要是人就不可能事事尽善尽美,难免会犯错误。不过,作为一代明君,他确实具备普通帝王所没有的优秀素质,一旦发现错误,他就能勇于承认并自觉改正。他认为身为天子,如果能严格遵守法律,肯定会产生非同寻常的影响。

广州都督党仁弘在任时,全然不顾百姓利益,四处恃强凌弱,强抢民女,擅自赋敛,中饱私囊。因此他任内百姓怨声载道,民愤冲天,后被人告发。本来党仁弘的罪行按律当斩,但唐太宗念其有功,且年老体弱,想留其性命贬为庶人,从轻发落。唐太宗知道这样不符合法律程序,特意向老天请求饶恕自己从宽处理恶人的罪过。朝中大臣认为虽然对党仁弘从轻发落,但唐太宗并不是因为私情才这样做,根本没有什么错。但唐太宗仍认为自己在处理这件事时有知人不明、未能善赏恶诛、以私乱法 3 项罪。他的这种明君风范得到了史官的赞扬。

每个人都有忽视自身缺点的时候,所以唐太宗要求大臣时常提醒他自觉守法。魏徵曾向唐太宗进谏道:"目前我朝的奖罚措施也有许多不尽人意之处,比如量刑之中往往会受个人好恶和各种感情因素的影响,因此我们今后还要进一步完善各种法律制度。"太宗听了非常高兴,当场表示愿意采纳他的谏言。

有一年，唐太宗听臣下议论法官审案有不公正的现象，往往对有罪之人量刑过重，于是就询问大理卿刘德威原因何在。刘德威说："出现这种现象的责任在君王而不在官员，君王如果认为从重惩罚对治理国家有好处，执法官员当然会量刑偏重。如果想要改变这种风气，只需要陛下当众表明自己认可宽刑的态度即可。"太宗对此深感赞同，当即下令宽刑轻法。贞观十四年（640年），御史弹劾刺史贾崇的部下犯了"十恶"大罪，贾崇非常害怕，因为按当时的法律，长官要连坐。不过，唐太宗认为，即使上古先贤都不能保证其亲近之人均有贤德，比如陶唐氏的儿子丹朱就不贤；柳下惠是大贤，他的弟弟盗跖却是盗贼。圣贤尚且不能感化亲人从善，现在对一个刺史提出这样的要求，实在是强人所难。为此，唐太宗说："如果刺史因此连坐，从今往后大家肯定会互相掩盖罪行，这样一来，真正的罪犯将无法受到惩治。"他还规定，各州今后有犯"十恶"之罪的人，刺史无须连坐；但要积极配合抓捕罪犯，肃清奸恶。

执法必严是法治的一个重要环节，如果立法者不严格遵守法律，法官徇私枉法，再完备的法律制度也不过是一纸空文。因此，唐太宗在带头守法的同时，也要求臣下必须遵守法纪，严格执法。他常说："法律并不是为朕一个人服务和制定的，而是为国家、百姓服务的。"

贞观四年（630年），唐太宗对大臣们说："我们君臣整天孜孜不倦，忙于国事；但朕还要用各种法律去约束大家，这不仅仅是担心老百姓得不到公平，也是为了让你们能长守富贵呀！朕深知天非不高，地非不厚，所以朕常心怀敬畏之心，丝毫不敢懈怠，诸位如果能常像我一样敬畏天地，小心守法，不仅能让百姓安宁，自身也会常得安乐。如果有人徇私贪污，就会出现破坏公法、损害百姓利益的事件，即使丑事没有败露，内心难道就不害怕吗？内心常怀恐惧，肯定会损害身体而得病死亡，诸位想想是不是这个道理！"

从古至今，惩治贪官污吏都是大快人心之举。贞观四年（630年），唐太宗诏令各级官吏，徇私贪污既损百姓又损自己，一经发现必定严惩。为了严肃法纪，每当处斩罪行严重的贪污犯，唐太宗都会诏令各地来京官员观刑，以示警告。

濮州（今山东鄄城旧城镇）刺史庞相寿在贞观初年是个臭名昭著的贪官，贞观三年（629年）曾因贪污被唐太宗退赔撤职。作为秦王府旧部，他上书唐太宗，希望唐太宗念及旧情，从宽处理。唐太宗一时心软，认为他是因贫困才行贪污之事，于是决定让他官复原职，并赐绢百匹。魏徵听说后，当即劝谏道："仅仅因为庞相寿是陛下的故旧，陛下便徇情枉法，这是有违法度的。现在陛下不但让贪污者官复原职，而且还赐予钱物，这样不但无助于他弃旧图新，改恶从善，还会让过去的秦王府旧部心怀侥幸，认为即使犯法也不会受到惩罚，从此陛下的亲朋故旧就会藐视法律，众人会因此不服。"

唐太宗深以为然，于是亲自对庞相寿说："如今朕虽然是天子，但作为四海之主，绝不能偏袒亲朋故旧。如果宽赦你，其他人难免会有意见，从此不再诚心诚意为国服务。"庞相寿无计可施，只好认罪伏法。

由于唐太宗施行德化和律法统一的治国方针，国内很快便呈现一片清明景象。贞观六年（632年）十二月，唐太宗在查看囚犯名册时，看到被判死刑者即将失去性命，心生怜悯之情，当即下令将这些人释放回家，待来年秋天再回来受刑。等到贞观七年（633年）九月，在无人监督和催促的情况下，被释放的390名死刑犯人全部按时回京报到。唐太宗认为他们信义尚存，于是下诏全部赦免。

这种赦免在贞观年间非常罕见，因为唐太宗并不主张大赦，他常说"赦者小人之幸，君子之不幸"，认为如果大赦，赦免的是贼人，而受害的是百姓，况且频繁大赦会使罪犯产生侥幸心理，这样一来，法律就起不到惩戒罪犯的作用，导致犯罪数量增多。

贞观年间，唐太宗发挥治理天下的大智慧，按照儒家治国思想，注重道德和法律的统一，实现了封建社会少有的清明之治，开创了中国封建历史上力求社会和谐的治世，为后世帝王治理天下提供了典范。

第九章 统一边疆，四夷臣服

一、制服突厥

作为一名胸怀大志的帝王，唐太宗不仅靠自己的努力实现了"贞观之治"，天下太平，国富民强，而且以武力平定了边疆少数民族的不断侵扰，逐步稳定了边疆。

当时，对大唐政权威胁最大的是北方的邻居突厥，所以，唐太宗首先把目光投向北方边境。

突厥是一个发源于北方阿尔泰山的古老民族，北齐、北周时期渐趋强大，建立了"控弦数十万"的军队。隋初，突厥贵族集团分裂为东、西两部，东突厥被隋文帝打败，纳贡称臣；西突厥也一度衰落。隋末混乱时期，东西突厥乘机复兴，一跃成为雄踞漠北、力控西域、势倾中原的强大军事力量。隋末唐初，突厥依仗强大的军事实力不断侵扰中原，中原百姓深受其苦但也无可奈何。

唐太宗之所以被称为千古帝王的楷模，不仅是因为他知人善用、纳谏如流，还在于他善谋大局，具有为了整体利益而牺牲局部利益的超强忍耐力。李渊父子晋阳起兵之前，突厥曾突袭晋阳，晋阳守军因实力不足，根本无法抵挡。李渊父子意识到突厥军队的强大，深知要成就大业，必须与突厥搞好关系。大唐立国之初，为争取突厥的支持，李渊父子采取了对突厥族卑屈迎合的政策，对突厥称臣纳贡。尽管很多人认为这是大唐永久的败笔，但它对唐王朝统一全国起到了重要作用。

为了让突厥可汗支持自己，李渊曾向突厥许诺，"大军攻入京城后，人口土地归唐公，而财帛金宝归突厥"。面对如此诱惑，突厥可汗派出大将康鞘利率领2000名骑兵前往太原，并赠送千匹战马以示友好。李渊父子借助其声威，以作声援，解决了自己的后顾之忧。如此隐忍对后来的唐朝来说是第一次，但并不是最后一次。

唐朝成立以后，突厥人从言听计从的李渊身上看到了大唐的"软弱"，始毕可汗经常派人以各种借口向大唐索要进贡，而且态度蛮横。李渊考虑到中原尚未平定，一旦与突厥交恶，恐怕会遭到突厥的夹攻，所以每次都满足了突厥的无理要求。甚至在始毕可汗去世时，李渊还决定以国君丧礼才用的隆重礼节向突厥表示哀悼，这种隐忍策略在当时当属别无选择。

然而，在大唐如此隐忍的情况下，欲壑难填的突厥军队仍然时常进入唐朝腹地抢掠，唐朝守军敢怒而不敢言。武德三年（620年），突厥处罗可汗率军助秦王李世民攻打刘武周，结果突厥士兵在并州城内大肆抢夺美女，并州总管李仲文无计可施，只能视而不见。同年秋天，处罗可汗去世时，唐朝仍以臣礼致吊，可见此时的大唐仍处于弱势。

武德七年（624年），突厥再次违背盟约，侵犯原州（治所在今宁夏固原）、陇州（治所在今陕西陇县）、并州等地，鉴于此，有大臣提出："突厥之所以常常侵犯关中，就是因为长安有众多的子女玉帛，如果我们把这些子女玉帛迁到别处，定都他处，突厥自然就不会再来了。"对于这种投降式的建议，李渊竟然同意了，并立即命人寻找建都之地。关键时刻，秦王李世民提出效仿汉将霍去病，亲自带兵攻打突厥，并发出了"保证不出十年，必定漠北"的豪言壮语。

事实证明，李世民的提议是行之有效的。后来，在颉利可汗、突利可汗举国入侵大唐的战争中，李世民率兵直抵敌阵，在阵前利用颉利可汗、突利可汗之间的矛盾，采用心理攻势巧妙离间二人。在颉利对突利可汗产生怀疑之后，李世民又派人向突利可汗陈说利害，将其劝降，然后冒雨夜袭突厥。颉利可汗只得亲自前往唐军大营请求和亲，并请求与李世民结为兄弟，最后两军盟誓而去。此战虽然并没有经历大规模的战斗，唐朝却获得了与突厥交手以来最大的一次胜利，从此大唐对突厥的态度逐渐强硬起来。

这次李世民的离间之计并没有消除突厥这个时刻存在的威胁。第二年，颉利可汗再次率领大军劫掠朔州，进犯太原等地。唐军将领张公谨率领士兵进行了英勇顽强的抵抗，但终因兵力悬殊，导致全军覆没。

武德九年（626年），突厥趁李世民刚刚即位，派兵先后侵入高陵、泾州等地。泾州行军总管尉迟敬德率领唐军斩敌千余人，但是突厥主力部队未受损失，大军直抵长安近郊。唐太宗无可奈何之下，以超常的智慧和无人能及的气势，仅率高士廉、房玄龄等六骑，直奔渭水河边，与颉利隔水对话。不久，唐军大队士兵陆续赶到，在唐军威风凛凛、气吞山河的气势威胁下，颉利和唐太宗于渭水便桥歃血设盟，签订了"渭水之盟"。事后唐太宗经常提起这次"渭水之盟"，并称之为"渭水之耻"。

"渭水之盟"过后，突厥颉利可汗在一个月之后向大唐赠送3000匹马和上万头羊，但都被唐太宗退回，只是要求突厥归还俘虏的中原人口，并遣返被俘的温彦博回唐。唐太宗表面隐忍不发，只是因为时机未到，在他心中，消灭漠北霸主突厥，成了大唐对外事务中最重要的一件大事。为了壮大国力，消灭突厥，他明修内政、励精图治、兢兢业业。

当然，行伍出身的唐太宗也知道，只有军事强大了，才能真正威慑敌人，于是他开始在军事方面做最为积极的准备。其一，为了提高骑兵的素质，他下令扩充唐朝牧监（即军马场），在关内道、陇右道、河东道一带增建了大规模的牧监。为了培养出体格健壮、耐受力强、腿脚灵便的军马，唐军不但引进胡马改良品种，还重金招揽大量域外养马高手来驯马。几年之内，大唐牧监内产出了许多适宜大规模长途奔袭的军马，从而为装备优良的骑兵部队提供了条件。其二，唐太宗在民力所及的情况下大力扩充兵源，为鼓舞士气、积极练兵备战，他还曾亲自在芳林苑内教士兵射箭，并组织射箭比赛，对胜出者亲自颁发奖品。其三，为了提高士兵作战的积极性，唐太宗建立了非常完善的军功晋爵食禄制度。其四，为确保战争期间的物资供应，唐太宗下令在丰年大量补充粮仓，积极储备粮草。最后，精于军事谋略的唐太宗还亲自制定从突厥内部分化瓦解的策略，并暗中培植颉利的敌对势力，从而削弱突厥的实力。

就在唐太宗积极准备消灭突厥的同时，突厥的实力开始由盛转衰。突厥强盛之时，曾征服薛延陀、回纥、契丹、吐谷浑、高昌等国；但各国只是慑于突厥的军事威胁，并不真心臣服，况且这些国家与突厥之间没有紧密的经济生活联系，所以它们的联盟是非常松散的。从贞观初年开始，这些国家不断起兵反抗突厥，薛延陀部的真珠可汗为抵抗突厥，还与大唐结成了军事联盟。上天似乎也在惩罚突厥的残暴，贞观初年，突厥大部分地区连续发生大面积雪灾，由于草料缺乏，导致无数牛羊冻死饿死。草原牧民遭此大灾，生计艰难，然而颉利可汗不仅不体恤百姓，反而对自己统治下的各个部落加重税赋，这让各部苦不堪言，叛乱者日益增多。突利可汗也趁机背弃颉利可汗，答应与唐朝里应外合，一起进攻颉利。

唐太宗分析认为，目前突厥内部分崩离析，逐渐衰落，而唐朝天下一统，经济繁荣，政治清明，军队训练有素，完全占据优势地位，消灭突厥只是缺少一个合适的机会而已。很快，机会来了，贞观三年（629年），突厥很多部落有感于唐朝日渐强大，纷纷上表内附；同年八月，颉利可汗也上表向唐朝称臣。

十一月，代州都督张公瑾上奏，认为对突厥作战的最佳时机已经出现。为了说服唐太宗出兵，张公瑾列举了出兵的六大理由：第一，颉利可汗为人纵欲肆情，因为亲近小人，突厥多次发生诛害忠良的事件，因此大臣与他离心离德；第二，突厥统治下的仆骨、回纥、薛延陀等部落因不满颉利可汗的统治，纷纷自立君长，而且还有反噬突厥的意图，突厥可以说已经众叛亲离；第三，突厥的突利可汗因受颉利可汗的猜忌，无法在突厥容身，现已答应率领本部兵马与唐朝里应外合；第四，突厥遭遇了霜旱，粮草补给匮乏，士气低落；第五，颉利可汗在突厥内部疏远突厥人而重用胡人，这是长期存在的现象，而胡人做事反复无常，只要唐朝大军一到，胡人看到突厥危急，必然生变；第六，在突厥生活的中原人非常多，而且已经形成比较强大的势力，只要唐军攻打突厥，他们必然会与唐军相互呼应。唐太宗对张公瑾的奏报深表赞许，当即召集辅政大臣商议此事。

对于张公瑾的奏报，大臣们逐条分析后认为确实符合眼下突厥的形势，因此都同意出兵突厥，并积极配合唐太宗制订作战方案。一切准备就绪后，唐太宗以"颉利可汗背信弃义，既请和亲，又援助梁师都"为由，任命兵部尚书李靖为行军总管，兼任诸道行军大总管，节制诸兵团协同作战；张公瑾为行军副总管，华州刺史柴绍为金河道行军总管，并州大都督李勣为通汉道行军总管，灵州大都督薛万彻为畅武道行军总管，集合10万大军，兵分几路攻击突厥。战前，唐太宗指示北上的关陇劲骑应取道云中，直接抵达颉利可汗牙帐。李靖的部队刚出并州，就为盘踞在定襄的颉利可汗布下了天罗地网。

在唐军强大的军事攻击和心理攻势之下，贞观三年（629年）十二月，突利可汗入朝向唐称臣议和。唐太宗高兴地说："过去太上皇因百姓之故，对突厥称臣，朕常痛心疾首，现在我大唐终于可以扬眉吐气，洗雪国耻了。"

唐太宗深知除恶务尽的道理，为了彻底消灭突厥的主力部队，贞观四年（630年）正月，他再次组织各路大军攻打突厥。李靖亲带3000名骑兵，从马邑闪电般奔赴恶阳岭。犹如神兵天降的唐军把毫无准备的颉利可汗吓得手足无措，只好退至碛口。李靖又安排手下施行反间计，招降一部分突厥将领，突厥内部又一次遭到瓦解。并州都督李勣出云中，在白道（阴山通往漠北的要道）大破突厥军，颉利逃往铁山一带的大沙漠边缘。随后，颉利可汗派执失思力入见谢罪，并遣使入唐要求内附，意在争取喘息的时间。

料事如神的唐太宗对此心知肚明，他一方面假意讲和，另一方面并不阻拦李靖等人的军事进攻。李靖与李勣在白道会师后，挑选一万精骑追赶颉利可汗。李靖命苏定方率200名骑兵为先锋，乘雾而行。由于唐军行动迅速，等突厥军队发现时离颉利可汗牙帐仅7里，颉利可汗仓皇之间骑千里马率先逃跑，突厥军队群龙无首，顿时溃不成军。此战李靖部众斩敌多达万余，俘虏人口十几万，牲畜十余万头，并杀隋朝义成公主，生擒她的儿子叠罗施。突厥各路酋长均率众归降。

屡战屡败的颉利可汗见北路已被唐军封锁，西边又有薛延陀部把守，只好向南投奔吐谷浑，途中被唐大同道行军副总管张宝相俘虏。颉利可汗被唐军俘虏的消息传开后，一直归附突厥的拔野古、回纥、仆骨、同罗等族首领纷纷向唐朝投降，突厥内部的突利、郁射设也率部投降大唐。唐军的威名在节节胜利之下广为传播，一时间，漠北各少数民族纷纷派遣使者到长安朝贡。

自此，自北朝以来长达几百年的边境之患基本得到解除，突厥旧境大部分被纳入唐朝的版图，唐朝的版图扩大到了大漠以北。

贞观四年（630年），李靖大军押着颉利可汗凯旋，唐太宗亲自到顺天门迎接。当天晚上，唐太宗在顺天楼设宴为李靖等将领庆功，并分别赏赐。之后，唐太宗命人把颉利可汗带上来。颉利可汗不知唐太宗打算如何处理自己，默默地跪在地上低头听候发落，唐太宗厉声问道："颉利可汗，你可知罪？"他见颉利可汗默不作声，继续说道，"那朕就帮你理清你的罪状。作为部落首领，你虐待本部百姓，更视俘虏民众如同牛马，此乃其一；你与大唐数次立盟，又数次背盟，言而无信，此乃其二；你恃强好战，屠杀生灵，此乃其三；你率军屡次入侵大唐，肆意烧杀抢掠，此乃其四；朕对你数次好言招降，你却置之不理，此乃其五……"听到唐太宗历数自己的各条罪状，颉利可汗吓得面无人色，汗如雨下，不住地叩头认错。

"不过，"唐太宗话锋一转，又说道，"自订立'渭水之盟'后，你还算是知趣，不再大举入侵大唐，念在你对朕还算言而有信的份儿上，今日朕赦你不死，从今往后你一定要改邪归正，否则定不轻饶。"颉利可汗本以为自己落到唐朝手中，必死无疑，根本没想到唐太宗竟如此宽宏大量，不由得喜出望外，慌忙磕头谢恩。唐太宗见颉利可汗真心归附，当众宣布授予颉利可汗右卫大将军之职，为了安置他还特赐府宅田地。

收服颉利可汗后，唐太宗畅快地举杯，一饮而尽，对身边的众将感叹道："朕闻'主忧臣辱，主辱臣死'，汉朝时高祖最终也没能一雪'白登之耻'，以致终身遗憾。如今我大唐能铲除突厥，俘虏颉利，实在是大快人心之事呀！"言毕，他在优美的琵琶声中纵情歌舞起来。

平定突厥对唐王朝来说意义非常重大，唐太宗为了纪念这次具有历史意义的大功，在两仪殿大宴文武大臣时即兴赋诗一首：

> 绝域降附天下平，
> 八表无事悦圣情。
> 云披雾敛天地明，
> 登封日观禅云亭，
> 太常具礼方告成。

智者的过人之处就在于忍一时而夺一世，当然，忍并不代表投降和屈服，忍只是一种手段，目的是保存实力，后发制人。纵观唐太宗与突厥多年的交往，隐忍不发占据了大部分的时间，从当初助父起兵时向东突厥称臣纳贡，到后来的"渭水之耻"，都是唐太宗暂时隐忍的表现，等到时机成熟，他马上对东突厥采取强硬政策，最终使曾经无比强大的突厥臣服于大唐。

二、平定吐谷浑

自从用武力制服突厥之后，周边其他少数民族如东北的奚、室韦等部族见大唐实力强大，纷纷上表请求内附，西域的伊吾城（今新疆哈密）主及高昌王麴文泰更是先后来到长安，表达归顺之意。为便于管理，唐太宗在伊吾设置伊州。

贞观七年（633年）底，太上皇李渊在宴会中让南蛮酋长冯智戴咏诗，命令颉利可汗起舞，并高兴地说："胡越一家，这是自古以来从未发生过的事情呀！"不过，唐太宗并没有在这些歌功颂德声中沉醉，他非常清楚边疆局势仍然有不稳定因素存在，诸如吐谷浑、高昌等部族的势力仍然很强，因此他必须一如既往，不断进取。

吐谷浑是辽东鲜卑慕容部的一个分支，以游牧为主，隋唐时期主要活动在西北（今青海）一带。隋炀帝时，吐谷浑在首领慕容伏允的带领下，积极施行对外扩张掠夺的政策，经常侵扰隋朝边境，边境隋民苦不堪言。为了打击吐谷浑的嚣张气焰，隋炀帝派重兵前去攻打，慕容伏允兵败而逃，隋军趁机收复了大量土地。兵败后的慕容伏允在吐谷浑内部颜面扫地，再也无法立足，只好带领亲信投靠了党项。几年后，中原大乱，隋炀帝自己帝位难保，对边关更是无暇顾及，慕容伏允趁机夺回了故地。李渊建立唐朝以后，慕容伏允向李渊上表，以换回被押在长安为人质的儿子为条件，自愿出兵攻打河西的割据势力李轨部。如此好事，既能不费一兵一卒灭掉李轨，又能借战争消灭各方的有生力量，李渊当然求之不得。最后，慕容伏允如约打败了李轨，李渊只好释放了他的儿子大宁王慕容顺。

刚刚复国的吐谷浑虽然实力大不如前，但由于地域广阔，基础较好，依然是大唐边境上重要的部落之一。释放大宁王慕容顺后，急于解决内乱的李渊当即派李安远为使者出使吐谷浑，表明愿意与吐谷浑建立平等友好关系的愿望，慕容伏允当即提出与大唐通商、发展经济的要求，李渊不得不答应他的要求，于是，吐谷浑的经济逐渐发展起来。一直到后来唐太宗即位前后，为了专心对付强大的东突厥，唐朝对吐谷浑仍然采取友好政策，但吐谷浑对唐朝可就没有这么客气了，他们趁唐朝与东突厥对抗的机会，多次入侵河西走廊一带，给唐朝和西域的交通、交流带来了严重的威胁。

即使在唐朝灭掉东突厥，局势逐渐稳定之后，唐太宗暂时仍然没有与吐谷浑短兵相接。第一个原因是，吐谷浑在当时是通往西域的必经之路，要想通往西域之路畅通无阻，要么唐朝派兵占领吐谷浑，将其作为唐的一个州县，但这在当时是不太可能的事情；要么建立起一个亲唐朝的吐谷浑政权，可慕容伏允对唐朝根本不友好。第二个原因是，当时吐谷浑可以作为扼制吐蕃势力扩张的屏障，真正灭掉吐谷浑对唐朝并没有什么好处。综合这些原因，唐太宗制订了一个周密的计划，决定从大宁王慕容顺着手，建立起一个以他为可汗的吐谷浑政权。

唐太宗之所以选择慕容顺，主要是因为他曾在唐朝当过人质，思想上深受汉文化的影响。还有一个原因是，慕容顺返回吐谷浑后，发现原本属于自己的太子之位已经落到了弟弟手中，政治前途的无望使他整天郁郁寡欢。如果唐朝能帮助他夺回王位继承权，想必会有出其不意的效果。

当时慕容伏允年事已高，朝中事务多依赖其宠相天柱王处理，而天柱王一向反唐，在他的撺掇下，吐谷浑多次与大唐交恶。贞观八年（634年），慕容伏允依天柱王之意，一面假意派遣使者和大唐通好；另一方面暗中派兵进攻兰（今甘肃兰州）、廓（今青海化隆西南）二州，并扣留唐太宗派去的使者赵德楷。唐太宗见吐谷浑执迷不悟，知道双方和平相处的可能性几乎没有了，便以天可汗的名义诏慕容伏允入朝。慕容伏允害怕入朝后遭到羁押，便以身患重病不能亲身前往为借口，仅派使者前往。他还在国书中代替其子向唐太宗请求赐婚。唐太宗当即表示，只要慕容伏允亲自迎亲，则和亲之事可成。但最终慕容伏允没有答应，因此这次和亲没有成功。后来，唐太宗屡派使者前去宣谕，但使者来来往往10多次，吐谷浑仍毫无悔改之意。这正好为唐太宗出兵吐谷浑找到了正当的借口。

贞观九年（635年），唐太宗任命李靖为西海道行军大总管，侯君集、李道宗为副总管，率领大军攻打吐谷浑。次年闰四月，李道宗在库山一带打败吐谷浑部的精锐骑兵，慕容伏允轻骑逃往沙漠。在逃跑的过程中，为了切断唐军军马的草料供应，阻挡唐朝追兵，慕容伏允又下令沿途烧尽野草。唐军长途跋涉，又得不到粮草补给，许多将领都建议撤军鄯州（治所在今青海乐都），等粮草充足之后再择机进攻。但侯君集认为："吐谷浑在库山战败后，现在肯定惶惶不可终日，此时想彻底打败他们是非常容易的。因此大军不可中途停顿，必须乘胜追击。"李靖认为侯君集的建议可行，决定兵分两路，分别由他本人和侯君集率领，分进合击。

李靖率领的北路军在追击过程中，先后在曼头山、牛心堆、赤水源大败吐谷浑的军队。在最为激烈的赤水源之战中，吐谷浑大军把李靖的手下大将薛万团团围困，薛万彻见情况不妙，当即率军前去帮忙解围。兄弟二人苦战不已，受伤之后跳下战马继续步战，但由于吐谷浑人数众多，唐军伤亡惨重，始终未能杀出重围。就在他们无计可施的时候，唐将契苾何力及时赶到，经内外夹击，薛氏兄弟才突围奋击，反败为胜。北路军的另一名将领李大亮率军在蜀浑山大败吐谷浑，俘虏敌军无数。

与此同时，侯君集指挥的南路军也取得了重大进展。南路军克服了"人吃冰，马舔雪"的极端困难，穿过不毛之地，一直把慕容伏允追赶到乌海（今青海东境）一带，大破吐谷浑主力，并俘虏其名王。

李靖获得大胜之后，对慕容伏允穷追不舍，长途奔袭3000余里，把他赶到且末（今新疆东南部）。慕容伏允只得逃奔突伦川，计划从此转向和阗。契苾何力和薛万均合兵一处，继续追赶慕容伏允，大军长驱直入至沙漠，最后杀入慕容伏允牙帐，士气高涨的唐军斩敌千余，缴获牲畜20余万头。慕容伏允此时众叛亲离，最终自杀，部众投降唐朝。

吐谷浑归附后，为稳定局势，唐太宗立慕容顺为汗，仍让他居于故地。当时吐谷浑与日益强大的吐蕃接壤，为防止吐蕃进攻刚刚结束战乱的吐谷浑，唐太宗派遣凉州都督李大亮率几千精兵支援慕容顺。从此，吐谷浑再也没有能力对唐朝构成威胁了。

三、高昌归唐

解除了吐谷浑的威胁后，唐太宗又把目光对准了高昌国。高昌国的管辖区域大致在今天的新疆吐鲁番一带，位置比较偏僻；但它是通向天山南路、北路的出口，也是丝绸之路的必经之地，地理位置非常重要。从汉代开始，所有统治者都非常重视这个军事、经济、交通要地。经过汉朝长达200余年的统治，高昌国深受汉文化的影响，其典章、制度、风俗、习惯和中原王朝非常相近，居民也以汉人为主。前面提到唐朝打败突厥之后，高昌王麴文泰曾于贞观四年（630年）亲自到长安表达归附之意，高昌的归附打开了大唐通往西域的通道。

自隋朝时期突厥分裂为东、西突厥后，东突厥于贞观四年（630年）被唐太宗平定，但西突厥的势力仍然保存完整。后来，一直奉行反唐政策的西突厥乙毗咄陆可汗统一西突厥，然后任命阿史那贺鲁为叶护[①]，率军驻守多逻斯川（今额尔齐斯河）。乙毗咄陆可汗为了加强对高昌的控制，特地任命阿史那矩为高昌国冠军将军，掌控高昌国内的实际兵权，然后又命大将叶护屯兵于可汗浮屠城，此地与高昌王都仅一山

[①] 叶护：古时突厥、回纥等民族的官名，地位仅次于可汗。此职位世袭，由可汗的子弟或宗族中的强者担任。

之隔，如此部署形成遥相挟制之势，高昌完全陷入西突厥之手。为了进一步控制高昌，西突厥还把东突厥灭亡之后涌现的大批流亡西域的汉人全部迁往高昌，使之获得增丁、加税的实利。麴文泰名义上是高昌国王，但在西突厥的威逼利诱之下，已经成为西突厥的一个俯首就范的政治傀儡，从此，高昌国的政治立场由亲唐开始向反唐转变，不但抢劫、扣留西域各国出使唐朝的贡使，而且大肆侵扰唐朝境内的伊州和焉耆（今新疆焉耆回族自治县一带）等地。

　　高昌国内局势发生剧变的消息传到大唐后，唐太宗又惊又怒。西突厥乙毗咄陆可汗的气焰如此嚣张，如不能将其成功制服，不仅不利于大唐对西域的统一，更不利于大唐的对外经济贸易。因此，唐太宗决定出兵高昌。但这一决定遭到了绝大多数大臣的反对，他们纷纷上表劝阻："高昌与我大唐相隔万里，环境非常恶劣，我军长途跋涉，很难达到军事目的。况且高昌位置偏僻，即使占领也无法长期坚守。"唐太宗经过深思熟虑后，仍然决定征讨高昌。

　　贞观十三年（639年）冬，唐太宗任命侯君集为交河道行军大总管、契苾何力为葱山道行军大总管，统率大军远征高昌。唐军出兵高昌的消息很快传到高昌王麴文泰耳中，麴文泰不以为然地对左右说："大唐距离我国7000里，而且途中有近2000里的沙漠地带，这些地方根本没有水草供大军消耗，加上这些地方夏天炎热无比，冬天则寒风如刀，这样的环境怎么能行军？当年我入朝时，见秦陇一带经济萧条，唐军如果兵力过少，根本无法取胜；如果出兵过多，则补给不继。如果这次唐军数量在3万以下，我国定能打败他们。如今我们只需在唐军兵临城下时，采用以逸待劳之法坚守城池，20日内唐军必然因粮草不继而撤退，到那时我们纵兵追擒，肯定能大破唐军。"

　　葱山道行军大总管契苾何力熟悉地形，所率之师首先成功穿越沙漠，抵达碛口。麴文泰没想到唐军竟如此神速，大惊失色，竟然旧病复发，还没等唐军围攻便一命呜呼。随后，麴文泰之子麴智盛继承高昌王位，并积极筹备父亲葬礼。

贞观十四年（640年），交河道行军大总管侯君集率领西征军行至柳谷（约在吐鲁番北）附近，接到探马奏报："麴文泰听说唐兵入境，因为害怕已经死亡。现在高昌已经立他的儿子麴智盛为高昌王，眼下高昌的重要人物都聚集王都，准备择日为麴文泰举行葬礼。"

听到这个消息，侯君集的部将都建议唐军应趁高昌国葬之机，派兵攻打，甚至有部将提出愿率2000名骑兵突袭高昌王城，如不能取胜，愿受军法处置。但侯君集不愿意这么做，他说："天子因为高昌骄慢，才命令我讨伐高昌，如果我们乘高昌国丧去偷袭，即使取得胜利也脸面无光，这不是堂堂问罪之师的表现！"因此，侯君集率军抵达田城后，没有立即攻城，而是传令大军原地待命，并命唐军擂鼓，告知高昌唐军的到来，同时向高昌部众宣谕圣旨，命令他们主动投降。

麴文泰的葬礼结束之后，侯君集见高昌毫无投降的诚意，便下令攻城。唐朝西征大军的副总管姜行本曾担任将作少匠，对器械制造非常精通。西征军进入高昌边境后，他在伊山研制了很多厉害的攻城器械，在唐军围攻高昌王城当天，唐军利用这些先进的器械，一边用撞车猛撞城墙，一边用投石机向城内投掷大量石头。一时间城墙颤动，城内飞石如雨，高昌守城军士连头都不敢露，结果唐军半日之内就攻破外城，7000多人全部被俘。侯君集命令大军严守军纪，不准虐待俘虏，更不能骚扰百姓。

攻破高昌王城之后，侯君集见不识时务的麴智盛仍无投降之意，便任命中郎将辛獠儿为先锋，率军将高昌的都城围了个水泄不通。看到城外围困的唐军密密麻麻，人数众多，高昌王麴智盛知道失败已不可避免，无奈之下，他只得命人传信给侯君集说："先王得罪天子，但先王已经身故，说明上天已惩罚了他。我刚刚继位，从未做过任何对不起天子的事情，请尚书详察并乞求尚书退兵。"侯君集阅信后当即回信说："如果你真心悔过，只需率领百官至军门投降即可，我定会从轻处理。"

麴智盛刚刚即位，面对如此重大的事件完全没有主意，他想投降但大臣们都劝他不要出降，只要坚守城池，等待西突厥援军的到来，便能反败为胜。就在他犹豫不决之际，在城外等候他投降的侯君集左等右等，一直没有看到麴智盛的身影，不由怒火中烧，当即命令大军攻城。唐军先用飞石攻城，城中顿时飞石如蝗，城中居民都吓得躲在家中不敢出来。看到飞石没有起到破敌作用，侯君集利用居高临下的地形优势，下令用巢车俯射城中。城内守军再也无法坚持下去了，麴智盛只好率领百官出城投降。唐军乘胜攻破高昌3州5县22城，获得8042户，共计17700人，并控制了原属于高昌的东西800里、南北500里的广大疆土。

平定高昌之后，侯君集乘势挥师西行，攻打可汗浮屠城，驻守可汗浮屠城的西突厥叶护阿史那步真不敌投降，被封为左屯卫大将军。唐军完胜高昌的消息传到长安，唐太宗大喜过望，当场宣布奖赏每一位参战将士，并对大臣感慨地说："大唐有侯君集这样的人才，何愁边疆不定，从此朕可以高枕无忧了。"

贞观十四年（640年）九月，唐太宗把交河城（位于今新疆吐鲁番）归于安西都护府的管辖之下，任命伊州刺史谢叔方为首任安西都护。同时，为了加强对该地的统治，唐太宗把高昌国改为西昌州（后来定名为西州），并在州下设立属县。为防止高昌在唐军撤退之后重新出现叛乱，唐太宗还派兵长期驻守高昌。这些措施不仅确保了中西交通要道的畅通和安全，还能有效地阻止西突厥联络西域各国卷土重来。

随着东突厥、吐谷浑和高昌等边疆各少数民族被逐渐平定，大唐控制了"东极于海，西至焉耆，南尽林邑，北抵大漠"的广大区域，国土面积东西长达9510里，南北10918里，幅员辽阔，人口众多，成为当时世界最大的多民族统一国家。作为伟大帝国的奠基者和创造者，唐太宗被各族人民诚心诚意地尊为"天可汗"。

第十章　施恩布德，民族团结

一、和亲政策

唐太宗通过武力制服了周边的部族，但是，要想让这些部族诚心归附，实现真正的和平与稳定，仅靠战争是无法实现的。随着时间的推移，唐太宗发现曾经被大唐征服的一些部族虽然当时诚心归附，但唐军一旦撤离，很快又会出现反对大唐的声音；如果派唐军长期驻守，又会大大增加国家的财政负担。针对这些问题，唐太宗并不完全依赖军事手段，而是采用灵活多样的民族安抚政策，使各民族和睦相处。

在对少数民族的安抚政策中，唐太宗首先采用了由来已久的和亲政策。在社会发展进程中，婚姻一般被认为是传承家世、联系家族关系的纽带。而在某些特定的情况下，婚姻还能作为一种政治手段，通过联姻来实现各种政治目的，这种政治婚姻在封建时期被称为"和亲"。

不过，在不同时期，和亲的意义也不尽相同，汉朝初期匈奴势力强大，汉朝初期对匈奴采取和亲政策是为了换取暂时和平，从而为汉朝赢得稳定内部、发展经济的时间。因此，汉代的和亲绝大多数是被逼无奈。唐代则不同，大唐已经威服四海，国力远非边疆诸部可比，唐太宗施行的和亲政策，其实是一种开明的民族团结政策。

贞观十六年（642年），唐太宗在如何与薛延陀部相处的讨论中曾说："北狄世代侵犯中原，破坏力非常大，现今面对强悍的薛延陀部，朕认为有两种办法可以做出了断：一种是派遣10万精兵整体歼灭它，彻底消除后患，但这样会连累天下百姓；另一种是在他们提出和亲要求时同意和亲。朕作为天下之主，如果此举有利于天下苍生，又怎会舍不得一个女儿？"唐太宗的和亲主张得到了朝中大臣的赞同。

当时北方民族的风俗是妻子当家，一旦大唐公主嫁到北方生了儿子，就是大唐的外孙，天下哪有外孙和外公动武的道理。况且唐代和亲是朝廷对少数民族首领的一种恩赐，而对少数民族首领来说，能娶到大唐公主是他们的荣幸，因此，这些部族首领都以丰厚的聘礼请求和亲。贞观十年（636年），突厥处罗可汗的次子阿史那社尔率部归唐，唐太宗将皇妹衡阳公主嫁给了他，并委以重要军职；贞观十三年（639年），吐谷浑可汗诺曷钵入朝请婚，唐太宗将弘化公主嫁给了他；贞观十四年（640年），吐蕃松赞干布命大相（即宰相）禄东赞为专使，遣唐求婚，以金5000两、宝玩数百件作为聘礼，唐太宗答应将宗室女文成公主嫁给他。同时，唐太宗还允许西突厥叶护可汗和乙毗射匮可汗及薛延陀真珠毗伽可汗等人的求婚要求。另外，入朝供职的所谓"番将"也有许多与唐皇室联姻，比如突厥族的执失思力娶了九江公主、铁勒族的契苾何力娶了临洮县主、突厥族的阿史那忠娶了宗女定襄县主等。

在唐朝和亲历史上，最值得人们称道的是松赞干布和文成公主的联姻。公元617年，松赞干布诞生在拉萨墨竹工卡的甲玛乡，他相貌出众，智勇双全，13岁继承吐蕃王位，展示出常人难以企及的雄才大略。在他的带领之下，吐蕃短期内实现了平叛扩疆、迁都拉萨的宏伟大业，并在最后统一吐蕃全境。松赞干布不但精通军事，在治理国家方面也有着超强的能力，统一吐蕃后，他命令御前大臣吞弥桑布扎以梵文为基础创造文字，创制了一直沿用至今的藏文；他还统一了度量衡，创建了被称为吐蕃基础三十六制的一整套管理体制和法律条文。在松赞干布的治理下，吐蕃王朝成为仅次于大唐的强大政权。

松赞干布虽然是少数民族首领，却对中原的风俗和文化非常崇拜。

在统一吐蕃之后，他于贞观八年（634年）派遣使者入朝觐见唐太宗。出于礼节，唐太宗又派冯德遐作为特使来到吐蕃。冯德遐见到年仅18岁的松赞干布后，对他的言谈举止非常欣赏。谈话中，松赞干布得知突厥和吐谷浑等部都迎娶过唐朝公主，心怀强国之梦的他开始对迎娶大唐公主心怀向往，认为只要能迎娶到大唐公主，公主肯定能把大唐先进的文化一并带进雪域高原，这对于实现自己文治天下的梦想大有帮助。于是，松赞干布派使者携带大批金银珠宝随冯德遐入唐，向唐太宗提出和亲请求。不过，唐太宗没有同意，求婚使者返回吐蕃向松赞干布报告说："刚到长安时，大唐对我们非常热情，而且也愿意把公主嫁给大王，然而自从吐谷浑使者到长安后，极尽挑拨离间之事，结果大唐再也不提许嫁公主一事了。"

作为邻国，吐谷浑对吐蕃一直心存芥蒂，当然不想让吐蕃赞普也成为大唐驸马。松赞干布对此很不满意，如果不能迎娶大唐公主，不但自己颜面无光，而且他借助大唐文化实现文治天下的梦想也难以实现。因此，这位年轻的君主赌气说："大唐如不许嫁公主于我，我就率兵打到长安去！"松赞干布说到做到，他先是派遣大军进攻吐谷浑，吐谷浑根本不是强大的吐蕃军的对手，很快就一败涂地。

打败吐谷浑之后，松赞干布见大唐河西边境驻守着凉州都督李大亮，兵强马壮，防守甚严，他没有乘势南下，而是亲率20万大军从吐蕃东部边境攻破白兰羌①、丽江一带，直抵大唐西南领地松州（今四川松潘）。松赞干布在此停止了进军，再次派遣使者携带聘礼入唐请婚。与上次不同，松赞干布自恃兵强马壮，嚣张地提出要带公主随吐蕃大军返回。一世英勇的唐太宗怎能忍受如此大辱，当即下令扣留吐蕃使者，并诏令松州都督韩威出兵攻打在当地驻扎的吐蕃军。然而，松州守军不但没有击败吐蕃军队，反而被吐蕃军打败。

---

① 白兰羌：地方民族政权，隋唐时期活动于青海南部，与吐蕃关系密切。

唐军被吐蕃军队打败的消息传开后，某些大唐藩属闻风而动，又掉头归附吐蕃。就连唐太宗亲自任命的诺州刺史把利步利、阁州刺史别丛卧施，也举城投降于吐蕃。至此，唐太宗才发现原来对手的实力是如此强大，连忙任命侯君集为当弥道行军大总管，执失思力为白兰道、右武卫大将军，同时任命牛进达为阔水道、左领军将军，刘简为洮河道行军总管，统率大军攻打入侵的吐蕃军。唐军在数量上虽然不占优势，但由于在此战中战法得当，最后成功击败吐蕃大军，松赞干布只得率军返回西藏。

松赞干布返回拉萨后，一面派使者向唐太宗上表请罪，一面再次提出迎娶大唐公主的请求。唐太宗已经大致了解了松赞干布的性情，也认为吐蕃的实力配得上大唐公主下嫁，于是不再拒绝吐蕃请婚的要求。贞观十四年（640年），在得到唐太宗的同意之后，松赞干布派重臣大相禄东赞为请婚特使，率领100多位大臣，携带无数奇珍异宝来到长安迎请公主。唐太宗诏令宗女文成公主下嫁吐蕃赞普松赞干布为妻，并于次年派江夏王李道宗护送文成公主入藏成婚，准许文成公主携带大量唐朝书籍、衣物、工艺品、医药、食物、种子等到吐蕃去。《吐蕃王朝世系明鉴》记载如下：

唐太宗以释迦佛像、珍宝、金玉书橱、三百六十卷经典、各种金玉饰物作为文成公主的嫁妆；又给予多种烹饪的食物，各种饮料，金鞍玉辔、狮子、凤凰、树木、宝器等花纹的绵缎垫被、卜筮经典三百种、识别善恶的明鉴、营造与工技著作六十种、治四百零四种病的医方百种，诊断法五种，医疗器械六种、（医学）论著四种。……又携带芜菁种子，以车载释迦佛像，以大队骡马载珍宝、绸帛、衣服及日常必需用品（入吐蕃）。

听到公主即将入藏的消息，松赞干布特意为公主修筑城郭宫室，自己改穿汉装，亲自率众前往柏海（今青海鄂陵湖或札陵湖）迎接。

和松赞干布的预想一致，文成公主入藏之后，不但促进了西藏农业、手工业的发展，而且由于公主带来了大量种子和工匠，还教会了当地人冶金、纺织、农具制造、制陶、建筑、碾米、造纸、酿酒、制墨等技术。据说山南地区的牛耕技术就是文成公主传授的，日喀则的铜匠们更是把文成公主当作他们的祖师。服侍文成公主的宫女们则在她的教导下成了纺丝织布的能手。文成公主还传授给当地百姓修房子、织绸缎、用碗等各种内地生活中的必备技术。在文化方面，文成公主不仅把内地的音乐带到了西藏，还帮助松赞干布改进了历法和文字。

贞观十九年（645年），松赞干布再次派遣大相禄东赞入唐朝贺，在上表中自称婿，并敬献高达7尺的金鹅一只。唐太宗驾崩时，松赞干布还特意派使者进献金银珠宝15种以凭吊唐太宗。唐高宗授松赞干布为驸马都尉，封爵西海郡王，后来又改封为寅王，并赐各色绢帛3000匹。松赞干布去世后，唐高宗还派遣使者专门到拉萨吊祭。

文成公主和松赞干布的结合创造了历史上的和亲佳话，她在西藏生活40年，有力促进了汉藏之间经济文化的广泛交流，对吐蕃社会产生了巨大的影响。而且，自从唐蕃开始和亲之后，双方建立了深厚的友谊，吐蕃历代赞普都尊称唐朝皇帝为阿舅。唐朝诗人陈陶曾在《陇西行》中用"自从贵主和亲后，一半胡风似汉家"来称赞这种民族融合之举。

二、团结政策

在民族问题上，唐太宗向全国推行团结政策，最好的证明便是内迁突厥及设置羁縻府州①。

---

① 羁縻府州：指朝廷在边远少数民族地区所置管辖政府，以夷制夷，因其俗以为治。——编者注

贞观四年（630年），唐太宗平定东突厥。随后，唐太宗召集群臣围绕如何安置突厥的问题展开了讨论，其中，中书令温彦博与秘书监魏徵的争论最为激烈。温彦博说："应该效仿当年汉朝的做法，把突厥部众安置在黄河以南地区，这些地方人烟稀少但土地肥沃，突厥部众全部移居到此地后，还能保全他们的民族生活习性，同时还可以显示大唐对他们没有猜忌之心，便于安抚突厥百姓。"魏徵则不无担忧地说："魏晋以来，以江统为代表的'非我族类，其心必异；戎狄志态，不与华同'这一民族观就很好，我很赞同。晋武帝司马炎把五胡迁往中原之后导致永嘉之乱，还不足以作为可供借鉴的历史实例吗？"

为了进一步证明自己观点的正确性，他们二人当场在朝中发生了激烈的辩论。温彦博对唐太宗说："臣听说圣人之道，在哪里都行得通，现在突厥归降我大唐，虽是残部，但是人口仍然很多，如果不能妥善安置，将后患无穷。如果将这些突厥百姓迁徙到内地，对他们施以教化，用礼法去约束他们的言行，他们肯定也会成为大唐的优秀子民。对于移居后的管理，臣以为只要从突厥内部选取有威望的部落首领担任刺史，让他们根据自己的民族习惯自行治理，肯定能让这些人稳定下来，不会有叛逆的现象出现。"

魏徵则以古今情况大不相同为由反驳道："现在突厥归降人数就有10万户左右，若干年后人数肯定会更多，这么多的夷族居住在中原附近，最终肯定会形成心腹之患，因此坚决不能把这些人安置在黄河以南的大片区域。"温彦博听了反驳说："隋文帝当初耗费无数兵马钱粮，为了控制突厥还扶持了与隋朝关系亲密的可汗，让突厥复国，结果怎么样呢？突厥人背信弃义，把隋炀帝围困在雁门。如今陛下宅心仁厚，想让突厥长期归附我大唐，就必须改变隋朝时期的做法，让突厥在河南一带就近安置，然后在不同的区域任命各地的首领，这样各首领之间是平级关系，不相统属，而且势力分散，突厥人就再也无法聚集起来危害我大唐了。"

这时，给事中杜楚客向唐太宗建议道："这些突厥人尚未开化，很难用仁德教化，只能用武力征服，如果让他们分部落散居在黄河南岸，时间长了必为大患。至于当年发生的雁门之围，虽然是突厥背恩，但与隋炀帝昏庸无道也有很大关系。只要中原没有战乱，突厥战败后是不会再形成气候的，自古以来就没有夷族撼动中原政权的先例。所以，臣认为如果在处理突厥部众的问题上，不遵循自古以来的先例，恐怕很难长久下去。"

听了杜楚客的建议，善于借鉴历史的唐太宗认为，还是遵循古代处理少数民族的办法为好，之后温彦博和魏徵也没有再发言。

贞观君臣争论的焦点其实是大唐王朝最棘手的民族问题。最后，唐太宗采纳温彦博的内迁主张，将约10万户突厥族迁入中原，其中1万户定居在长安。唐太宗还在其中挑选了一些代表人物担任京官武职，大约有100多人任五品以上的将军、中郎将，占朝廷武官的半数。

唐太宗实施的这一羁縻突厥族上层人物的措施，正是他对突厥族执行团结政策的具体表现，很快产生了不错的效果。比如，阿史那思摩深受唐太宗信任，被赐予李姓，极为感激，决心誓死效忠唐朝；铁勒族契苾何力在中央担任高级武职，有一次他回本族省亲被人扣留，但他矢志不移，以唐烈士自誉，以割耳来表示对大唐的忠心；薛延陀部被大唐打败之后，真珠可汗认为自己对唐朝犯有大罪，定然不会得到宽恕，但唐太宗不但没有处罚他，反而把他当成自己的儿子看待，真珠可汗为此感恩不已。

除了将部分突厥人内迁，唐太宗还在其原地余部设置羁縻府州，比如下令把突利可汗统辖的地区分设顺、佑、化、长4州，在幽州（治所在今北京城西南）至灵州（治所在今宁夏灵武西南）一带的广大地区设四川都督府，统辖顺、佑、化、长4州；而原来由颉利可汗管理的地区分别设置北开、北宁、北抚、北安等六州，为管辖6州，又把6州分归左置定襄都督府和右置云中都督府统辖。在这些州府中，大都任命当地部族首领为都督或刺史，比如阿史那苏尼失封怀德郡王，担任北宁州都督；突利可汗封北平郡王、右武候大将军，担任顺州都督；阿史那思摩为北开州都督；东突厥颉利可汗也被封为右卫大将军，后担任虢州刺史。

作为封建时期的帝王，唐太宗对战败民族采取如此恩威并施的开明政策，很好地安抚了突厥部众，为唐王朝北部边境的经济发展及当时的社会稳定起到了积极作用。

唐太宗对待北方少数民族所采用的羁縻政策，使这些少数民族首领感受到了他对失败者和归附者的尊重，于是各地首领纷纷归附大唐。突利可汗的弟弟在东突厥失败后，因为害怕被大唐处决想逃往他处，后来听说唐太宗能以礼待人，就主动归降了唐朝。

当然，如此成功的羁縻政策，唐太宗不会只用于北方民族，很快这一政策便推广到对待其他少数民族部落上。

贞观年间，在对待所谓"南夷""西戎""北狄"等诸多部族时，唐太宗都采取了与回纥一样的政策，"置州府以安之，以名爵玉帛以恩之""以威惠羁縻之"。贞观二十一年（647年），唐太宗为铁勒诸部设置7州，刺史均由当地首领担任。为了管理浑、斛薛、阿跌、奚结、契苾、思结别部、白等7州和回纥、仆骨、多览葛、同罗、拔野古、思结6府，唐太宗还在单于台设置燕然都护府。这些得力的措施使西北地区的各少数民族纷纷归服，大唐的版图得到了进一步扩大。贞观二十二年（648年），契丹酋长窟哥、奚部酋长可度内附大唐，唐太宗又在契丹部设置了松漠都督府，由窟哥担任都督；在奚部设饶乐府，由可度担任都督。同时，唐太宗又在松漠府和饶乐府下分别设置了一定数量的州，并委任当地首领担任州刺史，这样一来，东北地区也正式纳入大唐的管辖范围。

唐太宗设立的少数民族羁縻州府，为大唐建立统一的多民族国家打下了坚实的基础。在取消各族可汗称号的前提下，由皇帝直接任命这些州府的长官，其实就是把秦汉以来盛行的郡县制推广到少数民族地区的政治制度中。与唐朝设置的都护不同，羁縻州县的长官虽然也由皇帝批准，但这些职位可以世袭，这一灵活的政策不但维护了皇帝的权威，而且充分照顾了少数民族的特点，起到了稳定局势的作用。

随着唐太宗在各族中的威信越来越高，各族来长安觐见的使者也越来越多，甚至出现了上千人同来长安觐见的场面。为方便各民族之间沟通交流，唐太宗下令在回纥以南、突厥以北开辟一条参天可汗道。

作为联系长安与西北边境的重要通道，参天可汗道全长4000多里，在道中以每驿60里计算，共设立68座驿站，驿站中不仅备有马匹和食物，而且能提供住宿。参天可汗道既是一条政治通道，又是一条贸易和信息通道。通过它，长安不但可以实现对边疆的有效管理，而且能把内地的钱币、茶、铁、丝织品、文具、农作物种子、生产工具等运送到边疆，而边疆的马、貂皮、棉布、玉石、骆驼、农作物种子也能源源不断地向内地输送。就在驿道开辟那一年，漠北的骨利干国（在今西伯利亚叶尼塞茨克地方）便派遣使者向唐朝进贡筋骼壮硕的良马，唐太宗选取其中十匹骏马，称为十骥，皆起美名——腾霜白、皎雪骢、凝（露）骢、悬光骢、决（洪）波騟、飞霞骠、发电赤、流金駣、翔麟紫、奔虹赤，并厚赏使者。

三、德化政策

恩威并施一向是唐太宗的治国之道，不过他偏重于恩怀与德惠方面，压迫的形式较少。在对待少数民族上，他的做法也是如此。唐太宗刚刚即位时，许多大臣都提出大唐要想开疆扩土，必须用强大的武力去征服四夷。但魏徵却反其道而行之，提出："从当前的形势来看，我大唐国内应该偃武兴文，布德施惠，只要大唐内部安定富足，四夷自然就会降服。"唐太宗听从魏徵提出的德化政策，通过和亲、设立羁縻州府等方式，最终实现了天下安宁富足，四夷君主为寻求庇护，纷纷前来朝贡。随后，唐太宗效仿汉朝在边疆设置都护。作为防卫边境与统治周边少数民族的军事机关，其长官都护都督是名副其实的封疆大吏，选拔合适的都护都督对稳定边疆有着非常重要的作用。

在都护都督的选拔和任用中，唐太宗再一次表现出其独到的用人眼光。贞观元年（627年），李大亮被唐太宗任命为凉州都督，由于李大亮威信很高，突厥余部和其他部族纷纷归附。贞观四年（630年），朝州刺史张俭在安排思结族①饥民的过程中因处事妥当，受到思结族部众的普遍赞赏。贞观十六年（642年），郭孝恪被唐太宗任命为安西都护府都护，他推诚抚御，深得民心。贞观二十一年（647年），扬州都府司马李素立被唐太宗改任为燕然都护府都护，他上任后施恩讲信，廉洁奉公，受到当地各族民众的尊敬。李勣担任并州都督长达16年，因其令行禁止，善待各族，在边疆享有很高的威望。

贞观二十一年（647年）五月，唐太宗在翠微殿宴请群臣时问道："历代明君虽然能平定中原，却不能使各民族真正融合。朕的才能虽然不如他们，但自感在这方面的功业却超过了他们，其中道理朕实在不解，希望大家能直率地说明原因。"大臣们听了，纷纷用称赞的语气说："陛下的仁德和功绩感动了天地，所以才让万国归降。"

唐太宗对此很不以为然，反驳道："诸位所言不对，朕认为能立下如此功业的原因不外乎以下几个。自古帝王多自负，容易嫉妒能力比自己强的人，而朕能从容对待能力强的人，弃其所短，用其所长；帝王往往对贤才倍加重视，而对不肖者置之不理，而朕能尊敬贤者，怜惜不肖之人，让他们各得其所；正直之人往往会指出帝王的种种缺点，因此帝王对正直之人常常欲除之而后快，而朕从未处置过朝中的正直之士；自古世人皆贵中华，贱夷狄，而朕却能爱之如一，所以得到各民族的尊

---

① 思结族：古部落名，又作斯结。游牧于土拉河北，始属突厥，后属薛延陀。公元646年，唐灭薛延陀，思结归国。——编者注

敬。这些才是朕创下不世之功业的真正原因。"

确实，对各民族"爱之如一"是唐太宗推行的一项重要的民族政策，其根本在于平等对待各民族。中国封建社会不仅存在森严的等级观念，而且汉族对少数民族还存在严重的民族歧视。唐太宗能做到不分民族，不分贵贱，平等任用人才，这是他成为一代明君的原因之一。

在唐太宗平等任用各民族人才的思想指导下，阿史那社尔、史大奈、执失思力等大批少数民族将领受到了唐朝的重用。

阿史那社尔原为突厥人，在贞观二十一年（647年）出兵龟兹的时候，被任命为行军统帅，统率军中诸位汉将；阿史那忠被唐太宗任命为正三品的右骁卫大将军；执失思力不但被封为安国公，唐太宗还把公主下嫁于他；西突厥人史大奈自晋阳起兵时就忠于唐朝，战功赫赫，唐太宗即位后，下诏封他为窦国公，担任右武卫大将军；突厥将军阿史那思摩被赐"李"姓后，深受唐太宗器重，贞观十九年（645年）他随驾出征时身中流矢，由于处置不当导致瘀血滞积，唐太宗毫不忌讳地当场为他吮吸伤口。

在唐太宗尊重和爱护少数民族将领的诸多实例中，契苾何力是其中的一个典型代表。

契苾何力是铁勒族可汗之孙，贞观六年（632年），他和母亲姑臧夫人一起带领本部民众迁徙到沙州（今甘肃敦煌一带），然后投降大唐。唐太宗知道契苾何力是少数民族将领中的佼佼者，如能彻底安抚这个骁勇善战、具有远见卓识的优秀民族首领，将给大唐稳定少数民族首领政策的实施带来连锁效应。因此，唐太宗授予归降后的契苾何力"左领军将军"之职，并把他的部众安置在甘、凉二州（今甘肃张掖、武威地区）一带。

契苾何力归顺时，西北边境的青海，西域东南部的若羌、且末（若羌、且末均在新疆境内）一带的吐谷浑等不安定的部族正严重威胁大唐在当地的统治，因此，唐太宗命令他和李大亮、薛万均一起统率大军征讨吐谷浑。

在这次出征中，契苾何力不但在战场上作战勇猛，而且还曾为薛万均兄弟解围，救了他们的命。平定吐谷浑之后，大喜过望的唐太宗亲派使者去前线嘉奖将士。薛万均因嫉妒契苾何力的战功，向使者造谣诋毁契苾何力。使者不辨真假，回到长安之后立即向唐太宗禀报此事，但唐太宗没有听信薛万均的一面之词，决定等回师之后再做处理。

等大军班师回朝之后，唐太宗召契苾何力仔细询问，契苾何力详细地讲述了事情的经过。唐太宗知道事情真相之后，当即决定依欺君大罪处治薛万均，并准备让契苾何力担任薛万均的官职。但契苾何力劝阻道："陛下，如果仅因此事处治薛万均，实在欠妥。"唐太宗非常惊奇地问他原因。契苾何力说："如果因此事处治薛万均，其他各族不知事情原委，会以为陛下轻视汉人、重视胡人，从而产生轻视汉人的心理，这对国家的安定、民族的团结非常不利，请陛下三思而行。"

唐太宗听了，不住地点头称赞，认为非常有道理，于是免除了对薛万均的刑罚，但为了惩罚他的欺君之举，将其贬为玄武门宿卫长，掌管屯营事务。此后，契苾何力更受唐太宗的器重，不但仍然担任原来职位，还娶了临洮公主为妻。这也使契苾何力对唐朝更加忠心耿耿。

当时契苾何力的母亲没在长安居住，时间长了，契苾何力非常想念她，每每念及母亲都不禁热泪纵横，但他在京城担任要职，无法离开，只得过着与母亲长期分离的生活。唐太宗了解到这一情况后，特意下诏让契苾何力回凉州看望母亲。思母心切的契苾何力没有想到，一场大祸正在悄悄地临近。当时凉州境内铁勒族薛延陀部已经非常强盛，契苾何力回到凉州后，当即被薛延陀部叛党扣留，这时他才知道，他的母亲和弟弟受薛延陀部的胁迫，已经归附了薛延陀，现在叛党想借契苾何力探望母亲的机会劝降他。

为了让契苾何力归附，叛党对契苾何力采取了威逼利诱的手段，薛延陀部首领甚至当场告诉他说："如今摆在你面前的只有两条路，要么归顺我部，要么人头落地！"但契苾何力丝毫不为所动，义正词严地斥责叛党："你们深受唐朝皇帝厚待，却做出如此卑鄙的事情，简直是忘恩负义、背信弃义，我即使是死也不会背叛大唐！"说完，他迅速抽出佩刀，当场割下左耳，然后面对着长安方向高呼："大唐忠臣岂有投降贼寇之理，愿天地日月见证我对大唐的忠心！"薛延陀部首领见契苾何力态度如此坚决，只好把他羁押起来。

契苾何力被薛延陀部扣留后，唐朝有很多人造谣说他已经投降薛延陀，但唐太宗始终抱着用人不疑、疑人不用的态度对大臣们说："朕对契苾何力的忠诚深信不疑，今后谁再扬言契苾何力背叛大唐，一定重重治罪。"不久，契苾何力宁死不降的消息传到长安，唐太宗听说后眼泪直流，当即对侍臣们说："朕早就说过契苾何力肯定不会背叛大唐，看来朕没有看错人，契苾何力也没有辜负朕的信任！"后来，唐太宗通过和亲的方式，把心爱的新兴公主下嫁给薛延陀部首领，终于把契苾何力救了出来。

契苾何力对大唐忠心耿耿，鞠躬尽瘁，他病逝时，朝廷为了表彰其忠诚，不但追封他为辅国大将军、苏州都督，而且还以当时对国家重臣的最高礼遇，特许他葬在昭陵旁边。

唐太宗对待这些少数民族首领的诚恳态度，感化了一大批少数民族将领，他们纷纷归降，这些人最终用自己的实际行动回报了唐太宗对他们的恩情。唐太宗去世时，许多少数民族首领为感谢唐太宗的知遇之恩，以对待本族酋长的哀悼习俗如剪发、剺面[①]、割耳来表达对唐太宗的哀思，甚至有人提出为他陪葬的要求。他们的这些举动充分说明，当时大唐与各少数民族是真正的鱼水关系，唐太宗是个非常成功的"天可汗"。

---

① 剺面：音 lí miàn，意为以刀划面，古代匈奴、回鹘等族遇到大丧，则划面以示悲戚，亦可表诚心和决心。——编者注

第十一章 与邻为善，和平外交

一、丝绸之路

唐朝以前，真正的外交和外贸应该是从汉武帝时期才开始的。汉武帝时期，多年的积累使国力变得空前强大，这些积累为真正解决匈奴问题提供了条件。经过多年的准备，汉武帝派卫青、霍去病等人最终封狼居胥①，解决了这个北方的心腹大患。由于威胁不复存在，这才有了张骞的第二次西域之行，中原地区与西域的贸易和外交日趋频繁。

中国通往东亚和西亚的道路，一直被中国西部的荒原、大山所隔断。不过在大山和荒原中，勤奋劳作的中国人仍然开辟出了一条通道。这条通道从现在甘肃的河西走廊出发，经过宽阔的塔里木盆地，翻越帕米尔高原，进入伊朗高原、阿拉伯高原后直通地中海一带。这条道路坎坷、漫长而又十分艰险，不但要翻过终年积雪的大山，而且要穿越人迹罕至的草原、沙漠和戈壁。在汉武帝之前，由于匈奴占据河西走廊以西地区，这条道路是无法通行的。正是国家的强大促成了外部环境的安定，在这个基础上才开辟了这条著名的丝绸之路。

---

① 封狼居胥：指西汉大将霍去病登狼居胥山，筑坛祭天以告成功之事，出自《汉书·卫青霍去病传》。后来，封狼居胥成为中华民族武将的最高荣誉之一。狼居胥山的位置说法不一，一说为今蒙古国境内的肯特山。

丝绸之路不仅承载了外交和贸易的重担，还兼具信息通道的功能。通过这条路，既可以把中国的科学技术与文化向西方传播，又能把西方的科学技术与文化带回国内。不同智慧创造出来的不同文化相互结合、碰撞，从而产生了更高层次的文化。及至三国两晋南北朝时期，长期的战乱使中原政权积贫积弱，这条通道也变得不再畅通，尽管仍有间接的交往，但却失去了汉朝时的辉煌。隋文帝在国力强盛后也产生了恢复汉朝雄风的梦想，但却没有能力再次打通这条国际交往的通道。

贞观年间，唐太宗在一段时间的休养生息后，通过几次战争征服了吐谷浑，确保河西走廊的安全，为统一西域奠定了基础；平定高昌等地，为打败西突厥吹响了前奏曲；西突厥见高昌等地被平，只得遣使来唐。此后，沟通中西交通的丝绸之路终于畅通无阻，中西方在经济、文化方面的交流得以恢复正常。

由于唐太宗非常注重对外贸易和交往，与唐朝直接贸易的国家由隋朝时的十几个发展到 70 多个。大批的国外客商通过陆、海两路纷纷涌入长安、洛阳、扬州、广州等繁华城市，从而使汉武帝开辟的丝绸之路再次焕发新的生机和活力，而且还把这条通道延伸至遥远的西域和地中海沿岸，最终伸向广阔的海洋。各国和大唐在经济、文化、贸易等各方面进行着广泛而深入的交流，都受益颇丰。当时唐朝是世界上最为文明强盛的国家，唐朝首都长安也是国际性大都市，为世界各国人民所敬仰。高度繁荣的文化、富足安定的生活让许多外国人来唐定居，当时仅广州就有 20 万以上的侨民。唐王朝不但允许外国人在中国长期居住，而且明令中国人和外国人可以自由通婚。

所有的荣耀和繁荣，都与贞观年间唐朝的开明政策、唐太宗无与伦比的胸襟和气度息息相关。为了促进国家间的交流，唐太宗以超前的视野和眼光设置专门的机构接待这些国外使团。他下令在长安设立职能与现代社会的大使馆相似的鸿胪寺；为了招待外商，还建立了商馆。如此规模庞大的交流沟通，给后世带来了深远的影响。比如现在我们吃的胡椒、菠菜、天竺、干姜都是当时从波斯、印度传来的,漂亮的郁金香也是从唐朝开始在中国落户。

随着经济的不断发展,曾经在中原地区流行兴盛的佛教经本也在唐代大量地传入,为方便阅读浏览,许多翻译家将其译成了汉文。至于景教和摩尼教都是在唐代传到中国的。唐太宗对于这些异地文化采取了兼容并蓄的态度,为大唐保留了精彩纷呈、多样化的宗教文化。

丝绸、茶叶一度成为中国的代名词。唐朝时,中国的瓷器、丝绸、茶叶、纸张等商品被广泛销往波斯等亚洲国家,然后又从这些国家传到西方。作为中国古代四大发明之一,造纸术的出现,使物美价廉的草纸在世界范围内取代了昂贵的绢类纸张,极大地促进了文化的传承和传播。随着国际交往的不断深入,8世纪,造纸术流传到阿拉伯和印度,随后又通过阿拉伯人传到欧洲和非洲,对西方文化事业的发展产生了巨大的推动作用。

出于对大唐的崇敬之情,当时来长安拜见、朝贡的国外使节络绎不绝,唐太宗在接待外国使节的过程中留下了无数佳话。

有一次,回纥部向唐朝派遣了几千名使节,在宴请这些使节时,唐太宗命人在殿前放了个大酒缸,然后在酒缸旁边开了条暗道,安排人暗中不断往缸中灌酒。按照常理,几千名使节喝完一缸酒是非常正常的事,但最终这几千人喝得酩酊大醉,大缸中的酒也没有喝完。这些使节事后纷纷议论,难怪大唐如此富足,原来这里的酒是越喝越多的,引得人们哈哈大笑。

有一年,西域部族向唐太宗进献了一个弹奏琵琶的优秀乐手,并准备在欢迎宴会中即兴演奏。唐太宗知道后再次突发奇想,在宴会之前安排了一个名叫罗黑黑的人躲在宴会厅的帐幕后偷听。那个西域乐手弹奏完毕之后,像往常那样非常得意地站在一边等待夸奖。谁知唐太宗懒洋洋地说:"如此弹奏功夫,在我朝比比皆是。"说完装作非常随便的样子把罗黑黑叫出来,让他把刚才这位西域乐手弹奏的内容再弹一遍。罗黑黑真不愧是音乐天才，当即在众人面前丝毫不差地把刚才的曲子弹奏了一遍。刚才还扬扬得意的西域乐手和西域使臣听了都惭愧地低下了头，连声表达对唐朝的佩服之情。

除了西域各国外，与唐朝毗邻的日本和朝鲜半岛近水楼台先得月，很早就开始注重与唐朝进行多方面的交往。其中，日本于贞观五年（631年）派出一批遣唐使，到中国学习先进制度和文化。此后，日本陆续向唐朝派遣7批留学生和学问僧，而且人数由开始的几十人逐渐增加到几百人，民间自发组织的赴唐留学人数也非常惊人。贞观十九年（645年），在众多学成归国的留学生推动下，日本国内发动了著名的"大化革新"，这场对日本影响深远的变革成功借鉴了唐朝当时实行的官制、租庸调制、均田制、府兵制和刑律，从而建立起一套完备的国家机构和制度。大化改革极大地促进了日本的封建化进程。

大唐的开放不仅表现在文化和贸易领域，同时还深入政治领域。当时的唐朝官员有许多就是少数民族或者来中国学习的外国人士。著名的阿倍仲麻吕就是日本人，他前后在长安生活50多年，从一名校书郎逐渐升任到秘书监，享受了很高的待遇。大食①人李彦升在唐朝参加了科举考试，并且一举中第，在朝中担任官职。前面提到过，贞观时期，朝中有100多名五品以上官员是胡人出身，还有很多高丽、百济人在朝中担任武将，比如高仙芝、王思礼、黑齿常之、泉男生等都是其中的代表人物。唐朝这种开放的政策，不但可以满足国外学习中国行政管理经验的愿望，而且唐朝自身也可以从这些国外人士身上借鉴和汲取唐朝所不具备的先进经验。

在古今中外的历史上，外来文明湮灭本地文明的现象时有发生，因此很多统治者对引进异域文明都抱着非常谨慎的态度。不过，真正强大的人往往有着高度的自信，唐太宗对异域文明抱持恢宏大度、泰然自若

---

① 大食：或译"大石""大寔"。原为伊朗对阿拉伯一部族之称，后为中国唐宋时期对阿拉伯人、阿拉伯帝国的专称及对阿拉伯、伊朗穆斯林的泛称。

的态度，无论是文化风俗还是物质文明，全都兼容并蓄，他所提出的"爱之如一"的著名口号，正显示出了他具有的高度自信。当时唐朝朝野上下对不断涌入的异域文明采取了自然扬弃的态度，对符合大唐实际的优秀文化不但积极学习，而且积极创新。

正是唐太宗伟大的胸襟和气度，加上勇敢和自信的性格，使得唐朝在当时能成为社会开明、国富兵强、近悦远来、威名远播的世界强国。时至今日，开放和交流仍然是中华民族伟大复兴的不竭动力。

二、玄奘西游

大唐盛世吸引了很多外国使者前来，与此同时，唐朝也不断派人出使访问其他国家，如王玄策①就曾经出使印度。除了朝廷使节以外，唐朝僧侣和商人的足迹也遍布亚洲各国，外国人将出行的中国人统称为"唐家子"。这些人在国外进行各方面的交流，收获颇丰，玄奘是其中最著名的人物之一。作为《西游记》中唐僧的原型，玄奘在取经途中发生的诸多故事，为广大人民群众所津津乐道，但现实生活中的玄奘与神话故事中的唐僧差别非常大，而且他的经历也没有那么玄幻。

玄奘俗名陈祎（一说陈袆）。由于父母早逝，他10岁时因生计所迫，跟随哥哥进入佛门，并很快对佛教产生了浓厚的兴趣。3年之后，他正式剃度出家，并在21岁时受具足戒。兴趣使然，一心想在佛学领域有所成就的他先后拜许多高僧为师，学习佛教理论，玄奘在当时小有名气。在精研佛学的过程中，他发现当时佛教理论繁杂无序，许多方面没有一个统一的定论，因此产生了去佛教的发源地天竺②学习佛经的想法，但他的这一想法并没有得到朝廷的支持。为了实现理想，倔强的玄

---

① 王玄策：洛阳人，唐朝官员、外交家。贞观年间曾3次出使印度，著有《中天竺国行记》一书，不过早已佚失，只剩下少数残篇。

② 天竺：古代中国将现在的印度、巴基斯坦等南亚国家统称为天竺。

奘采取了偷渡的方式，私自前往天竺。

　　玄奘西行途中经过了许多国家，当他来到高昌时，崇信佛教的高昌王麴文泰热情款待了他，并挽留玄奘留在高昌，但玄奘没有同意。看到玄奘执意要走，深感遗憾的麴文泰提出与玄奘结为兄弟，得到了玄奘的同意。玄奘离开高昌国时，麴文泰重新为他整理了行装，并派25人，随带30匹马护送，同时还给玄奘西行途中必须经过的24个国家的国王写信，请他们为玄奘提供便利。离开高昌后，玄奘一路经龟兹（今新疆库本）、凌山（耶木素尔岭）、素叶城、迦毕试国、赤建国（今塔什干）、飒秣建国（今撒马尔罕城之东）、葱岭、铁门，到达货罗国故地（今葱岭西、乌浒河南一带）。

　　途中玄奘还经过了缚喝国（今阿富汗北境）、揭职国（今阿富汗境内）、大雪山、梵衍那国（今阿富汗的巴米扬）、犍双罗国（今巴基斯坦白沙瓦及其毗连的阿富汗东部一带）、乌伏那国（今巴基斯坦的斯瓦特地区），最后到达迦湿弥罗国（今克什米尔地区）。玄奘在此暂时停止了前行，虚心学习了两年时间。

　　贞观五年（631年），玄奘又去摩揭陀国（位于今南比哈尔地方）的那烂陀寺（今印度东北部的巴哈尔邦）受学于戒贤，在这里虚心学习了5年，倍受优待，被选为通晓三藏的十德之一（即精通50部经书的10名高僧之一）。玄奘在此地听书讲学时，还虚心学习了各种婆罗门书。

　　贞观十年（636年），玄奘离开那烂陀寺，又一次开始自己的游历生涯。为了拜师参学，他先后到了伊烂拏钵伐多国（今印度北部蒙吉尔）、萨罗国、安达罗国、驮那羯磔迦国（今印度东海岸克里希纳河口处）、达罗毗荼国（今印度金奈以南地区）、狼揭罗国、钵伐多国（约今克什米尔的查谟）等地。

　　多年的国外游历生活，使玄奘的佛学理论变得博大精深。他在那烂陀寺时，寺中的戒贤法师有一次安排玄奘为寺中的僧人演说摄论、唯识抉择论。其间恰巧遇到中观清辨（婆毗吠伽）那派的大师子光，子光精通《中论》《百论》，对法相唯识之说持反对态度。在两派的争论中，玄奘心想，何不编撰一套能够调和大乘中观、瑜伽两派学说的佛教书籍呢？于是，他开始整理编著，最终成就了《会宗论》3000颂和《制恶见论》1600余颂，用来与正量部学者般若多辩论。

高深的佛学理论和无人能及的辩论口才，使玄奘成为摩揭陀国佛学界的名人。摩揭陀国的戒日王也笃信佛教，他听说玄奘的求佛经历和成就后，为玄奘在摩揭陀国的都城曲女城（今印度北方邦境内卡瑙季）组织了一场隆重的讲学大会。受邀到场的有天竺18个国家的国王和3000多名高僧，可谓盛况空前。在讲学大会上，戒日王请玄奘当众讲学，并提倡到场高僧与玄奘辩论。在18天的讲学大会中，玄奘进行了多场精彩讲演，还运用自己深厚的佛学知识辩倒了在场的所有高僧，大家对他的佛学知识佩服得五体投地。讲学结束后，戒日王命人举起玄奘的袈裟，宣布讲学成功。玄奘从此名声大噪，被大乘尊为"大乘天"，被小乘尊为"解脱天"。戒日王还邀请玄奘参加五年一度、历时75天的无遮大会，玄奘在会上的表现依然精彩无比。

玄奘的游历，不仅使他在佛学方面取得了巨大的成功，还促进了东西方的文化交流。经过长达19年，跋涉5万余里的取经经历后，玄奘携带经论数百部，佛像、舍利、花果、种子若干返回大唐。当他进入唐都长安时，长安城中的僧、俗、士、庶纷纷出城迎接，竟出现万人空巷的局面，人们对他焚香散花，顶礼膜拜。玄奘取经归来成为当时佛教界的一大盛事。

唐太宗听到玄奘返唐的消息后，诏命玄奘入宫觐见。不久，玄奘前往洛阳拜见唐太宗。唐太宗亲自到宫门迎接玄奘，并高兴地对玄奘说："当年苻坚称赞佛家思想是定国安邦的神器，下令全国尊崇佛教。朕今天看到法师词论典雅，风节贞峻，果然无愧于古人对佛教的称赞。朕认为法师定能超越前人，开创一片更为广阔的天地。"玄奘的经历让唐太宗很感兴趣，于是安排玄奘陪伴于身边，促膝长谈，有时谈至深夜也不感觉疲倦。

在交谈中，唐太宗对玄奘的见识和谈吐深为折服，而玄奘19年坚持求佛的坚贞与弘毅更让唐太宗佩服不已，认为玄奘是一位不可多得的人才，于是希望玄奘蓄发还俗、入朝为官。但玄奘坚持不肯，唐太宗无奈，只好放弃自己的想法。玄奘趁此机会向唐太宗提出选贤译经的要求，唐太宗见玄奘如此执着，终于同意了他的请求。

译经工作正式展开之后，唐太宗召见玄奘说："大师西行万里，游历西域百余国，对西域各国的山川地理、风俗人情一定非常了解。朕为大唐发展着想，希望你能根据自己的经历写一本书。"为了配合玄奘写就这本具有战略意义的书籍，唐太宗还给他安排了一位法名为辩机的得力助手。在一年多的时间里，玄奘以一名旅行家的身份口述了自己的全部经历，由辩机笔录下来，即《大唐西域记》。玄奘叙述的行程路线是唐太宗一直以来想要了解的大唐西部边境情况，这部书写成后，为唐朝的西部开拓提供了新的思路和借鉴。

第十二章 性情帝王，兼修文武

一、喜好弓射

唐太宗不但是一位贤明的君主，还是一名爱好广泛的文武全才，他文爱诗书，武喜骑射，而这与他的出身有关。

据考证，李渊的祖父李虎的弟弟名叫乞豆，乞豆的儿子名叫达摩，这些在当时都是胡人的名字；李氏家族中有的人长相很像胡人，而当年单雄信曾称呼李元吉为"胡儿"；滕王李涉属唐朝宗室，他的容貌与胡人颇有相似之处，这些都可以证明李唐家族的确具有胡族血统。据史书描述，唐太宗深目、浓眉、胡须微卷、身形矫健、脸部线条硬朗、勇武而不失英俊，这些外貌特征近似胡人。由此推断唐太宗的血管里不但流淌着汉人的血脉，而且有着胡人的基因，他的血统造就了他孔武有力、豪放不羁的特质。

自南北朝至隋唐时期，天下扰攘、纷争不断，在这一背景下，当时的贵族官僚中流传尚武的习俗。许多贵族为配合国家开边征伐，往往亲自征战沙场，这些人为继承家族的荣耀，其家庭教育也大都以骑射为主。唐太宗出生在军事贵族家庭，尚武的家庭环境不仅使他练就了强健的体魄，还养成了刚强的性格。家庭的教育和血统的因素使他很早就具备了成为优秀武将的条件。史书评价唐太宗年轻时爱好弓马，精通骑射，但文化素养不佳，是非常中肯的。

此外，唐太宗热衷弓马骑射与他从小的生活环境有很大关系。李氏家族从李虎开始就定居西北，北方民族粗犷强悍的性格和不屈不挠的尚武精神对唐太宗有很大影响。同时，唐太宗所属的关陇集团尚武风气浓厚。唐高祖李渊就因家庭环境的影响，曾经勤学苦练。在父亲的言传身教之下，唐太宗自然也重视武力的锤炼。

进入军旅之后，唐太宗在东征西讨、南征北战中从来都是弓箭不离身。据说他所用的弓箭比普通弓箭大一倍，威力巨大。唐太宗箭术精深，命中率很高，甚至能射穿门阖。房玄龄曾用"箭穿七札，弓贯六钧"来赞扬唐太宗的射箭水平。在唐朝一统天下的过程中，无论是反击单雄信，还是讨伐宋金刚、刘黑闼，唐太宗的弓箭总是在关键时刻让他化险为夷，所以他曾自信地说："朕用弓箭平定天下，所用的弓和箭非常多，因此朕对弓箭是非常了解的。"

平定天下后，出于对弓箭的喜爱，唐太宗曾写了一些关于自己弓马骑射的诗作，即《出猎》。他在《出猎》一诗中写道：

> 楚王云梦泽，汉帝长杨宫。
> 岂若因农暇，阅武出辕嵩。
> 三驱陈锐卒，七萃列材雄。
> 寒野霜氛白，平原烧火红。
> 雕戈夏服箭，羽骑绿沉弓。
> 怖兽潜幽壑，惊禽散翠空。
> 长烟晦落景，灌木振岩风。
> 所为除民瘼，非是悦林丛。

这是唐太宗描写自己外出打猎的诗作，其中"雕戈夏服箭，羽骑绿沉弓。怖兽潜幽壑，惊禽散翠空"4句反映了他箭出兽惊鸟飞的情景。

在另一首诗作《咏弓》中，他写道：

> 上弦明月半，激箭流星远。
> 落雁带书惊，啼猿映枝转。

唐太宗登上帝位之后，很难再有机会驰骋战场，为了时刻不忘当年的征战岁月，他规定宫中卫士每天必须操练弓马，并亲自担任这些卫士"习射"的教练。为了把这项工作坚持下去，他明确规定：每天参加人数根据情况数百人不等，而且参加的卫士中只要有人能准确射中目标，就赏赐弓刀、布帛等。

士兵们因为能有机会和皇帝一起练箭，都备感荣幸，因此唐太宗的这种做法得到了卫士们的积极响应。朝中大臣出于安全考虑，纷纷劝阻唐太宗进行这项活动；但唐太宗置若罔闻，一有空就担当习射教练。他还养成了收藏弓箭的爱好，而且经常与制造弓箭的高手一起研究弓箭的优劣。应该说，唐太宗对于弓箭并不仅仅是用喜爱就可以概括的，其中还有他对当年驰骋沙场的怀念之情。

二、痴迷良马

唐太宗的另一个爱好是良马。他对马匹的痴爱与他自幼习武及少时便驰骋沙场有着密不可分的关系。在古代战场上，马匹是非常重要的作战工具，优良的马匹能有效地保障部队的机动性。唐太宗爱马，在作战中很喜欢以骑兵来取胜，是运用骑兵战术的高手。比如在前面讲过的霍邑之战中，他曾以轻骑插入敌军背后，导致宋老生腹背受敌，军中将士当即哗然溃散。这是唐太宗精于骑兵战术的一个例子。

从前文讲述的唐太宗所领导的诸多战争中不难发现，每次战斗几乎都是骑兵在扮演着重要角色，应该说骑兵为大唐王朝的建立立下了汗马功劳。精于骑兵突击的唐太宗本人非常重视马匹的素质，他本人的坐骑都是当时非常著名的良马,被称为昭陵六骏,这些马为他立下赫赫战功提供了有力的保障。

这6匹来历不同的战马不但跟随唐太宗纵横沙场,而且多次救过他的性命,这6匹马分别叫什伐赤、拳毛䯄、白蹄乌、特勒骠、青骓、飒露紫。为了纪念这6匹战马,唐太宗让画家阎立本和工艺家阎立德把这6匹马用浮雕描绘出来,列置于昭陵前。

昭陵六骏雕刻,既是唐初雕刻艺术的高度成就,更是唐太宗嗜马成癖的真实写照。

贞观时期,唐太宗非常重视马匹的供给与繁衍。为了让国家开始大规模养马,他曾建立起完整的马匹管理系统。

当时陇右地域辽阔,被唐太宗指定为大唐重要的养马基地。这些地方的周边地区都是出产优良马匹的地方,因此在养马基地,马种的选择非常严格,非上等纯种不要。这些纯种种马的来源一部分是在战争中缴获,另一部分是通过贸易、进贡、和亲聘礼等方式获得。唐朝统称引进的良马为胡马或番马,同时为了方便区分、管理,规定种类不同的马要分别烙上不同的马印,从《唐会要·诸蕃马印》中可以发现,当时留下的外来马的马印实图约有35种,唐朝引进优良马种的成果可见一斑。

唐太宗重视养马不仅是个人的爱好,也是出于保家卫国的需要。在当时与周边游牧民族的战争中,如果没有优良的战马,根本无法形成强大的战斗力,因此,战马的素质与数量就成了决定战争胜负的关键所在。

不过,唐太宗本人对马的喜爱可谓如痴如醉,他非常注意收集名马。大宛国盛产良马,曾向隋朝称臣,因此年年都会向隋文帝进贡,有一年他们向隋朝上贡了一匹名为"狮子骢"的千里马。据传此马从长安到洛阳,可朝发夕至,速度惊人。然而,随着战争的爆发,此马下落不明。唐太宗即位后,多次命人寻找这匹马的下落,最后还是宇文士及从朝邑(今陕西大荔东南朝邑镇)的一家磨坊中找到了它。当时"狮子骢"已经失去了往日的风采,被折磨得皮焦尾秃,原来这里的人不懂马,一直让"狮子骢"拉磨干活。宇文士及立即把这匹马送往京城,唐太宗知道后还亲自到长安城东的长乐坡迎接。当看到此马被折磨得如此悲惨,他情不自禁地流露出对狮子骢的怜惜。所幸这匹马虽然年老,仍然生下了5匹马驹,长大之后都是千里马。

唐太宗不但爱马,而且还是一个识马的伯乐,后世流传着许多他与马之间的佳话。武(虎)牢战役中,唐太宗一眼就认出窦建德的部将王琬的坐骑就是隋炀帝的骢马,不由赞叹道:"王琬的坐骑才是真正的良马呀!"他身边的大将尉迟敬德听了,当即冲入敌阵,把骢马及其主人王琬一并擒获献给唐太宗。唐太宗给这匹马取名叫黄骢骠,从此它成为太宗的坐骑之一。贞观末年,黄骢骠在跟随唐太宗出征的途中死亡,唐太宗非常痛心,特意命乐工制《黄骢叠曲》,以示对黄骢骠的纪念。

由于爱马,唐太宗曾因无缘无故死掉一匹骏马而失去理智,非要杀掉养马的宫人,最后还是贤德的长孙皇后及时制止,宫人才免于一死。

因为爱马,唐太宗写过一首诗,名为《咏饮马》。

> 骏骨饮长泾,奔流洒络缨。
> 细纹连喷聚,乱荇绕蹄萦。
> 水光鞍上侧,马影溜中横。
> 翻似天池里,腾波龙种生。

在这首诗中,开篇以简练的文字描述了饮马的各种姿态,动感非常强烈、传神,最后以"翻似天池""腾波龙种"结尾,好像天马行空,神妙无比。假如对马没有独特而又深厚的感情,肯定写不出如此传神的诗篇。

三、嗜好围猎

唐太宗即位后，为了再度体验当年驰骋沙场的英雄气概，他渐渐对围猎情有独钟。

前面曾提到，在秦王和东宫竞争最为激烈的时候，李渊有一次组织皇子们外出围猎，李建成把自己的骏马借给李世民，然后借此事向高祖告了李世民一状，所幸李世民以坦诚和智慧及时化解了这场危机。由此可以看出唐朝宗室中喜欢围猎的大有人在。据说唐太宗每次外出围猎，都会有穿着画有野兽图案衣衫、持着弓箭的猎手陪同左右，这些人被称为"百骑"，负责在唐太宗马前帮助他狩猎。上百人一起围猎，场面的确相当壮观。

后来，朝中诸臣以及长孙皇后反对唐太宗围猎，主要有以下几点原因。首先，安全问题，围猎属于剧烈运动，一旦皇帝出现闪失，大唐会有倾覆的危险。其次，他们认为如此规模浩大的围猎肯定会扰民，使太宗在百姓心目中留下玩物丧志的印象。听到这些反对的声音，唐太宗没有放弃这项爱好，对围猎进行了巧妙的安排：他选择在每年农历的十月至十二月围猎，此时天寒地冻，百姓很少出门，因此扰民问题几乎不存在；另外，每次围猎时，他都带领士兵练习布阵，围猎、练兵两不误，所谓玩物丧志之说也就不攻自破了。

天下太平之时，唐太宗在猎场或宫苑之内挽弓搭箭，追逐野兽，似乎还能找到一点儿在沙场纵横驰骋的冲天豪气。同时，他围猎除了爱好之外，的确还有战备的意思。养兵千日，用兵一时，如果平日不注重操练，千日养兵也不一定能带来一时之利，因此只有严加操练才能真正做到用兵一时。唐太宗把平日的狩猎当成训练，而且通过他和大臣的谈话，可以看到他在围猎中产生了许多治国灵感，透露了他的某些治国思想。

贞观十一年（637年）十月，唐太宗又一次带领大家在洛阳苑围猎。当发现有一群野猪在活动时，他一马当先冲出队伍，随即连发4箭射死4头野猪。这时有一头野猪在情急之下竟径直向唐太宗冲了过来，眼看就要咬到马镫，随行的民部尚书唐俭为保护唐太宗，催马上前与野猪搏斗，人、猪一时僵持不下，最后还是唐太宗拔出随身宝剑砍死了野猪。这件事发生后，很多大臣以围猎太过危险为由，反对唐太宗围猎。他们认为，天下太平之时，再为军队建设耗费国力，实在是劳民伤财。不过，唐太宗对围猎有着自己的看法，他对大臣们说："如今天下虽然太平无事，但武备之事却时刻不能忘记，朕围猎只要不扰民，就不会有什么害处。"他用高明的战略眼光提出围猎不忘武备，说明他非常清楚军队是维护封建统治的工具，一旦军队毫无战斗力，统治阶级的地位就岌岌可危了。

作为一名盛世明君，唐太宗有极强的自制力，他喜欢围猎，但不像其他皇帝那样只顾个人享乐而玩物丧志。在处理家事和国事的关系时，他始终坚持以国事为重。他喜欢出猎，但为了不扰民，每次出猎他都命人先调查目的地的情况，然后合理安排出猎时间，这样一来，百姓不但不会反对，而且还在农闲时节争相目睹皇帝的威仪。

贞观十四年（640年）十月，唐太宗原计划去同州（今陕西渭南大荔县）狩猎，但通过调查，他了解到当时庄稼刚刚成熟，八成以上的庄稼都还没有收割，百姓正在田间忙碌，如果再因朝廷出猎让他们修桥筑路，就会影响农事。于是，刚刚被提升为栎阳（今陕西临潼北）县丞的刘仁轨上奏唐太宗，希望出猎时间能往后推迟十天半月，等农忙结束后，百姓就有足够的时间承担杂务，如此于国于民都有好处。唐太宗的想法和刘仁轨非常一致，于是决定将出猎时间推迟一个月。

四、擅长诗书

唐太宗不但擅长弓马骑射，而且在诗文字画方面也有着很深的造诣。不过，唐太宗年轻时因终日征战，很少有时间舞文弄墨，所以在他流传下来的诗文中，前半生创作的非常少见。及至即位，天下太平、政治稳定、经济繁荣后，他才得以挤出一些时间来赋诗作文。在流传后世的《全唐文》《全唐诗》中，收录了唐太宗文7卷、赋5篇、诗69首。

在诗文风格上，唐太宗非常反对绮靡浮艳的文风，倡导北朝时质朴无华的实用文风，认为齐梁以来的文风不值得提倡。他之所以有如此见解，除了性格原因，还和他的经历有关。多年的征战之苦，让他耳闻目睹了黎民百姓的苦难生活，知道了民生的艰难，逐步养成了崇尚节俭、反对奢华侈靡的生活习惯。最后，他又把这种简朴的生活作风带到诗文的创作中，所以才有了他所倡导的反对绮靡浮华、放纵淫艳，主张质实朴素、崇实弃浮的诗学观念。

唐太宗的诗文具有极强的政治性，内容丰富，大多涉及戒奢、防骄、纳谏、任贤等内容。他多以君道自励，以慎终自勉，以史事鉴今，以帝范训子，以忠谏察臣，以正直垂节，宣扬王道，探究人事，励精图治，拨乱反正，体现了他治国惠民、明慎刑赏、察善纳谏、节用惜费、发展生产的政治思想，因此，这些诗文直接起到了为"贞观之治"服务的目的。

唐太宗写过一首名为《登三台言志》的诗，诗中写道："未央初壮汉，阿房昔侈秦。在危犹骋丽，居奢遂役人。岂如家四海，日宇馨朝伦。"这首诗总结了残暴的秦王朝摧残人民，致使天下鼎沸、社稷倾颓的惨痛历史教训，表达了唐太宗轻徭薄赋、与民休息的治国理念。唐太宗还写过一首著名的诗作《咏雨》，其中有"和气吹绿野，梅雨洒芳田""雁湿行无次，花沾色更鲜"之类的句子，作为一名帝王，能从绵绵春雨联想到农业生产实在是难能可贵，诗文把他期盼丰年的心情表现得淋漓尽致。

从唐太宗的出身背景可以看出，他自幼接受儒家思想的熏陶，以儒家思想作为治国之本的理念在他的头脑中根深蒂固。同时，作为一国之君,他知道自己的言行会给整个国家带来影响,这不仅表现在政治方面,而且在文化方面也会显现出来,因此他倡导诗作不仅要符合儒家规范,而且要追求一种雅正的诗学观,显示安邦治国和修身立事的远大抱负。他的诗作虽然读起来不是那么朗朗上口,但对于后世帝王治理国家都有很好的借鉴作用。

在唐太宗的诗作中,还有很多描写扫平割据、统一全国的诗句,借以抒发他驰骋沙场的豪情壮志,感染力很强。比如在《经破薛举战地》中,"移锋惊电起,转战长河决。营碎落星沉,阵卷横云裂",这样的诗句无论是措辞还是气魄都有很大变化,从而一扫往日辞藻纤丽、缺乏气势的缺点。唐太宗还有一首难得的佳作名为《饮马长城窟行》,其中"塞外悲风切,交河冰已结。瀚海百重波,阴山千里雪"等句视野宽阔,气势雄壮,悲凉慷慨,如果没有亲身经历过边塞战争,是不可能写出如此感人的诗句的。

唐太宗曾说自己年幼时读书很少,但十分喜爱诗文,坚持创作,日积月累也有了非常丰富的成果。他本人虽作诗文,但不重文名,目的是修身以昭君德,因此贞观时期形成了文以载德的文艺观。在诗作中,唐太宗往往借缅怀古代帝王抒发自己的志向,同时向天下表明他努力做一名节俭、纳谏、虚心、爱民、慎刑的英明君主的愿望。

在唐太宗的实践与倡导之下,贞观时期的文坛出现了非常兴盛的局面。而唐诗至今仍如一轮皓月辉映在历史的天空,滋润着人们的心灵。

如果说唐代的诗文化达到了中国文化进程中一个难以企及的高度,那么唐代的书法艺术就如同夜空中闪耀的星光,千百年来一直灿烂无比。唐时书法理论繁荣昌盛、书法名家辈出、书体流派纷呈,当时流行于世的颜、柳、欧、褚等名家法帖历经千载风雨,仍受当今书法爱好者的推崇。

唐太宗本人也称得上是一名书法大家。由于他对书法艺术的爱好,当时朝廷非常注重收揽和培养书法人才。在贞观时期的科举中,为发现和吸纳书法人才，唐太宗专门开设了明书科。这些通过科举取士罗致的人才，被安排到国子监和弘文馆中，并邀请名师加以指点。帝王如此重视发展书法艺术，使得当时无论是卓有成就的书法家还是书法作品的收藏家，都非常受人尊崇，书法事业也由此得到了长足的发展。

唐太宗认为王羲之的书法既得各家之所长，又独树一帜，所以最为推崇。为了得到王羲之的真迹，他不惜花重金购买。据统计，唐太宗共购得王羲之的墨迹3600幅，他让虞世南把这些墨迹全部以一丈二尺装成一轴，悬挂于大殿之内，以备自己闲暇时观赏临摹。

由于勤于练习，唐太宗的书法进步非常快，唐朝《叙书录》曾评价其书法"笔力遒劲，为一时之绝"。唐太宗最擅长的是飞白。"飞白"是枯墨用笔的一种书法艺术，笔画中丝丝透白，字体犹如飞龙游凤。唐太宗经常把自己的手迹送给朝中大臣，以此表达自己对臣下的勉励和厚望。他曾赐给马周自己亲笔书写的墨迹："鸾凤凌云，必假羽翼；股肱之寄，诚在忠良。"还给戴至德写了"泛洪源，俟舟楫"；给李敬玄写了"资启沃，馨丹诚"；给郝处俊写了"飞九霄，假六翮"。贞观十七年（643年），唐太宗在大宴群臣的时候借酒兴挥毫，书写了一帖飞白字，引得群臣争抢，大臣刘洎竟直接冲上御座，争得此帖。唐太宗的行书作品有很多流传于世，其代表作有《温泉铭》《晋祠铭》等。

学习书法的第一步是临摹，临摹是否得法，是书法学习能否成功的关键所在。唐太宗在学习王羲之的书法时就领悟到了这一点，而且他对此有着独到的见解。他曾说："朕在临摹古人书法时感到，学习书法不应一味追求那些大家的书法形式，而应该学习他们神来之笔的骨架和意境，只要学会了这些字的骨架精髓，了解他们运笔的意境，这些字的形式自然而然就形成了。"

要想学好书法，还必须得到大家的亲自指点。唐太宗在学习的过程中曾拜了很多老师，他的第一个书法老师是大臣虞世南。虞世南师从王羲之的七世孙智永禅师，智永擅长楷书与草书，继承王氏家族书法，精熟过人。而虞世南由于体会到了王门书法的精要，早就达到了青出于蓝而胜于蓝的境界。唐太宗拜虞世南为师后，进步很快，就连房玄龄都说他的笔力超越了前代的名家钟繇、张芝。尽管这些话有吹捧之嫌，但也从侧面反映出唐太宗的书法的确达到了很高的水平。

此外，唐太宗还非常重视对书法理论的研究，他曾从初学到深造的角度对书法进行了精辟的分析，写了《笔法论》《指法论》《笔意论》等书法理论文章。

他认为写书法必须心神正、志气和，如果心神不正，写出的字就会倚斜；如果志气不和，写出的字则会颠扑。在长期的书法学习中，他还对字的点、划、擎、竖、戈、环、波等笔画的写法总结了一套笔法要诀。他曾提出学习前人书法时应注重神似，然后才是形似，一旦达到形神兼备的高度，就能达到古人的水平；如果能在学习中加入自己的体会和心得，便能超越古人，自成一派。

唐太宗始终认为，无论什么事都是由恒心和毅力决定的，与一个人的天赋关系不大。不论是谁，只要专心致志、用心苦练，就能精通所要学习的内容。同时，他也非常认同孔子提出的"学而不思则罔，思而不学则殆"之观点，认为在学习的过程中，思考是质的飞跃，苦练是则量的积累，没有量的积累便不会有质的飞跃，因此，在勤学苦练的同时还必须多动脑筋思考，不断总结经验。

虞世南去世后，深得虞世南书法精髓的唐太宗，再也无法找到适合自己的老师，为此极为苦恼。有一次，褚遂良陪同唐太宗研究书法，言谈之中，唐太宗发现褚遂良的书法造诣颇高，不由得想起了很早以前的一件事：他向虞世南学习书法时，有一次写"戬"字，他故意只写一半，留下偏旁"戈"让虞世南补全。他把这个由自己和虞世南共同写出的字拿出来，让毫不知情的褚遂良点评。褚遂良看后说："臣感觉在这个字中，右边的戈部写得非常传神。"唐太宗闻言钦佩不已，脑海中忽然灵光一闪，自己煞费苦心到处寻找书法高人，褚遂良不正是得到王氏书法真传的大书法家吗？他内心产生了拜褚遂良为师的想法。

出于对王羲之书法的酷爱，唐太宗在贞观年间大力推广王羲之的书法，王羲之的真书、行书、草书在当时非常流行。因推崇王书，太宗曾亲自为《晋书》作王羲之传论。为了时时能够看到王羲之的书法，他专门请了能辨别王书真伪的褚遂良，到处搜罗王书。流传于世间的王书真品几乎被他搜罗殆尽，但他仍不满足，因为王羲之最著名的《兰亭集序》一直不见踪影。据说这幅用鼠须笔、蚕茧纸书成的名帖，是王羲之在兰亭宴饮后，酒至微醺之时的神来之笔。后来王羲之曾重写数次，但都没有原稿传神，所以王羲之本人也对此帖极为珍视。

出于对《兰亭集序》的向往，唐太宗非常注意搜集有关此帖的信息。一个偶然的机会，他听说《兰亭集序》的真迹藏在永欣寺辩才和尚手中，当即派遣监察御史萧翼前去辩才处谋取。如此贵重之物，萧翼知道辩才和尚肯定不会轻易示人，于是乔装打扮成普通商人，经湘潭随船到越州，假装不经意间与辩才和尚见了面。

萧翼在当时也是有名的文士，他和辩才和尚见面后，在诗赋、书法等方面聊得非常投机，大有相见恨晚之意。不知不觉间暮色将至，辩才极力邀请萧翼留宿。萧翼欣然同意，两人渐渐把话题转到书法上。萧翼对辩才说："我的祖辈甚爱二王书法，因此也传下了一些二王的楷书，可惜幼时只知贪玩，根本不知道勤加苦练，如今只能随身携带几本王羲之的真迹，以备闲暇时欣赏临摹。"萧翼边说边拿出几本王羲之的真迹给辩才欣赏。辩才和尚看完后，得意地说："这些虽然都是王羲之的手迹，但绝非上乘之作，与贫僧收藏的王羲之真迹无法相提并论。"萧翼惊喜地问道："什么真迹？""是《兰亭集序》！"辩才和尚又一次扬扬得意地说。萧翼一听，当即摇头摆手，对辩才说："《兰亭集序》的确是王羲之无与伦比的名帖，但历经多年战乱，真迹怎么可能还存于世间？你收藏的肯定是后人临摹的。"辩才和尚见萧翼表示怀疑，非常着急，马上爬上屋梁，取出自己珍藏的《兰亭集序》真迹，让萧翼欣赏。萧翼仔细观察后仍然坚持说："此帖的确是后人仿写而成的。"并当场向辩才指出所谓的瑕疵。辩才见萧翼说得有眉有眼，对自己收藏的这幅名帖的真伪也开始半信半疑起来，不再像以前那样珍视《兰亭集序》了，最后随手把《兰亭集序》和萧翼带来的王羲之真迹一起放在桌上。之后，萧翼趁辩才和尚出门之机盗走了《兰亭集序》，快马加鞭驰往京城。

回到京城后，萧翼把《兰亭集序》的真迹进献给唐太宗，唐太宗十分高兴，当即封萧翼为员外郎，并赐大批珍宝良田。唐太宗对《兰亭集序》极为珍爱，不但自己每晚入睡之前仔细揣摩，而且还让韩道政、赵模、诸葛贞、冯承素各拓摹数本，赐给太子及诸位重臣。

贞观二十三年（649年），唐太宗病重，临终前他对《兰亭集序》仍念念不忘，叮嘱太子李治把《兰亭集序》随他一起葬入昭陵。唐太宗死后，唐高宗尊重他的遗愿，把《兰亭集序》的真迹用玉匣盛装，随葬于昭陵之中。此后，《兰亭集序》的真迹便在世间销声匿迹，后人看到的都是唐人摹本。唐太宗凭借帝王之尊，把王羲之推上"书圣"的宝座，使其声名久远；同时唐太宗又以帝王之尊，将王羲之的神来之笔《兰亭集序》据为己有，最终毁迹于世。其中是非后世评价不一，但唐太宗对王书的酷爱之情由此可见一斑。

在唐太宗的提倡和偏爱之下，神机流逸、遒媚缠绵的王氏书风席卷书坛，贞观时期出现了罕见的朝野上下同学王书的热潮。这种热潮也为中国书法的发展带来了一场革新运动，南北朝以来形成南师王帖、北宗魏碑的局面得到统一，王书成为全国书体的正宗，而王羲之也被尊为"书圣"。

唐太宗一生大力提倡书法，使书法艺术在唐时达到了难以企及的高度，而且还改革了当时的官方公文书法。当时的官方公文因沿用隶、篆书体，既不易书写，又难以辨认，通过推崇王书来达到统一全国公文书法的目的，大大提高了贞观时期官府的办事效率。

第十三章　贤妻良佐，后顾无忧

一、长孙皇后

人们常说："一个成功的男人背后往往会有一个伟大的女人。"唐太宗也不例外，长孙皇后就是这样一位对他影响至深的女人。

唐太宗即位后，即立长孙氏为皇后。长孙皇后是一位非常有眼光的女性，在李世民最为困难和迷茫的时候，她一直鼓励李世民努力建功立业。她出身于书香门第，不但仁孝俭素，而且博古通今。唐太宗登基之后，作为皇后，她经常与唐太宗一起探讨古今大事，其中很多见解太宗都自叹不如，对太宗治理国家有很大帮助。

唐太宗性情刚直，有时会因小事而对宫女发怒，甚至无端治她们的罪，这时为人宽厚、体恤下情的长孙皇后就会亲自出面，首先顺从太宗假装发怒，然后请求把这些人交给自己处理，最后，长孙皇后通常在太宗息怒之后向太宗讲明道理并释放这些人。因此，后宫几乎很少滥用刑罚或发生冤案。

贞观年间，唐太宗在外平定四方、治理国家，而在内廷，长孙皇后始终以自己的方式支持太宗。众所周知，后宫里并不缺乏有心机的人，但在长孙皇后的管理下，唐初后宫一直风平浪静。这不是因为当时的后宫改变了尔虞我诈的性质，更不是后宫缺少善于权谋的人，而是因为长孙皇后有一种化百炼钢为绕指柔的力量，虽无影无踪却无处不在，或许这就是所谓的威信吧！作为后宫的最高领导，长孙皇后没有任何盛气凌人之处，每逢宫中嫔妃生病，她都会亲自拿自己的药品和食品前去探视，因此她在宫中非常受人尊敬。同时，她在众多嫔妃面前非常宽容、和顺，不但不争宠，反而时时规劝唐太宗要公平对待每一位嫔妃，因此当时后宫很少出现争风吃醋的丑闻。正是因为长孙皇后掌控有力，才使唐太宗毫无后顾之忧，可以全身心地投入对国家的治理中。

长孙皇后贤淑、智慧、优雅、大度，不但对后宫嫔妃、宫女宽容大度，对唐高祖李渊也尽到了儿媳的孝道。李渊被奉为太上皇后，整天郁郁寡欢，而唐太宗忙于政事也很少去看望他。长孙皇后并没有因为唐太宗的原因疏远李渊，反而每日早晚必去请安，每次见面她都毕恭毕敬，并且提醒李渊身边的宫女注意照顾其生活起居。唐太宗的女儿豫章公主，因亲生母亲早逝，长孙皇后收养了她，待她如亲生女儿。

在为人处世上，长孙皇后也有自己的见解和主张。有一次，太子的乳母遂安夫人对长孙皇后说："东宫作为太子府邸，器用过少，请皇后奏明天子，可否适量增加？"长孙皇后当即回绝道："作为太子，立德扬名才是最为重要的，器用少些又有什么关系呢？"

长孙皇后生有三子四女，即长子李承乾、四子李泰、九子李治，女儿长乐公主、城阳公主、晋阳公主、新城公主。长乐公主下嫁长孙冲时，谏臣魏徵因反对唐太宗加倍陪嫁，惹得唐太宗很不高兴。唐太宗把这件事告诉长孙皇后之后，长孙皇后不但没有生气，反而用赞赏的口气说："我知道陛下推崇魏徵却不知道原因所在，今天我彻底明白了，魏徵是用礼来说服陛下的，他真是社稷之臣。"唐太宗听了，决定减少长乐公主的嫁妆，同时奖励魏徵40万钱、40匹帛。长孙皇后还派人对魏徵说："魏公的正直无私到今日才得到证实，望你能常守此志。"

有一次，唐太宗生病，历时一年多都没有痊愈，长孙皇后昼夜陪伴左右，还随身携带毒药，向周围的人表示："一旦陛下有何不测，我绝不单独苟活于世。"其实，长孙皇后自己的身体也很不好，常年患有气病。贞观八年（634年），太宗带领长孙皇后去九成宫，中秋节当天，柴绍在宫外向唐太宗报告朝廷有事发生，唐太宗立即身穿盔甲出宫询问，长孙皇后虽然身体有病，但仍紧紧跟随唐太宗。身边的人都劝她不用出来，但她坚定地说："皇上被惊，我坐在这里怎么会安心呢？"

后来，长孙皇后的病情越来越严重。太子承乾看到被病痛折磨的母亲，哭着对长孙皇后说："既然良药良医都无法治愈母后之病，我要恳求父皇大赦天下，这样或许会使母后的病情好转。"长孙皇后听了连连摇头说："生死由命，并不是人力所能挽回的。如果做善事能让人长寿，我自认为从未做过不善之事；如果行善无效，祈求上天又有什么用呢？大赦天下是国家大事，怎能随意为之？如果你执意这样做，我不如快些死去。"太子听了长孙皇后之言，也不敢向唐太宗奏报了，只好把这件事告诉房玄龄。房玄龄又把这件事告诉了唐太宗，唐太宗有心通过大赦来为长孙皇后祈求病体安康，但因为长孙皇后坚决反对，最后只得作罢。

就在长孙皇后的病情日益严重之际，她听到了房玄龄被唐太宗免职的消息。她对房玄龄非常了解，于是对唐太宗说："房玄龄一生功勋卓著，且为人小心谨慎，多年来跟随陛下平乱治国，如无大错，请不要轻易将他撤职。另外，在我的本宗中，那些无德无才仅靠我便位居高位者，请陛下解除他们手中的实权，仅按外戚的标准发放俸禄，否则他们很容易遭祸，甚至子孙也难以保全。"

唐太宗没有采纳长孙皇后的建议，为此，长孙皇后又对唐太宗说："我目前已经尊贵无比，兄弟子女满布朝廷又有什么意义呢？难道汉朝因外戚专权导致吕太后、霍太后全家遭斩的教训，还不能引以为戒吗？我哥哥也不再适合担任宰相。"说完这些，她还暗中要求长孙无忌辞去宰相之职。唐太宗知道长孙皇后此举是为了防止外戚专权影响国家发展，只得暂时同意长孙无忌辞去宰相一职，但很快又根据长孙无忌的功劳再次让他担任宰相。

长孙皇后对外戚干政的问题曾做过专门的研究，还写过一篇有关东汉明帝马皇后的文章，对马皇后不能抑制外戚专权进行了分析和批评。文中提到，马皇后知书、达礼、孝亲、事君、节俭，其德行、人品为宫中之人所敬佩。汉章帝即位后，不但尊她为皇太后，还给她的3个兄长授爵封侯。马太后虽对汉章帝进行训诫，但对兄长们参政之事并没有拒绝。最后，由于马氏一门专权祸国，最终落得身死族灭的下场。

由于病情毫无好转的迹象，长孙皇后自知大限将至，于是命人找来唐太宗，郑重地说："我一生未做恶事，死后当然也不能害人，希望陛下在我死后因山为坟即可，避免因修高坟而浪费国家资财，随葬用品不需金银玉器，仅用瓦木就可以了。"说完这些，她又诚恳地劝谏太宗："希望陛下今后和往常一样，能亲君子，远小人；避谗言，纳忠谏；止游猎，省劳役。"最后她眼望唐太宗，用诀别的口吻说："我在九泉之下已无遗憾，因此没必要再让儿女们前来，以免过于悲伤。"贞观十年（636年），长孙皇后逝世，年仅36岁。按照她的遗嘱，太宗下令把她葬于昭陵，谥号"文德皇后"。

长孙皇后文采出众，曾写过一本谈论妇女得失的书——《女则》。她去世后，宫人把这本书呈给唐太宗御览。唐太宗看后不禁垂泪，又把这本书给左右近臣看，然后对他们说："皇后写的这本书堪称百世垂范。朕之所以悲伤，是因为失掉了一位贤内助，回宫之后再也听不到皇后的规劝之言了。"最后，唐太宗采纳长孙皇后的建议，恢复了房玄龄的宰相之职。

在唐代后宫中，擅长作诗的后妃比比皆是，是长孙皇后开创了唐代后妃作诗的先河，《全唐诗》中收录了一首她的诗作，名为《春游曲》。

上苑桃花朝日明，兰闺艳妾动春情。
井上新桃偷面色，檐边嫩柳学身轻。
花中来去看舞蝶，树上长短听啼莺。
林下何须远借问，出众风流旧有名。

在这首诗中，长孙皇后用细腻的笔触向人们勾画了一幅上苑游春图，兰闺艳妾踏春而来，飘舞的柳条、鲜艳的桃花、翩翩飞舞的彩蝶以及悠扬的莺啼一起，构成了一幅明媚的春景图。人与自然组合得如此完美，让人读后不禁心旷神怡。

在封建社会，女子地位低下，社会上流传着"妻子如衣服"的说法。而身为一国之君，唐太宗却一直将发妻长孙皇后视若珍宝。因为长孙皇后曾跟他患难与共，在他登上帝位之后，她依然在背后默默支持着他，"贞观之治"也有她的功劳。长孙皇后堪称千古贤后，万世楷模。

长孙皇后死后，唐太宗痛心疾首。作为唐太宗生活中的知心爱人、治国理政上的贤内助，长孙皇后一直是他心目中最为宁静、纯粹的精神港湾，长孙皇后的早逝，使他犹如失去了主心骨，心中的悲痛久久难以平息。

长孙皇后的一生虽然短暂，但她在生活中表现出的勤奋、俭朴、宽厚、仁慈让后宫的人钦佩不已；她在国家大事中表现出的正直、聪慧、谨慎更让贞观君臣视为楷模。作为唐太宗身后最伟大的女性，她用自己的品德和智慧辅佐太宗顺利地开创了贞观盛世。百姓因有如此德才兼备的皇后而受惠，历史也会因有这样德才兼备的女人而增光添彩，长孙皇后将被人民和历史永远铭记。

二、贤妃徐惠

自长孙皇后之后，贤妃徐惠也是对唐太宗影响很大的一个女人。

徐惠出生于贞观元年（627年），湖州长城人，据说她5个月大的时候就能开口讲话，4岁时就能通读《论语》《毛诗》，等到七八岁已经能写一手好文章了。她的父亲徐孝德有一次想考考她，就让她作一首离骚体的诗，她当场一挥而就，写出了《拟小山篇》："仰幽岩而流盼，抚桂枝以凝想。将千龄兮此遇，荃何为兮独往。"引得众人交口称赞。徐父也不由得大吃一惊，知道女儿乃人中龙凤，这首诗后来广为流传，唐太宗因此得知徐惠之名。

　　从此之后，徐父更加注重对徐惠的培养，徐惠也非常自觉地苦读经史，甚至到了手不释卷的地步。等到徐惠十几岁时，才气闻名遐迩的她被推荐给了唐太宗。自古英雄爱美女，唐太宗怎肯失去如此才女？于是下诏把徐惠召入后宫，最初仅封为才人。很快，徐惠出众的才学让太宗欣赏不已，不久就被升为三品婕妤，后来又被晋升为二品充容①，她的父亲也被擢升为礼部员外郎。

　　徐惠及其家人深受唐太宗的恩宠，而她本人的敏捷才思也常常给唐太宗带来无穷的快乐。徐惠进宫后，有一次，唐太宗兴致勃勃地派人召见徐惠，谁知左等右等，徐惠一直迟迟不到。唐太宗的一腔热情变成了一肚子怒火，就在这个时候，徐惠姗姗而来。聪明的徐惠看到一脸怒气的唐太宗，知道他是因自己来迟而心中不快，但她并不急于道歉，而是嫣然一笑，挥笔写出一首诗呈到唐太宗面前，诗中写道："朝来临镜台，妆罢暂裴回。千金始一笑，一召讵能来。"这就是《全唐诗》中收录的《进太宗》一诗。唐太宗读完此诗，哈哈大笑，心中的怒气顿时烟消云散。

　　善作诗文的徐惠经常在不同场合小试身手，其诗句既清新脱俗，又不失现实意义。她刚刚进宫时，后宫佳丽无数，她根本不可能得到唐太宗的专宠，深宫清冷的寂寞让她感到非常苦闷，为此她写出了另一首非常出名的诗《长门怨》："旧爱柏梁台，新宠昭阳殿。守分辞芳辇，含情泣团扇。一朝歌舞荣，夙昔诗书贱。颓恩诚已矣，覆水难重荐。"此诗传到太宗耳中后，太宗非常爱慕徐惠的才华，于是对她宠爱有加。

　　《全唐诗》中还收录了徐惠的另外两首佳作。其中一首为《秋风函谷应诏》，诗中浓墨重彩地描绘了函谷关深秋时节的壮丽景色，境界宏大，气势雄浑。其中写道："秋风起函谷，劲气动河山。偃松千岭上，杂雨二陵间。低云愁广隰，落日惨重关。此时飘紫气，应验真人还。"

---

①　充容：唐宋时期后宫名号，位列第十二级，位同宰相，属于九嫔。

后两句体现了徐惠深受道家思想的影响，把紫气的出现和真人的回归联系起来，显示了太平盛世的吉兆出现。另一首《赋得北方有佳人》描写了一个美人的形象："由来称独立，本自号倾城。柳叶眉间发，桃花脸上生。腕摇金钏响，步转玉环鸣。纤腰宜宝袜，红衫艳织成。悬知一顾重，别觉舞腰轻。"这些句子着力描写美女的眉、脸、首饰、衣着、舞姿等非常有特点的地方，把这位美女勾画得栩栩如生。

冰雪聪明的徐惠不仅善于赋诗作文，还颇有政治头脑，非常关心国家大事。贞观二十二年（648年），徐惠向唐太宗上表进谏。在这位年轻而能忠诚直谏的后宫嫔妃身上，太宗仿佛又看到了当年长孙皇后的影子。尤其是徐惠在谏言中提到近年来战争频发，"如今东边有辽海之军，西边又在（岷）丘出现战事，将士、马匹都非常疲劳，就连往来运输给养的车辆也很疲倦"。因此，她力劝太宗减少战争，从而减轻百姓的繁重负担，让他们感受皇恩浩荡。唐太宗不住地感叹自己又得一贤内助，从此对这位年轻的后妃更加尊重和爱慕。

唐太宗准备御驾亲征高丽之时，许多大臣表示反对，徐惠也是反对者之一，可惜唐太宗没有听进去。贞观二十二年（648年），爱好巡游的唐太宗巡幸刚落成的玉华宫，随同唐太宗前往的徐惠趁机起草了一份奏书——《谏太宗息兵罢役疏》，以"有道之君，以逸逸人；无道之君，以乐乐身"这样发人深省的话语劝谏唐太宗克勤克俭，停止大兴土木及对高丽用兵，还百姓以安宁。太宗看到徐惠的奏书后连称善言，并因此多次夸奖徐惠。徐惠的这份奏书，后来被收入《资治通鉴》《唐书》《贞观政要》等经典史籍，受到后世史家的赞赏。

徐惠还曾举出商纣王因痴迷玉器导致国家灭亡的例子，向唐太宗指出珠宝玉器是迷人心窍的毒药，更是国家沦丧的根本所在，只要珍玩珠宝盛行于民间，淳朴的民风必然渐渐败坏，以此规劝唐太宗戒奢去靡。唐太宗感叹道："有这样贤德的后妃陪伴在朕的身边，真是朕的福气呀！"

唐太宗在世时，与徐惠相知相敬，相亲相爱。唐太宗去世后，徐惠受到了很大的打击，从此忧思成疾，卧床不起，而且拒绝服药，第二年也追随太宗而去，年仅24岁。

长孙皇后、徐惠都是心甘情愿为唐太宗而死的女人，她们之所以如此执着，不仅是因为她们勇敢坚贞，更因为在她们心目中，英明神武的太宗值得自己以生命相许。

三、才人武氏

说到唐太宗身边的女性，有一个人不能不提，她就是武则天。武则天不但对唐太宗本人有很大影响，而且她对整个唐王朝甚至中国封建进程都产生了深远的影响。

武则天生于武德七年（624年），祖籍并州文水（今山西文水），但生于长安，是唐朝开国功臣武士彟的第二个女儿。长孙皇后去世后第二年，唐太宗听说大臣武士彟家有一个冰雪聪明、美艳绝伦的女儿，于是下诏将她召入宫中。当时武则天年仅14岁，正是豆蔻年华，她入宫之前，她的母亲杨氏深知侯门一入深似海，因此痛哭不已。但小小年纪的武则天却表现得与母亲大为不同，她既高兴而又不解地对母亲说："能够陪伴天子是一种福分，母亲为何痛哭呢？"

武则天进宫之后就得到了唐太宗的宠幸，并亲自赐名武媚，封为才人。内宫中关于她的故事非常多。据说当时太宗有一匹烈马，朝中精于骑射之人众多，但无人能够制服这匹烈马。有一天，唐太宗问左右侍从："不知道有哪位驯马高手能够制服这匹烈马？"这时武媚站了出来，对唐太宗说："我可以制服它。"唐太宗非常奇怪，问她有何办法。武媚说："只要为我提供一把铁钩、一条皮鞭、一把匕首就够了。首先，我会用铁钩钩住这匹马，如果它不服，我再用皮鞭抽它；如果它仍旧不服，那么我就用匕首切断它的脖子。"太宗虽然觉得她的办法过于残暴，但对武媚这种果敢的性格非常赞赏。

后来，唐太宗渐渐冷落了武媚，因此她的地位在贞观时期不但没有得到提升，而且差点儿毁灭在"谣言"之中。贞观二十二年（648年），太史局官员向太宗报告说太白星多次在白天出现，据史官占卜，认为此乃"女主当昌"的信号。与此同时，民间也纷纷传言说："帝传三世，武代李兴。"晚年的唐太宗对这些话非常相信，十分担心谣言成真，为防患于未然，他开始在朝中筛查可疑大臣。经过仔细筛查，太宗把目光投向了武卫将军李君羡，李君羡的家乡是武安，他有个小名叫五娘，而且他还被封过武连县公，一个人身上竟然出现了4个"武"（五）字，这让唐太宗疑心顿起，于是他先把李君羡调任为华州刺史，然后又指使御史告他图谋不轨，最后将他处死。

李君羡被杀之后，太宗又询问太史李淳风："百姓的传言是真实的吗？"李淳风郑重地说："臣通过夜观天象，已经推断出此人虽然不到30岁，但已久居宫中，而且将来还会成为天下之主，最后陛下的子孙也会为他所害。"

太宗一向信任李淳风，听了李淳风如此耸人听闻的说法，非常着急，于是对李淳风说："既然如此，朕就查遍宫中可疑之人，只要有嫌疑就一律杀掉，这样能否免除？"

李淳风摇摇头，回禀道："上天之意并非人力所能改变得了，古人曾说过王者不死，如果妄杀无辜，会增加人们的怨恨。因此，陛下目前千万不要杀掉此人，因为一旦杀掉他，上天或许会送来一位更加强壮的人物，仇怨也会越结越深，如此陛下的子孙恐怕很难幸免于难。或许30年之后，已逾天命之年的这个人会善心大起，祸患还不算深。"唐太宗听了，叹息不已，从此再也不提此事。不过他思来想去，宫中年龄在30岁以下，符合条件的人只有武则天，于是他再也不宠幸武则天了。

纵有万丈雄心，只因遭到唐太宗的忌讳，武则天便从此万事不如意。不过，武则天是个不甘于认命的人，她不但没有因遇到无端横祸而郁郁寡欢，反而保持清醒的头脑，一如往常尽职尽责侍奉唐太宗，抑郁不达之情绝不现于形色。她一向有心，对宫中的各种礼节都非常熟悉，对宫里的各种祭祀活动也都了如指掌。而且她还善于组织宴乐，曾多次仿效《诗经》写出古朴典雅的歌词，配合宫廷乐曲演唱，受到了唐朝君臣的赞赏。

这一期间，武则天还找到了另外一个乐趣——听政。当然，她此时所谓的听政只是对朝政处理方法的一种关注，朝廷大事根本轮不到一位小小的才人去发表意见。但在长期关注朝政的过程中，她逐渐对国家政事产生了掌控的欲望。

随着年事渐高，唐太宗的身体越来越差，甚至出现卧床不起的情况。看到这种情况，武则天暗自垂泪，她知道自己不可能再得宠于太宗，但她仍为唐太宗的身体担忧。她知道，如果在唐太宗去世之前，自己找不到合适的机遇和靠山，前途将一片黯淡。在这种情况下，武则天把目光对准了一个人。她认为在当时的情况下，只有这个人能让自己看到光明，这个人就是太子李治。

作为唐太宗的法定继承人，太子李治肯定能在唐太宗去世之后继承大统，这样一来，武则天在太宗去世之后的前途荣辱便掌握在李治手中。于是，武则天开始刻意关注这位大唐帝国的继承人。当时李治已经22岁，和唐太宗一样身材魁梧，但他丝毫没有太宗那种威风凛凛的帝王气概。武则天通过仔细观察和多方打听，了解到李治是一位性格软弱、多愁善感、喜爱美女的人，她心中顿时有了主意。

从此，武则天再也无暇顾及病入膏肓的唐太宗，而是挖空心思寻找与李治接近的机会。在太宗生命中的最后一段岁月，李治每天守在病榻前尝药试膳，难免孤单寂寞。这时，他发现在左右服侍的人中有一位亭亭玉立的美人，既高贵美丽而又透着机敏，而且浑身上下洋溢着一种青春的朝气，在侍女中犹如鹤立鸡群，非常出众，于是不由自主地被吸引了。就这样，武则天凭借智慧与美貌，征服了大唐未来的主人。唐太宗没有想到的是，令自己寝食难安的谣言"武代李兴"的主角竟是自己后宫的才人，在他死后数十年，谣言终于应验，这位他曾经的嫔妃靠着有力的手腕，一步步攫取了他的李氏江山。

第十四章 立储之争，风波迭起

一、荒淫太子

在选定大唐接班人一事上，唐太宗也颇费了一番周折。他刚登上帝位不久，便立嫡长子李承乾为皇太子，当时李承乾年仅8岁。

李承乾出生于武德二年（619年），因生于承乾殿而得名。李承乾幼年时就聪明敏惠，因此很受唐太宗喜爱。为了把李承乾培养成一位合格的接班人，唐太宗不但亲自对他进行教导，还选派德高望重的李纲为太子少师，教授李承乾帝王之学。李纲师教严肃，在教导太子的过程中以儒家君臣父子之道为主，年幼的李承乾也虚心接受师教，每次听讲时都能恭谨守礼。

太子李承乾年长一些后，唐太宗为了培养他的办事能力，经常诏令他陪同自己听断庶政。李承乾也没有让唐太宗失望，屡次决断国家大事都能识大体、顾大局，因此唐太宗对他非常放心。后来唐太宗每次行幸离京，都安排太子留守监国，代替自己处理日常事务。

不过，李承乾生于深宫，长于富贵，缺乏父亲弓刀跃马、千里驰骋的经历，更没有接触民间，不知民生疾苦。所以他缺乏远见，更不知国家根本的重要意义。父亲的信任、身边人的追捧让他在不知不觉中逐渐膨胀起来，认为自己天生就是帝王之才，而且渐渐染上了诸多恶习。后来，他不但常常在外面拈花惹草、漫游无度，而且学会了用花言巧语欺骗唐太宗。他经常在唐太宗面前满口忠孝之道，借以蒙蔽唐太宗；但私下里却想方设法拒绝重臣的进谏规劝,而且对朝中的贤臣百般嘲弄,视为玩偶。唐太宗对李承乾的劣迹也有所察觉,但出于宽容之心,并没有放弃对他的培养,也没有动过易储之心。

贞观五年(631年),太子李承乾最为敬畏的太子少师李纲病逝,从此李承乾完全失去了约束。后来,唐太宗诏令左右庶子于志宁、李百药负责太子的教育,并特别嘱咐他们说:"太子从小生活在宫中,对于百姓的艰难没有深刻的了解,所以非常容易产生天生我为帝王的骄傲心理,希望爱卿们因势利导,让太子早日成熟起来。"李百药深知太子秉性,因此他针对李承乾颇为留心典籍及爱好嬉戏的特点,特意引用历史储君成败之事写了一篇《赞道赋》,用来讽谏承乾。唐太宗对李百药的做法非常赏识,但李承乾丝毫不为所动,依旧我行我素。于志宁、李百药见状,只好向太宗请辞。

唐太宗对李承乾的劣习也很反感,但考虑到李承乾虽有过失,但只要有名师指点,仍有改正的希望。在于、李二人请辞后,太宗又命中书侍郎杜正伦担任太子右庶子,负责教育太子。

杜正伦是秦王府旧部,曾担任秦王府文学馆学士,贞观时期曾因不畏触犯逆鳞而名震朝野。唐太宗让他担任太子右庶子,就是想让他根据太子的特点,积极劝谏,可见太宗对李承乾的用心之良苦。但太宗哪里知道,此时李承乾已经在错误的道路上越走越远了。

当时李承乾因患足疾不能上朝,因此唐太宗很少有机会对他直接进行教诫、监督。李承乾身边的一群阿谀奉承之辈乘虚而入,利用他爱好声色的弱点,逐步引诱他走向歧途。杜正伦了解情况之后,一方面诚恳规谏;另一方面采取正面诱导的方针,想极力改变李承乾的各种缺点。可惜,杜正伦的努力没有取得任何效果,无奈之下,他只好用唐太宗私嘱来威慑承乾,希望他能震惧,从此改过自新。不料,李承乾竟以杜正伦作为臣子"私自泄露君上私嘱"为由,请求唐太宗治杜正伦的罪,让唐太宗非常难堪。尽管唐太宗知道杜正伦是出于尽职尽责之心,但还是对杜正伦进行了惩罚,把他贬为州官。

经历了这些波折之后，唐太宗仍没有对李承乾失去信心，决定让当朝宿儒孔颖达担任太子右庶子，用儒家思想匡正太子的错误。孔颖达是一个坚守谏职的正直之人，在教导太子的过程中非常严格，每次都是当场指出太子的缺点并要求他改正，这让李承乾非常难堪，甚至连李承乾的乳母都认为孔颖达过于严格。但孔颖达并没有因此而放低要求，反而借撰写《孝经义疏》的机会，把李承乾和其中的反面典故作对比，规劝他向唐太宗学习如何做一名优秀的君王。唐太宗对孔颖达的做法非常赞赏，特意奖赏他帛百匹、黄金十斤。然而，孔颖达的教导仍然没有让李承乾做出任何转变，唐太宗无奈之下，于贞观十二年（638年）免去孔颖达太子右庶子一职，然后让著名谏臣张玄素担任太子右庶子。

此时，唐太宗虽然没有彻底放弃对李承乾的培养，但李承乾不争气的现实已让他心灰意冷，对李承乾能否担负重任开始产生怀疑。自贞观十年（636年）开始，唐太宗就流露出了废立太子之意，这也难怪，因为皇储问题历来都是一个政治难题。唐太宗有意无意间的流露，使皇子和大臣们产生了无限的想象和行动空间，在诸位皇子中，当时被认为最有竞争实力的非魏王李泰莫属。

二、欲立魏王

魏王李泰是长孙皇后的第二个儿子，生于武德三年（620年）。贞观十年（636年），李泰被封魏王。李泰自幼聪敏绝伦，年纪稍大点便能作诗成文，成年后对经典史籍也有着自己独到的见解，因此深受唐太宗的赏识。随着太子李承乾逐渐失宠，李泰越来越受到唐太宗的宠爱，唐太宗经常表现出对他的偏袒之意。

李泰平时表现得非常谦恭，因此在大臣中口碑甚佳。唐太宗曾以魏王及肖德言等人有功为由，诏令赏赐黄金千两，而且每月赏赐给魏王府的各种日常用品的数量比太子府还要多。李泰腰腹肥大，行动不便，唐太宗不但特许他乘小舆至朝所，而且为方便与李泰见面，甚至专门下诏让李泰移居皇宫中的武德殿。种种迹象表明唐太宗的确有更换太子的想法，而李泰则是最为合适的人选。

贞观十年（636年）二月，唐太宗以李泰爱好文学、喜欢和贤士结交为由，命令李泰在魏王府中效仿自己当年设置文学馆，以便他虚心学习。这条路唐太宗当初曾经走过，所以诏令一下，魏王府中的幕僚就对唐太宗的意思心领神会。为了让唐太宗进一步对魏王李泰青睐有加，幕僚们推举司马苏勖出面劝李泰向古代贤明君主学习，组织饱学之士著书立说。李泰听后大喜过望，主动向唐太宗表明自己准备撰著《括地志》一书的想法，并物色著作郎肖德言等4人帮忙。此举得到了唐太宗的大力支持，当即拨付充裕的经费。李泰以著书立说为名，聚集了无数贵族子弟和饱学之士于门下，从此打响了争夺太子之位的第一枪。

贞观十年（636年），长孙皇后身患重病，太子李承乾通过重臣房玄龄向唐太宗建议赦免囚徒为母后祈福，但遭到了唐太宗的拒绝。贞观十四年（640年）正月，唐太宗亲临魏王李泰宅邸，当场宣布赦免雍州牧长安县死刑以下罪犯，并免延康里当年租赋，赐魏王府幕僚及同里老人各有差等。如此逾越礼制的特殊恩宠连太子都无法得到，但李泰却能轻而易举地得到，这让群臣更加感到唐太宗对废立太子的态度已经非常明朗。

从贞观十年至贞观十六年（636–642年）唐太宗对待魏王李泰的种种表现可以看出，他的确有改立魏王李泰为储君的想法。但他之所以没有下定决心，是因为他无法在嫡子继承制与自己的心意之间做出取舍。此时，唐太宗面临着到底是立长还是立贤的抉择，这一幕与当时他的父亲李渊面对的情况非常相似，他开始理解当初父亲的心情了。按照定制，只能立长，但长子李承乾的种种不肖让他心寒，而魏王颇有自己当年的影子。同样是儿子，他怎忍心让才华横溢的贤者受到压制呢？太宗内心万分纠结，他知道如果不能谨慎处置，类似于玄武门事变的流血政变可能还会重演。经过自己多年努力才开创的盛世如果因宗族分裂而功亏一篑，其负面影响甚至会祸及子孙后代，稍有不慎就会危及唐朝国运。

贞观十年（636年）正月，唐太宗下诏调整诸王分封，共封王17人。二月，太宗下令除五位年幼的王爵暂留京城外，其余必须到外地赴任。魏王李泰被封为相州都督，但他请求唐太宗让张亮代行都督相州职权，自己仍留在父亲身边，而唐太宗竟然同意了。这在某种程度上也表明朝廷随时都会出现改立太子的情况。为教育李泰，太宗还在贞观十一年（637年）专门下诏，命礼部尚书王珪兼任李泰的老师。此时李泰各方面的待遇都与太子无异。

朝中大臣对唐太宗的做法显然心知肚明，于是纷纷上疏提醒唐太宗不可对魏王李泰树恩过多，以防滋生祸乱。侍御史马周在贞观十一年（637年）上奏说："自汉晋以来，多次出现过因为君主立储态度不明朗而发生动乱的事件，最终导致国本动摇。这些事件陛下肯定非常熟悉，如今陛下出于私爱，对魏王恩宠过多，时间长了恐怕会让诸王产生想法呀！因有前车之鉴，希望陛下早做定夺。"唐太宗看完，只是以应付的态度表扬马周尽职尽责，但对马周的建议置若罔闻。

贞观十二年（638年），为了试探大臣们对改立太子的态度，唐太宗公开表示如果太子不适合担任储君，可以改立太子的弟弟，明确表示李承乾可以被魏王泰取代。出乎唐太宗意料的是，以前备受群臣赞赏的李泰已经因恃宠而骄，引起了大家的不满与反感，所以唐太宗更换太子的想法遭到群臣的强烈反对。魏徵首先劝谏道："远古时代虽有兄终弟及的说法，但自周朝以后，立嫡以长已经成为国家立储的惯例，而立庶子、幼子为储也成为国家祸乱的根源，所以陛下一定要杜绝废立太子的想法呀！"褚遂良也说道："有国家必有嫡庶之分，即使君王对庶子再宠爱，也不能超越嫡子，这是维持国本最重要的原则。如果不能明立定分，就会让人觉得亲者疏、尊者卑，这样奸佞之人也会大行其道，祸乱国家。"这些人的谏言令唐太宗非常不满，但众意难违，他也不好强行废立之事。为了表示自己对太子地位的重视，贞观十三年（639年），太宗再次下令让宰相房玄龄兼任太子少师。

三、太子谋反

关于太子废立之事，尽管唐太宗一再克制自己，但最终还是没能避免悲剧性的结局。

贞观十五年（641年）初，远征高昌的战争胜利后，唐太宗在两仪殿大宴群臣，以示庆祝。在宴会上，唐太宗高兴地与群臣讨论高昌灭亡的原因，魏徵见唐太宗高兴，趁机进谏道："臣发现古往今来，凡是拨乱创业的帝王，都非常谨慎，而且特别自律。"他向唐太宗讲述了当初汉高祖刘邦准备废嫡立庶，最后在张良劝谏下才没有施行，最后汉朝得以传承几百年的历史故事，借此劝谏唐太宗在废立太子之事中要听大臣们的忠言。唐太宗听了很不高兴，但考虑到魏徵完全是出于公心，因此没有当面斥责。不久之后，唐太宗又一次外出巡幸，并专门安排早已被自己疏远的太子李承乾监国，由尚书右仆射高士廉辅佐。

贞观十六年（642年）的一天，唐太宗询问侍臣说："目前国家什么事情最为紧急？"诸臣议论纷纷，有人说养百姓最急，有人说安抚四夷最急，还有人说完善礼义规范最急，这时，谏议大夫褚遂良认真地说："当今天下，我大唐四方仰德，真心归附，但是只有太子之位稳固，陛下的英明仁德才能顺利传于子孙，所以这才是目前最为紧急的事情！"唐太宗知道褚遂良想说什么，当即感叹道："爱卿说得非常正确，朕年将五十，自己觉得身体、精神都不如从前了，现在既然立长子承乾守器东宫，诸位爱卿就不要再胡乱猜疑。爱卿们应该为朕遍访贤德之人，让他们辅佐太子早日成器才对。"此事之后，唐太宗知道改立魏王无法得到大臣们的支持，因而彻底放弃了这个打算，为了巩固东宫的地位，他开始限制诸王的权力。

魏徵因为人正直、敢于直言，一直是唐太宗最为信任的大臣。为了匡正太子李承乾的君德，唐太宗诚心邀请魏徵担任太子太师，并当场对大臣们说："满朝文武，在忠直方面没有人能超过魏徵，现在朕派魏徵辅佐太子，从此可以断绝天下人对朕准备废立太子的猜疑。"当时魏徵大病刚愈，接到太子太师的任命后，他当即向唐太宗上表推辞。太宗又特意下诏对他说："爱卿知道废嫡立庶给国家带来的危害，现在让爱卿担任太子太师，就是想维护太子的地位，不让国家出现任何动乱，希望爱卿不要推辞。"魏徵知道匡正太子之责关系到国家的未来发展，而且自己担任太子太师还能维护皇位嫡长制及预防争立储君的内乱，责任和意义都很重大，最终不顾年老体弱接受了这个重任。

尽管唐太宗为巩固太子的地位做了一系列努力，可惜为时已晚，自从贞观十年（636年）唐太宗流露出废太子之意后，朝中大臣因夺嫡已经形成了一些派系，政局也因立储之事变得有些混乱。忠于魏王李泰的大臣看到唐太宗态度转变，暗中撺掇李泰主动出击。于是，李泰散布流言，说太子承乾患有足疾，自己将取而代之；同时他开始大力培植私党，发展魏王府的势力，准备伺机夺权。

贞观十七年（643年），郑国公兼太子太师魏徵去世。太宗闻讯失声痛哭，回忆起魏徵赤胆忠心、报效社稷的一生，他深感痛惜地对大臣们说："今魏徵逝世，朕失去了一面镜子呀！"魏徵的去世，使唐太宗失去了一位正直的谏臣；而从另一个角度看，魏徵的去世也让太子李承乾失去了一位忠诚的教导者和稳固的屏障。李承乾自知早已失宠于父亲，又缺乏重臣的支持，因此整天忧心自己地位不保。面对魏王李泰势力的步步紧逼，迷信武力的李承乾认为只要解决掉李泰，自己就不会再有被废之忧。不久，李承乾想出了一个恶毒的主意，派心腹死士纥干承基暗杀魏王。谁知纥干承基潜入魏王府后，看到魏王府戒备森严、死士众多，心生惧意，结果无功而返。刺杀行动未果后，李承乾又召集汉王李元昌、侯君集、杜荷等心腹商议对策，李元昌和侯君集都力劝李承乾起兵夺取政权。

就在李承乾听信李元昌和侯君集二人之言，积极准备策划政变时，太宗第五子、齐王李祐于贞观十七年（643年）在齐州（今山东历城）起兵造反。这次叛乱很快就被平定，而且表面上看此次叛乱和李承乾没有任何关系,但在审问这起谋逆案件时,李祐的部下供出李承乾的亲信纥干承基与此有关。

贞观十七年(643年)四月初一,纥干承基被捕,并被严加审讯。在审讯过程中,纥干承基供出太子李承乾正密谋政变,而且连发动政变的方案都交代得清清楚楚。唐太宗听到汇报后非常震惊,当即命令司徒长孙无忌、司空房玄龄、特进萧瑀、兵部尚书李勣,与大理寺、中书省、门下省一起,对太子谋反一事进行调查。组成如此高级别的调查小组,足以显示唐太宗对太子谋反案是何等重视。经过一番缜密的调查,调查小组认定李承乾谋反的证据确凿,并当即向太宗汇报。唐太宗听后问左右大臣道:"应该如何处置太子?"大家都噤若寒蝉,不敢说话。最后,通事舍人来济建议道:"最好的结局就是陛下仍是慈父,而太子得以终其天年。"唐太宗接受了来济的建议。四月初六,太宗下诏废黜李承乾太子之位,贬为平民,并囚禁于右领军。九月初七,太宗再次下令把李承乾流放到黔州。

李承乾被废之后,唐王朝的储君之位出现空缺,虽然每位皇子都有觊觎此位的想法,但储位之争的残酷性让各方势力都不敢对立嗣问题妄加言论。如此一来,魏王李泰又占据了主动。他急不可待地在唐太宗面前发出了非常奇怪的誓言:"儿臣作为父皇的儿子,始终觉得是非常荣幸的事,如果父皇能立儿臣为太子,儿臣更是感觉父皇之恩无以为报。儿臣有一个儿子,儿臣早就暗暗发誓,如果父皇将大位传于我,则儿臣在临死之日,一定会杀掉自己的儿子,然后把皇位传于晋王,以此报答父皇的知遇之恩。"唐太宗把李泰之言转述给大臣们,谏议大夫褚遂良直言道:"陛下千万不要被这种冒失之言哄骗,即使陛下万岁之后,魏王继承帝位,他会杀掉他的儿子,传位给晋王吗?陛下过去立承乾为太子后,又对魏王恩宠过盛,所以才产生了今天的祸乱。再说,陛下难道没有感觉到魏王的话非常奇怪吗?"

唐太宗觉得褚遂良言之有理,也认为李泰的话过于荒谬,不足为信,于是再次陷入矛盾之中。本来他内心比较倾向于立李泰为太子,但又不得不认真参考长孙无忌、褚遂良等重臣的意见。如果强行立魏王李泰，即使李泰再有才学，可是得不到朝廷重臣的支持，自己多年推行的贞观政策也很难推行下去，而多年来开创的盛世局面也无法持续下去，这是他非常不愿意看到的。

四、晋王得立

排除魏王李泰后，唐太宗几经思考，想到了李恪。李恪的母亲是隋炀帝之女杨氏。李恪虽是庶出，但唐太宗对他印象很好，曾对大臣说所有儿子中最像自己的就是李恪。但根据嫡子继承制的传统，李恪的继承资格在嫡子之后。因此，当唐太宗向群臣流露出改立李恪为太子的想法后，长孙无忌当即表示反对，他说："晋王宅心仁厚，是担任国家储君的最佳选择，相信日后也能如陛下一般成为英明的君王。做事时举棋不定就会失败，何况是立储君这样的大事，希望陛下早日做出决定。"

长孙无忌是秦王府旧部又兼具国舅身份，而且他的子孙中没有一个参与皇子谋反之事，所以唐太宗晚年非常信任他。另外，长孙无忌在朝中还有房玄龄、李勣、褚遂良等人的支持，权重无比，可以说他的一言一行就能代表整个关陇贵族集团。反观李恪，因很早去外地就藩，与朝中大臣素无交往，自然得不到朝中重臣的支持。

在这种情况下，唐太宗又把目光对准了晋王李治。李治是太宗的第九子，贞观二年（628年）六月生于东宫的丽正殿，母亲是长孙皇后，贞观五年（631年）被封为晋王。他年少时就宽仁孝友，长孙皇后去世时，年仅9岁的晋王哀恸感动左右，唐太宗屡加抚慰。重臣长孙无忌和褚遂良对李治也青睐有加。

魏王李泰见李治成了自己强有力的竞争对手，对他极为忌惮，曾私下要挟性格懦弱的晋王："汝与元昌善，元昌今败，得无忧乎？"晋王听后，"忧形于色"。一天，唐太宗诏令李治觐见，见面后发现他心神不宁、忧心忡忡，感到非常奇怪。经过追问，唐太宗才知道原来魏王曾派人私下威胁李治。这使唐太宗对魏王李泰的好感顿时消散,他没想到在自己面前表现乖巧的魏王竟有如此心机,更没想到他还会这样对待自己的弟弟。至此,唐太宗反而对李承乾的过激行为释怀了。

立储一事关系重大,一生决断英明的唐太宗内心纠结不定,这件事最终在他和废太子李承乾的谈话后尘埃落定。在李承乾被流放送走之前,父子二人进行了最后的谈话。交谈中,李承乾从容地告诉太宗:"儿臣当初已经贵为太子,按照常理只需要等待继位即可,怎么还会做出谋反的事呢?但是父皇可知道,魏王一直有争夺太子之位的意思,多次使用阴谋加害于我,儿臣为了自保才做出这种大逆不道之事。儿臣被废后,如果父皇改立李泰为太子,则恰好中了他的圈套。"俗话说,人之将死,其言也善。唐太宗相信已经毫无希望的李承乾此时所说的话是非常可信的,又想到褚遂良对李泰虚伪誓言的揭露,更加对李泰心生反感。他悲伤地说:"承乾说得对呀,朕如果立李泰为太子,就意味着只要采取阴谋、狡诈手段就能得到储君之位。只要李泰被立,承乾、晋王肯定会有性命之忧。"自此,唐太宗彻底放弃了立李泰为太子的想法。

李泰没有继承大统的德行,而李恪不是嫡子又得不到大臣的支持,那么太子之位便非晋王李治莫属了。贞观十七年(643年)四月,唐太宗临幸太极殿,召集文武六品以上的官员,对群臣说:"承乾悖逆,泰亦凶险,皆不可立。朕欲选诸子为嗣,谁可者?卿辈明言之。"

大臣们已经知道唐太宗欲立晋王李治为太子,于是便众口一词,高呼:"晋王仁孝,当为嗣!"

唐太宗闻言非常高兴。这一天,魏王李泰带着百余骑到永安门,唐太宗敕令门司尽辟其骑,引魏王泰入肃章门,幽禁于北苑。

不久,唐太宗诏立晋王李治为太子,并下诏大赦天下以图祥瑞。

实际上,唐太宗立晋王李治为太子也是无奈之举,因为李治并不是他心目中理想的太子人选。当时李治年龄尚小,而且性格懦弱,太宗担心李治无法守业。为了让年轻的太子尽快成熟起来,太宗为东宫选派了一大批重臣,任命长孙无忌为太子太师、房玄龄为太子太傅、萧瑀为太子太保，又任命李勣为太子詹事兼太子左卫率、李大亮为右卫率，同时任命于志宁和马周为太子左庶子、苏冒和高季辅为太子右庶子，命张行成担任太子少詹事、褚遂良为太子宾客，从而为李治组建了一个阵营强大的辅佐班底。考虑到李治有仁弱的缺点，太宗又诏令褚遂良、刘洎、马周、岑文本轮流去东宫与太子讨论家国之事，借以提高李治的学识与决断能力。

除此之外，太宗还非常注重对李治的言传身教。李治得立太子以后，为方便与他朝夕相处，太宗时常让他居住在自己的寝宫旁边。在教导李治的过程中，唐太宗没有采用辅政大臣抽象的教育方法，而是以儒家的治国理论为基础，采取经义结合民间利弊之事进行君道教育。

长孙无忌一向深受唐太宗的信任，李治在他的支持下被立为太子后，他显然又得到了未来之君的感激和尊重，因此在朝中的势力如日中天。因为长孙无忌及其家人没有介入贞观后期的储位之争，唐太宗对他至善至臻的修身齐家能力非常佩服，所以也对他言听计从。于是，朝中以长孙无忌为核心逐渐形成了一股势力，而褚遂良、高季辅等人就是这股势力的代表人物。遗憾的是，长孙无忌没有容人之量，很快朝中便出现了残酷的政治斗争，与长孙无忌政见相左者逐步被清洗，先后出现了刘洎冤死、张亮被杀、岑文本忧劳而死、马周引退、房玄龄被诬谋反等事件。这些和长孙无忌专权有着很大的关系。

唐太宗在政治上具有非常敏锐的目光，面对长孙无忌的专权，他开始意识到，一旦在大臣中形成单极政治势力，大唐的根基很可能发生动摇。只有利用其他政治势力去平衡这种单极政治，才能改变这种危险的状况，因此，他急需第三股势力介入。但经过一番仔细斟酌，他痛苦地意识到，要想在自己有生之年改变大局，已经非常困难，他所能做的补救措施只能是尽快克服李治的弱点，并尽自己的最大努力为李治铺平未来的执政道路。

贞观十八年（644年），唐太宗对近臣说道："古时有胎教世子的说法，朕却没有考虑到此事。不过，自太子得立之后，每遇到事，朕都会对他教诲晓谕。比如他准备吃饭，朕会问他饭是怎么来的，当听到他说不知道时，朕就告诉他播种、收获的农事都非常艰辛，而这些全靠农民努力，因此只有为君者不占用他们劳作的时间，百姓才能天天吃上可口的饭菜；当看到他骑马，朕又会问他马有什么用，怎么才能天天骑马，当听到他说不知道时，朕还会告诉他这些是能够替人代劳的东西，要想经常有马骑，既要让马劳作，又必须让马得到休息；当看到他乘船，朕就会问他船是怎样运行的，当又听到他回答不知道时，朕就又一次告诉他船好比君主，而水就好比是百姓，水能浮载船，也能把船掀翻，他将来要做天下君主，就必须敬畏百姓；当看到他在弯曲的树下休息，朕还会问他知不知道如何使弯曲的树变得正直，当他再次回答不知道后，朕会告诉他说树虽然弯曲，但如果打上墨线就可以正直成材。身为君主，可能也会做出一些荒唐之事，但如果能虚心纳谏，就能变得圣明。这些道理他可以对照自己，以作鉴戒。"

为教导太子，唐太宗在贞观二十二年（648年）亲自撰写了《帝范》一书，系统地总结了自己多年的执政经验，从君体、建亲、求贤、审官、纳谏、去谗、诫盈、崇俭、赏罚、务农、阅武、崇文等方面教导李治如何做一个合格的帝王。《资治通鉴》中摘录了《帝范》中的一段文字：

汝当更求古之哲王以为师，如吾，不足法也。夫取法于上，仅得其中；取法于中，不免为下。吾居位以来，不善多矣；锦绣珠玉，不绝于前；宫室台榭，屡有兴作；犬马鹰隼，无远不致；行游四方，供顿烦劳，此吾之深过，勿以为是而法之。顾我弘济苍生，其益多；肇造区夏，其功大。益多损少，故人不怨；功大过微，故业不堕。然比之尽善尽美，固多愧矣。汝无我之功勤而承我之富贵，竭力为善，则国家仅安；骄惰奢纵，则一身不保。且成迟败速者，国也；失易得难者，位也。可不惜哉！可不慎哉！

在《帝范后续》中，太宗还专门写道："这十二条是帝王治理国家、驾驭群臣的根本，国家的安危兴废都与这些有很大关系，知道这些道理就很不容易，要在实践中完全领会掌握这些道理，并能娴熟地应用就更加困难。"唐太宗希望以这些内容和话语勉励李治做事要持之以恒，贯彻始终。他在书中用秦皇汉武的事例告诫李治说："你虽能继承朕的荣华富贵却没有朕的贡献和功劳，因此要时刻谨记用全力去做有益于百姓之事，这样国家才能永保平安；如果产生骄奢淫逸之举，则会有性命之忧！"

唐太宗去世时，在遗诏中明令长孙无忌、褚遂良为辅政大臣，辅佐李治继续推行贞观政策，共同治理国家。而长孙无忌、褚遂良也没有辜负他的信任，在这些贞观旧臣的辅佐之下，大唐得以稳步发展，在永徽初年形成了堪与"贞观之治"相媲美的"永徽之治"。

第十五章　贞观后期，渐不克终

一、骄情生，不克终

　　人在取得一定的成就后，难免会滋生骄傲之情，唐太宗也不例外。即使他征战四方，一统天下，开创了繁荣的贞观盛世，他依然是一个有着七情六欲的凡人，看着自己取得的非凡成就，想到天下百姓因他而安居乐业，他也会沾沾自喜，陶醉于自己取得的功绩之中。

　　贞观九年（635年）的一天，唐太宗在朝堂上对大臣们说："我继承帝业以来，推行无为而治的政策，如今国家周边的少数民族都臣服归顺了，这难道是我一个人的能力所致吗？其实，这是得益于各位大臣的辅佐之功啊！现在是应该思考如何善始善终的时候了，我们应该竭尽全力，使大唐的江山社稷永远稳固，一代一代地延续下去，子子孙孙无穷匮也。"房玄龄听到唐太宗主动提出"善始善终"的问题，借机劝谏道："只希望陛下能有始有终，那么天下的老百姓就有希望了。"房玄龄之所以这样说，是因为他已经看出唐太宗不如贞观初年那样居安思危了。实际上，此时的唐太宗也不太能够听进去谏言，他这样回复房玄龄："朕在阅读历史书籍时发现，凡是平定乱世的君主通常超过了40岁，只有光武帝年仅33岁。而朕18岁就起兵征战，24岁平定天下，29岁做了天子，这都是因为武功胜过了古代。朕很小就开始戎马生涯，没有时间读书，所以贞观以来，朕一有时间就阅读书籍，可谓手不释卷，从书中朕知道了风化的根本、政治的关键，依此施行了几年，天下终于大治。如今民风淳朴，子孝臣忠，社会和谐稳定，这是因为朕所推行的文化胜过了古代。从周代、秦朝以来，戎狄等边境少数民族时常侵犯中原，现在他们都已归顺朝廷，这是因为怀远胜过了古代。朕有何德何能取得如此功业呢？既然已经取得了这样的业绩，我们又怎能不善始慎终呢？"

从这段话不难看出唐太宗的得意之情，他虽然说"何得不善始慎终"，却又说自己"武胜于古""文过于古""怀远胜古"，表明他的内心已经产生了骄傲情绪。《贞观政要》中这样评价道："太宗矜功伐善，意出于中心；而善始善终之语，不过虚言也。"

其实，朝中大臣对唐太宗的自满情绪都有所察觉，并心生忧虑。贞观十一年（637年），侍御史马周上书唐太宗，其中写道：

> 今之户口不及隋之什一，而给役者兄去弟还，道路相继。陛下虽加恩诏，使之裁损，然营缮不休，民安得息！故有司徒行文书，曾无事实。……又，京师及四方所造乘舆器用及诸王、妃、主服饰，议者皆不以为俭。……贞观之初，天下饥歉，斗米直匹绢，而百姓不怨者，知陛下忧念不忘故也。今比年丰穰，匹绢得粟十余斛，而百姓怨咨者，知陛下不复念之，多营不急之务故也。……陛下必欲为久长之谋，不必远求上古，但如贞观之初，则天下幸甚。陛下宠遇诸王，颇有过厚者，万代之后，不可不深思也。且魏武帝爱陈思王，及文帝即位，囚禁诸王，但无缧绁耳。然则武帝爱之，适所以苦之也。……今朝廷唯重内官而轻州县之选，刺史多用武人，或京官不称职始补外任，边远之处，用人更轻。所以百姓未安，殆由于此。

马周这个奏书无疑是给唐太宗"文过于古"的论调泼了一盆冷水，话说得实在尖锐刻薄。他指出当下的户口还不及隋朝时期的十分之一，哪里谈得上"文过于古"呢；又指出当下还有许多急需解决的问题，比如"营缮不休，民安得息""乘舆器用及诸王、妃、主服饰，议者皆以为不俭"，等等。奏书中最尖锐的一句当数"但如贞观之初，则天下幸甚"，明确指出唐太宗当下的为政之道已经远不如贞观之初，背离了当初的治国路线和方针政策。

不过，对于唐太宗的渐不克终，马周的说辞还算委婉，敢于犯颜直谏的魏徵就没这么含蓄了。为了让唐太宗尽快醒悟过来，魏徵严肃地提出了自己的看法，上了一道《十渐不克终疏》。在奏书中，魏徵先是称赞唐太宗"论功则汤、武不足方，语德则尧、舜未为远"，然后话锋一转，表明自己上书的主题"而顷年以来，稍乖曩志，敦朴之理，渐不克终"，接着列举了唐太宗10项"渐不克终"的表现。全文采用对比，全面回顾和总结了贞观以来唐太宗的为政得失，重点是指出近年来所出现的"渐不克终"的种种表现，并总结说，这都是因为唐太宗近年来依仗功业宏大，蔑视过去的君主，自认为具有圣明的智能，轻视当代俊才，而滋生骄傲自满情绪的缘故。

唐太宗读过这篇奏书后十分感动，不仅大大夸赞了魏徵一番，还赏赐他黄金十斤、厩马两匹。随后，太宗表示一定会用《十渐不克终疏》来约束自己的言行，并将其传之后世。然而，他毕竟是一个封建帝王，拥有至高无上的权力，在百废待兴的贞观之初，他或许能够吸取隋亡之教训，保持头脑的清醒，克勤克俭，虚心纳谏。而当国家安定富强后，唐太宗在宏伟的功业面前难免陶醉，慢慢地，在歌功颂德声中便听不进逆耳忠言了。这也是由客观条件和形势的变化以及封建专制制度本身所导致的。

总体而言，唐太宗在贞观后期虽然有些志得意满，但直到逝世前，他还在鼓励臣下直谏，只是行动上不再像贞观之初那样言行如一罢了。

二、兴土木，欲封禅

正如魏徵在《十渐不克终疏》中所说，贞观后期，唐太宗的渐不克终不仅表现在纳谏上，还表现在大兴土木及意欲封禅上。

贞观初年，唐太宗强调"不夺农时"，也确实做到了这一点，从来没有大兴土木，然而当年丰谷贱之时，他就似乎忘记了自己的初衷，在农忙之际大修洛阳宫。给事中张玄素曾上书直谏，谈古论今，严厉地指出"陛下役疮痍之人，袭亡隋之弊，恐又甚于炀帝矣"，但唐太宗却以"朕以洛阳土中，朝贡道均，意欲便民，故使营之"为由进行辩解。不过，最后他还是向房玄龄承认了自己的错误，说"玄素所言诚有理，宜即为之罢役"。

这一次，唐太宗采纳了臣下的谏言，停止了修建大型工程，但后来他又修建了多个大型宫殿，不仅浪费了大量的财力物力，更是给百姓们带来了苦难。贞观六年（632年）正月，监察御史马周上书说："陛下所住的宫殿在宫城之中，而太上皇的大安宫却在宫城之西面，建制规模与陛下宫殿相比，还较为窄小，这在天下人看来，未免觉得有些不足。应当增修扩大，以满足中外人士的愿望。"唐太宗当即采纳马周的建议，动工扩建大安宫。贞观八年（634年），唐太宗又下诏在禁苑东南营建大明宫。同年，中牟县县丞皇甫德上书说："修洛阳宫，劳人；收地租，厚敛。"唐太宗阅后大怒，要给皇甫德定一个讪谤之罪，后经魏徵谏止并拜皇甫德为监察御史。

贞观九年（635年），唐太宗下诏："太上皇的陵墓依照汉高祖长陵的规模，务存隆厚之意。"但是建陵的期限实在太紧迫，根本无法按期完成。秘书监虞世南上书说："圣人薄葬其亲属，并非不孝，而是经过了深思熟虑的，因为厚葬已成为亲人的拖累，所以圣人不为。"他列举了一些圣贤名人的观点，建议唐太宗收回成命，还提出了自己的主张："为三仞之坟，器物制度，率皆节损。"然而，唐太宗接到奏书后并没有给予答复，直到再次接到虞世南的上书，唐太宗才将这件事交给有关大臣讨论。宰相顺从唐太宗的旨意，提出建议："汉长陵高九丈，原陵高六丈，今九丈太崇，三仞则太卑，请依原陵之制。"唐太宗采纳了这一建议，将虞世南的建议予以否决，在农事季节征发大批徭役为唐高祖修建陵墓。

贞观二十一年（647年），唐太宗下令在骊山修造翠微宫，在宜春凤凰谷重修玉华宫。他如此大兴土木，也难怪魏徵说他"顷年以来，疲于徭役"。

秦汉以来，历代帝王都把封禅作为国家大典，以此证明自己的无量功德。秦始皇、汉武帝都曾到泰山封禅。唐太宗取得如此大的功绩，当然也想去泰山举行封禅大典，以彰显自己的功劳。大臣们也多次上表请求封禅。

贞观五年（631年）正月，朝集使①、赵郡元王李孝恭等人上表请求封禅，但唐太宗没有准许。同年十二月，朝集使、利州都督武士彟等人又上表请求封禅，唐太宗仍然不许。贞观六年（632年），一些大臣又请封禅，唐太宗说："众爱卿都认为登泰山封禅是帝王的盛举，朕却不这样认为，如果天下安定，百姓家家富足，即使不去封禅，又有什么关系呢？从前秦始皇行封禅礼，而汉文帝不封禅，后代会认为文帝的贤德不如秦始皇吗？而且侍奉上天扫地而祭祀，何必要去登泰山之顶峰，封筑几尺的泥土，然后才算展示其诚心敬意呢！"但是大臣们还是一再上表请求封禅，唐太宗也想听从大臣们的建议，魏徵却不赞同。于是，唐太宗以是不是因为他"功不高、德未厚、中国未安、四夷未服、年谷未丰"等问题质问魏徵，魏徵没有否认唐太宗的这些功绩，而是向太宗谈了一番大道理。正当唐太宗想不顾魏徵的反对去泰山封禅之时，河南、河北许多地方发生了水灾，封禅之事才就此搁置。

接下来的几年，不断有大臣上表请求封禅，但唐太宗都以各种理由拒绝了，直到贞观十四年（640年）十一月，唐太宗又接到百官的上表请求，这才下诏许可，并命诸儒详细商定仪注，以太常卿韦挺等为封禅使。然而，司门员外郎韦元方没有及时给外出宦发放过关凭证，太宗知

---

① 朝集使：汉代，各郡每年遣使进京报告郡政及财经情况，称为上计吏。后世袭汉制，改称朝集使。

道后十分恼怒，将韦元方降为华阴令。魏徵劝谏说："自古帝王震怒，不可随便发作。前几天为宦官事，连夜发出敕书，事如军机要务，谁能不惊骇！何况宦官之流，自古以来很难侍候，往往说话轻率，容易造成祸患，单独出使又行远路，很不合事宜。此风不可长，应当慎重行事。"唐太宗听从他的意见，封禅一事再次不了了之。

贞观二十年（646年）十二月，群臣又多次请封禅，唐太宗听从群臣的请求，下诏制作封禅仪仗并送到洛阳宫。不久薛延陀部发生事故，贞观二十一年（647年），唐太宗又下诏："因薛延陀新近投降，安抚他们花了不少钱；最近又屡兴土木工程，加上河北地区遭受水灾，停止明年封禅泰山事。"

由上可知，唐太宗对封禅之事一直犹豫不决，从他所下诏令"命韦挺为封禅使""造羽卫送洛阳"等来看，他确实很想封禅，也做好了封禅的准备。但因为要对西域和薛延陀用兵，又要东征高丽，而且当时他的身体已经渐趋衰弱，封禅最终没能成行。意欲封禅是唐太宗"渐不克终"的表现，假如执意举行，必然会给黎民百姓带来沉重的负担。

三、亲征高丽

唐太宗渐不克终的另一个主要表现是东征高丽。高丽是公元前一世纪至公元七世纪，生活在朝鲜半岛和现在我国东北地区的一个民族政权，主要由岁貊和扶余人（包括沃沮①和东岁）组成，后又吸纳了部分靺鞨人、古朝鲜遗民及三韩人。汉朝初年，高丽是汉朝郡县体制中的一个行政单位，几百年来，历经东汉、公孙氏、曹魏等持续不断的打压，其都城逐渐转移到了平壤，最终和百济、新罗一起成为朝鲜半岛的割据

---

① 沃沮：公元前二世纪至公元五世纪朝鲜半岛北部的部落。东沃沮大致位于今朝鲜的咸镜道，北沃沮大致位于图们江流域。东沃沮经常被简称为沃沮。

政权。

隋文帝曾诏令周边国家主动臣服，大多数国家慑于隋朝的强大实力而上表归附，但高丽却阳奉阴违，一面向隋文帝上书表示愿意归附，一面于开皇十八年（598年）引兵攻打辽西地区。气愤难平的隋文帝下令集结中原的全部兵力进攻高丽，高丽王见隋文帝如此大规模出兵，自知不是隋朝的对手，连忙向隋文帝上表请罪，自贬称"辽东粪土臣元"。隋文帝为稳定局势，也就原谅了他。隋炀帝时，高丽又一次四处勾结反隋势力，隋炀帝为此发动了东征高丽的战争。可惜在隋炀帝多年的肆意挥霍之下，隋朝国力已大不如前，内忧外患不断，根本不可能真正让高丽臣服。

贞观初年，在大唐威服四海的情况下，高丽也老老实实地按时向唐进贡。鉴于高丽在隋朝时反复出现背信弃义的情况，唐朝内部许多人认为高丽是唐朝边境的一个重大隐患。贞观十六年（642年），高丽内部发生了一件大事，高丽重臣泉盖苏文杀掉高丽王高建武，并清洗了忠于高建武的大臣，然后改立高建武的弟弟高藏为高丽王，又让高藏封自己为莫离支，这一职位在唐朝相当于吏部尚书兼兵部尚书，因此，高丽的实际大权掌握在了泉盖苏文手中。

听说高丽内部出现动乱，很多大臣建议趁乱平定高丽，唐太宗也想彻底平定高丽；但他觉得如果趁乱攻打则胜之不武，而且重启战争会给百姓生活带来严重影响，让百姓更加贫困。但泉盖苏文弑君犯上、独断专行的行为是唐朝无法容忍的，因此，唐太宗准备密令西北的契丹、靺鞨等少数民族出兵骚扰他们，示之以警。而长孙无忌认为时机尚不成熟，上表劝阻了此事。

贞观十七年（643年），新罗国王遣使入唐，向唐太宗哭诉百济联合高丽，攻占新罗四十座城池，而且准备合兵一处，切断新罗向唐朝进贡的道路。太宗闻言怒不可遏，当即派使者携斥责高丽的诏书出使高丽，诏书中说："如果高丽一意孤行，执意攻打大唐属国新罗，大唐明年就出兵攻打高丽。"正在攻打新罗城池的泉盖苏文接见了唐使。二人见面后，使者把唐太宗之意详细传达给泉盖苏文，泉盖苏文说："隋朝时，新罗趁高丽和隋朝对垒之机，侵占了高丽500里土地，只要他们能归还，高丽就撤兵。"面对高丽的诡诈，使者正色道："这么说，辽东那么多的城池以前都是大唐国土，难道现在你们也要归还吗？做事要有理有据，如果一意孤行，我大唐定会采取行动。"但如此严重的警告也没有劝动头脑膨胀的泉盖苏文。使者无奈只好返回长安，并向太宗汇报了出使情况。

至此，唐太宗下定决心东征高丽。尽管房玄龄等部分大臣表示强烈反对，但年事渐高的唐太宗已经不像以前那样从谏如流了，他强硬地对大臣们说："世人都知道只有春天播种，秋天才会有收获，诸位见过有人在冬天播种吗？这是因为大家都知道时机的重要性。如今新罗和高丽两国民众都眼巴巴地等待大唐救他们于水深火热之中，这不正是讨伐高丽的最好时机吗？"他不但决定要东征高丽，而且还要御驾亲征。

既然皇帝已经下定决心，大臣们也无话可说，只得积极准备出征事宜。兵法有云："大军未动，粮草先行。"东征高丽必须征调大量粮草，把粮草运送过去是一件非常困难的事情。为了解决这个难题，唐太宗下令造船名匠阎立德建造400多艘用来装载军粮的战船，然后又任命韦挺为黄河以北后勤主管、萧锐为黄河以南后勤主管，负责指挥两地军士。为试探高丽的反应，唐太宗还派张俭率领契丹、靺鞨等少数民族之兵，先行在辽东攻打高丽。

唐朝如此大张旗鼓地准备征讨高丽，泉盖苏文等人很快也得到了消息。泉盖苏文知道，如果真和大唐开战，自己绝无胜利的可能。为了平息唐太宗的怒火，贞观十八年（644年），泉盖苏文派人向唐太宗进献大量白金。褚遂良知道后上书道："泉盖苏文弑君犯上，不得人心，现在如果接受他的礼物，意味着郜鼎事件再次上演。"郜鼎事件是一个历史典故，指春秋时期的宋国为得到大鼎而灭掉郜国，没想到后来鲁国又灭掉宋国占有了大鼎。唐太宗认为褚遂良言之有理，于是拒绝接受泉盖苏文进献的白金，同时下令把高丽使者移交刑部处理。

贞观十八年（644年），唐太宗留宰相房玄龄和工部尚书李大亮守卫京师，自己亲任东征军统帅，带着太子、大臣和军队，浩浩荡荡地向洛阳进发。大军到达洛阳后，唐太宗首先召见了征讨过高丽的郑元璹。郑元璹言辞恳切地告诉唐太宗，由于攻打高丽路途遥远，后期补给是非常棘手的问题；而且高丽人擅长守城，此战估计短期内无法结束。此时太宗脸上充满了往日的自信，他对郑元璹说："大军凯旋之日离现在不会太久，你等着听我们的好消息吧！"

随后，唐太宗又召见了张俭。张俭在大军出发前已经奉太宗之命带人攻打高丽，但因辽河涨水未能渡河。而唐太宗不了解情况，以为张俭是因胆小懦弱而不敢攻打高丽，准备责罚他，所以才把他召到洛阳。张俭面见唐太宗后，把当时的具体情况向唐太宗一一汇报，唐太宗这才转怒为喜。

最后，唐太宗又召见了洺州刺史程名振。唐太宗很早就了解到程名振的为人，知道他善于用兵，才能出众，所以专门召见他询问东征高丽的作战方略。君臣相见后，唐太宗郑重地对程名振说："你有大将之才，朕想派给你更重要的任务。"程名振从未见过唐太宗，这次面见后又听到皇帝如此看重自己，当即感动得不知所以，甚至忘了向唐太宗行道谢之礼，就开始讲述自己对此战的见解。

唐太宗召见这3个人之后，计划分水陆两路进军高丽，以形成相互呼应之势，然后开始安排出兵的具体事宜。贞观十八年（644年）十一月，唐太宗任命太子詹事兼左卫率李勣为辽东道行军大总管开赴辽东；刑部尚书张亮为平壤道行军大总管，率军乘船从莱州开赴平壤。

十一月底，东征军在幽州集合完毕。根据郑元璹提供的经验，以及高丽人擅长守城的特点，唐太宗命令两路后勤总管制造攻城工具。

这次征讨高丽，由于唐太宗御驾亲征，气势宏伟，所以将士们士气高涨。唐太宗在出兵前又亲自对部分将士做了战前动员，他对将士们说："此战大唐占据五大优势，首先是以大击小，唐朝疆域广阔、国力强盛，而高丽仅相当于唐的一个小郡县，力量相差悬殊；其次，泉盖苏文穷兵黩武，在国内奉行武力扩张之策，引得新罗人咒骂、高丽人反对，非常不得人心；再次，目前高丽国内民怨沸腾，正是攻打的绝佳时机；第四，泉盖苏文不断武力扩张，高丽此时已经人马疲惫，国力衰弱；最后，我大唐军队士气高涨，定能战胜厌恶战争的高丽部队。这5个方面的优势决定了此战定能凯旋。"

唐太宗的5条必胜之理所言非虚，这些理由的确有利于唐朝军队出征。不过，即使如此，仍有许多人对出征高丽持反对态度。唐太宗离开长安两个月后，留守保卫京师的李大亮因病去世。李大亮临终前向唐太宗上了最后一道表，劝谏唐太宗取消东征。在良将如云的大唐，李大亮算不上顶级将领，但其资历和作战指挥能力非常令唐太宗佩服，这也是唐太宗留下他和房玄龄保卫京师的原因。不过，对于李大亮的苦苦规劝，唐太宗仍丝毫不为所动，坚持东征。

贞观十九年（645年）三月初九，唐太宗率军抵达定州。此时李勣所率部众也从柳城（今辽宁朝阳）出发，假借穿越怀远镇（今辽宁辽阳西北），悄悄率部开赴至北方隋朝时修建的甬道。四月初一，李勣部渡过辽河，顺利到达玄菟①。四月初五，张俭率军从建安（今辽宁盖州东北青石关）登陆，打响了这次东征中的第一枪。此战中张俭部大败高丽军，斩敌数千。随后，李勣、李道宗率军一举攻破盖牟城（今辽宁盖平），缴获粮食10万多石，俘虏2万多人，随即向辽东城（今辽阳老城东北隅）挺进。张亮、程名振等军也都抵达高丽附近，一路取得了不俗的战绩。五月，李勣率大军进攻辽东，唐太宗率数百名骑兵到辽东城下

---

① 玄菟：汉四郡之一，其疆域屡因战争及行政重组而有所改变。大约在今盖马高原及其周边平原、朝鲜咸镜南道、咸镜北道以及中国辽宁东部、吉林省东部一带。

督战。双方展开激战，十余日后，唐军攻克辽东城，杀敌一万多人。六月，唐军攻克白岩城（今辽阳太子河北岸）。

成功拿下白岩城后，唐太宗又率大军向安市城（今辽宁盖平东北）进发。安市城地势险要，守备精良，而且驻守城池的城主杨万春相当彪悍，当年泉盖苏文发动政变后曾进攻安市城，结果想尽办法也奈何不得杨万春，最后只得承认他对安市城有独立的统治权。了解到这些情况后，唐太宗认为此战应先攻打安市城附近兵力薄弱的建安市，从而对安市城形成合围之势。但李勣却提出反对意见，认为如果进攻建安市，有可能被敌人切断运输线，此战还是稳扎稳打最为合适。因此，在抵达安市城当天，唐军向安市城北门发动了进攻。

六月，泉盖苏文派遣高丽绝奴部褥萨①高延寿和灌奴部褥萨高惠真率领高丽、靺鞨军队15万援救安市城。经过激战，高丽军大败，延寿、惠真率高丽军3万多人投降。交战中，薛仁贵身穿奇服，冲锋陷阵，所向披靡，后被唐太宗拜为游击将军。

唐太宗率大军进攻安市城，结果久攻不下，转眼已经进入九月，辽东地区寒霜早降，草枯水冻，唐军准备的粮草消耗殆尽，如果继续相持下去，唐军将面临粮草不继、气候不适等问题。况且，大唐边境又传来薛延陀多弥可汗入侵的消息。唐太宗想起东征之前褚遂良和尉迟敬德的劝谏："高丽不过是辽东的边缘小国，根本不需要兴兵征讨，陛下何必以万乘之躯御驾亲征呢？再说，如果又一次出现杨玄感之变，该怎么办呢？"经过综合考虑，唐太宗下令班师回朝，东征高丽的战事至此结束。

这次东征高丽，唐军虽然攻破了大量高丽城池，但旷日持久的战事耗费了大唐的军费，而且也没有达到战争的预期目的。

唐军撤退之前，唐太宗下令把在辽东城、盖牟城俘虏的人口带过辽河，移居到唐朝境内。然后，为了向高丽展示唐军的威仪，太宗命令唐

---

① 褥萨：或称"傉萨""耨萨"，各正史记载不一。

军举行盛大的阅兵仪式。安市城内的守军看到唐军撤退，并没有趁机出兵，城主杨万春反而在城墙上叩拜送别。唐太宗见状，赐杨万春绸缎一百匹，作为对他坚守城池的奖赏。

由于唐军耗费巨大却没有达到预期效果，唐太宗返朝后，群臣都建议对高丽派出小股骑兵不断进行骚扰，高丽在唐军的进袭骚扰中定然疲于应付，当地农民也因此耽误农时，这样就可以让高丽在几年之后因粮荒而自行瓦解。唐太宗认为此计可行，从此对高丽采取不断发动骚扰性攻击的策略。总章元年（668年），高丽完全平定。

在东征高丽的问题上，唐太宗固执己见，拒不纳谏，一意孤行，给国家和民众带来了灾难性的后果，这是他在位期间施政方针上一个最为严重的失误。

四、憾然离世

亲征高丽是唐太宗一生中最后一次亲临战场，而未能使高丽臣服也成了他人生最大的遗憾。随着年龄的增长，长期的征战、终日的操劳，使得他昔日强健的身体日渐衰弱。贞观后期，太子李承乾谋逆被废、东征高丽失败等家事、国事的多重挫折，更使他的心受到了沉重打击，甚至产生轻生的想法，最后在房玄龄、长孙无忌等人的劝解之下，他才慢慢释怀。没想到很快又出现了魏王李泰被废黜的事件，唐太宗的心再次受到了深深的伤害。

晋王李治被立为太子之后，唐太宗发现李治根本不具备掌控一个庞大帝国的能力，想再次改立李恪为太子，却遭到长孙无忌、褚遂良等忠臣的反对，因此他内心非常矛盾。之后他开始纵情于女色，导致他的身体更加虚弱，从而希望借助药物使自己重现生机。

然而，各种药物对唐太宗来说都没有什么作用了，为此他突发奇想，如果能找到神仙的灵丹妙药，让自己长生不老，或许自己所有的担心都能化为烟云。从此,身体日渐衰弱的唐太宗开始了他的求仙寻药之路。

所谓的灵丹妙药,其实是道士炼制出来的化学物质,其真正效果如何,没人能说得清楚。道教是中国本土宗教,主张无为复古,其教义能对苦闷者的心理产生安慰作用,与儒家积极入世的思想相辅相成。

起初,唐太宗对主张清虚无为的道教采取的是择善而从的态度,甚至在公开场合对道教的真实性产生过怀疑。贞观元年(627年),唐太宗曾对侍臣们说:"世间最虚无缥缈的就属关于神仙的事,秦始皇为了寻求长生不老的丹药,在方士的蛊惑下竟派数千童男童女随徐福出海求药,结果丹药没有求到,所派的方士从此也杳无音信,秦始皇至死也没有等到所谓的不死之药;汉武帝为了求仙,竟糊涂到把女儿嫁给道术者,最后看到毫无效果又把道术者杀掉。从前朝发生的这些事例可以看出,神仙是不可求的。"

由此可见,壮年时的唐太宗对道教显然是不相信的,但到晚年,情况发生了变化,由于身体素质的下降,普通药物已无法治疗,出于无奈,他也开始相信方士。这时,唐太宗服用丹药的本意是借助这些神秘的药丸振作精神、减轻病痛。可渐渐地,在炼丹方士的蛊惑下,他产生了通过服食仙丹达到长生不老的想法。这也难怪,病痛缠身者往往是求生欲望最为强烈的人,玄学能够盛行、丹药能够蛊惑人心也正是这个原因。

贞观末年,唐太宗用遍国内的方士丹药后,身体仍日渐消瘦,病情也在日益加重。看到这种情况,太子和众大臣都十分担忧,但劝谏已毫无作用。贞观二十一年(647年)正月,唐朝开国勋臣、长孙皇后的舅舅高士廉去世,唐太宗亲自前往高府吊唁,没想到在前往高府的路上,司空房玄龄以服用丹药后严禁沾染丧葬之身为由,拦住了唐太宗的去路,这在当时只有所谓的"神仙"道士才有这样的忌讳。可见,唐太宗服用丹药已经是满朝皆知的事情。

尽管服用了无数道士的仙丹妙药，但唐太宗的病情不仅没有好转，反而因服用丹药导致重金属慢性中毒，身体更加糟糕了。固执的唐太宗认为这是因为国内的道士功力不行，于是又让人去寻找外国的方士。贞观二十二年（648年），奉唐太宗诏令，王玄策、蒋师仁出使崇尚佛教的天竺。他们这次出使的经历非常传奇，不但借兵铲除了天竺内乱，而且还把叛军首领阿罗那顺押送长安，听候唐太宗处理。

天竺叛军首领阿罗那顺部下有一方士名叫那罗迩娑婆，此人庞眉皓首，鹤发童颜，自称已有200多岁。王玄策知道后立即把此人进献给唐太宗。唐太宗召见那罗迩娑婆，问道："使用什么样的法术能够让朕永葆青春呢？"那罗迩娑婆本身就是一个江湖骗子，善于察言观色，他听到唐太宗急不可待的询问，知道有机可乘，就对唐太宗说："我向来崇奉道教，由于心诚，已经得到了老子真传，学会了能让人长生不老的丹药的炼制方法，所以我才能活到200多岁还显得这么年轻。"其实，当时天竺人根本没有接触过道教，此人只是想蒙骗唐太宗达到活命的目的而已。但唐太宗没有仔细分析便信以为真，不但给那罗迩娑婆很高的礼遇，而且命令各州县按照那罗迩娑婆的要求供奉奇药异石，由那罗迩娑婆炼丹供自己服用。那罗迩娑婆装模作样，耗费将近一年的时间才炼成"仙丹"，结果唐太宗服食之后，中毒暴亡。历史竟是如此的滑稽可笑与不可思议，一代英明帝王竟然成为一粒"仙丹"的牺牲品，可叹可悲。

贞观二十三年（649年）五月二十六日，51岁的唐太宗在终南山翠微宫含风殿驾崩。他遗诏命令太子李治于灵柩前即皇帝位，并要求暂不发丧，丧事按照汉代的制度办理。

五月二十七日，太子李治在唐太宗飞骑营的护送之下先期返回长安，然后调集4000名六府甲士，分列于道路及安化门两侧，迎候唐太宗乘坐的车驾进入长安城。当时唐太宗所用的车马和侍从护卫与往常一样，直到五月二十九日，唐太宗驾崩的消息才公之于众。六月初一，太宗的灵柩停放于太极殿。八月初四，百官进献谥号为文皇帝，庙号太宗。八月十八日，唐太宗被安葬于昭陵。

昭陵气势恢宏，陪葬墓达100余座。唐高宗李治为了弘扬唐太宗的文治武功，命雕刻家雕出14位陪葬的少数民族将领塑像，表现他们归附、被擒服的形象。所有陪葬的幕僚与归附的外藩君长的墓、像等，均以昭陵为中心进行布置，从而形成了完整的墓葬群。气势恢宏、规模庞大的昭陵墓葬群，既完美展现了唐太宗一生卓越的文治武功，又礼赞了贞观时期的大一统局面。

唐太宗一生"厉精治术，安缉夏夷，九服同轨，六合一家"，贞观时期的太平盛世在中国封建历史中非常罕见，其鼎盛的文化、繁荣的经济、完备的制度以及广袤的国土对中国历史的发展有非常大的影响。虽然东征高丽的失败给唐太宗绚丽的一生留下了不可磨灭的阴影，但他所开创的自汉朝全盛时期以来从未有过的安定繁荣的局面是所有中国人都无法否认的。

帝王的功与过，自有后人评说。唐太宗李世民作为一位至情至性、纯粹真实的帝王，其文治武功古今罕有。且他天资过人，知人善任，从善如流，堪称中国历史上最杰出的英明君主之一，更是千古帝王之典范。